아름다운 한 생이다

청구성심병원노동조합 이정미의 삶과 투쟁

아름다운 한 생이다

청구성심병원노동조합 이정미의 삶과 투쟁

초판 1쇄 발행 2016년 5월 8일
   2쇄 발행 2016년 6월 22일

기획 공공운수노조 의료연대본부 · 이정미열사정신계승사업회
    기획위원: 권기한 김형숙 윤창훈 이선우 주미순 최경숙 최윤경 한혜정 현정희
글쓴이 희정
펴낸이 양규헌
펴낸곳 한내 http://hannae.org

   주소 서울특별시 마포구 신촌로14안길 17 2층
   전화 02-2038-2101 팩스 02-2038-2107
   등록 2009년 3월 23일(제318-2009-000042호)

제작 · 관리 이승원
교정 · 교열 강지영
표지 디자인 김선태(토가디자인)
본문 디자인 정육남
인쇄 · 제본 디자인 단비

ISBN 979-11-85009-13-1 03300
값 18,000원

*이 책의 저작권은 저자와 한내에 있습니다. 저작권법에 의하여 한국 내에서 보호를 받는 저작물이므로 무단전재와 복제를 금합니다.

「이 도서의 국립중앙도서관 출판예정도서목록(CIP)은 서지정보유통지원시스템 홈페이지(http://seoji.nl.go.kr)와 국가자료공동목록시스템(http://www.nl.go.kr/kolisnet)에서 이용하실 수 있습니다.(CIP제어번호 : CIP2016011281)」

아름다운 한 생이다

청구성심병원노동조합 이정미의 삶과 투쟁

희정 지음

| 발간사 |

아파했던 사람들을 두고 먼저 가신지 10주년이 돌아오고 있습니다.
지금도 청구성심병원에 가면 질끈 묶은 머리에 붉은 머리띠를 한 그녀가 서 있을 것 같습니다. 험난한 민주노조 투쟁의 역사 속에서 한 생명 다할 때까지 고통 받는 사람들의 손을 놓지 않았던 이정미 동지를 다시 불러 봅니다.

사람 챙기는데 남달랐던 사람, 자신의 생활과 노동운동이 따로이지 않았던 반듯한 사람,
그래서 오랫동안 그녀를 가슴에 두었던 사람들이 그리움의 시간여행을 같이 하고자 합니다.
정신없이 살다가 내 삶을 되돌아보게 만드는 이정미 열사 추모식에 갈 때마다 함께 하신 분들께 늘 죄송했습니다. 이정미 동지의 한 생을 책으로 내기로 했던 약속을 이제야 지키게 되었습니다. 이정미 열사 평전이 나올 수 있도록 도움 주신 모든 분들께 감사드립니다.

그토록 사랑하던 아내가 암 투병을 하면서도 놓지 않았던 노동조합을 미워하지도 않고 묵묵히 노동운동을 지원하시는 윤창훈 대표님과 가족들께도 감사드립니다. 이정미 열사가 차마 두고 못 떠나시던 어린 두 아

들은 이제 대학생이 되어서 엄마에게 배운 듯이 반듯하게 자라서 뿌듯하고 고맙습니다. 가족들을 뵐 때마다 이 가족은 약자에 대한 헌신과 사람에 대한 예의가 몸에 배여 있는 것 같아 저도 닮아가고 싶습니다.

이 책에는 고통 받는 사람들과 끝까지 함께 하는 독특한 이정미가 있습니다. 그리고 노동조합 활동을 한다는 이유로 끔찍한 고통을 겪으면서 살아야 했던 많은 노동자들이 나옵니다. 이들이 끝내 놓지 않고 붙잡으려고 했던 것은 무엇이었을까요? 아마 '사람답게 사는 것'이 아니었을까? 조심스럽게 추측해봅니다. IMF 광풍에 부자는 더 부자가 되고 가난한 사람은 길바닥에 나앉아야 했던 그 시절, 인간답게 살기를 원한 노동자에게 칼부림을 하고 오물을 뿌리던 자본주의 한국의 슬픈 역사는 언제 끝날까요?

삶이 힘들고 지쳤을 때 고통 속에서 자신의 진짜 모습을 보여준 이정미 동지를 만나보기를 권합니다. 내가 바라는 나의 진짜 모습이 보일수도 있을 것 같습니다. 몸에 암세포가 퍼졌을 때도 중소영세 비정규직 노동자를 위해 무엇인가를 하고자 찾아 나섰던 그 마음이 따스하게 전해지기를 기대합니다.

갈수록 삭막하고 우울한 사회에서 함께 살고 같이 웃을 수 있는 세상을 만들기 위한 모든 투쟁은 타인의 삶에 용기를 줄 수 있는 배려라고 생각합니다. 저의 불찰로 이정미 열사의 삶에 오점을 남기게 될까 걱정되지만 이정미 동지가 하하하 웃으면서 '괜찮아요' 할 거라고 생각하고 많은 이들에게 추천되는 책이 되었으면 하는 욕심을 부립니다.

초고를 마치고 몇 년이 흐르는 동안, 열악한 상황에도 끝까지 놓지 않고 이정미 열사를 되살리고자 애써 주신 윤희정 작가님, 당신 몸이 많이 아프면서도 수없이 읽고 다듬어서 책을 내주신 한내 이승원 동지, 그리고 지리산 기슭에서 갈무리를 해주신 정상은 선배님, 김형숙 후배님께 머리 숙여 감사드립니다.

2016년 5월

현정희 _이정미열사정신계승사업회 회장

| 추 천 사 |

벼랑 끝에서 선 동지들에게 권한다

한 줄의 글을 읽는 것 보다는 호미를 잡고 밭고랑에서 잡초와 씨름하는 것이 더 익숙해져 있는 나에게 이정미 열사의 평전 원고가 왔다.

"이정미. 아름다운 한 생이다.

중소병원의 한 여성노동자가 식칼테러, 똥물투척 등 온갖 폭력이 난무하는 탄압에도 한 치의 흔들림 없이 당당하게 싸웠던 눈물겨운 투쟁의 기록이다.

중소, 영세사업장의 열악한 투쟁 조건보다는 대병원 노동조합의 냉대와 무관심에 이중, 삼중의 고통을 겪어야 했던 한 여성노동자의 눈물이 곳곳에 스며있다.

해마다 그래왔지만 올해도 여지없이 경제를 살리기 위해 노동개혁이란 칼날을 움켜쥐고 노동자들의 목을 겨누며 다가오는 노동자들의 임금협상을 사전에 협박하는 걸 보면 병신년의 춘투 또한 예사롭지 않다.

지금도 곳곳에서 물러설 수 없는 끝이 보이지 않는 싸움에 지쳐있을 노동자의 손에 이 책 한 권이라도 쥐어주고 싶은 마음이다.

이상춘 _전국보건의료산업노동조합 초대위원장

| 추 천 사 |

참 사람, 이정미!

　이정미 지부장은 시인 신경림의 '이런 사람이 되어야 한다' 는 시를 경구(警句)로 삼으며 결코 길지 않는 삶을 불꽃처럼 살다간 훌륭한 활동가이고 참인간이라 할 수 있다. 이정미 지부장의 삶을 돌아보면 생의 길고 짧음을 넘어 그 사람이 머물고 간 시공(時空)을 무엇으로 어떻게 채우느냐가 얼마나 중요한 가를 새삼 깨닫게 된다.

　그는 자신의 삶을 사람을 사랑하고 민주노조를 사랑하는 것에 오롯이 쏟아 부었다. 그리고는 홀연히 우리의 곁을 떠나갔다. 하지만 그가 남긴 발자취는 시공을 다 채우고도 남을 만큼 크고 아름답다. 이런 그의 삶을 '아름다운 한 생이다' 라는 책으로 담아 많은 사람들이 읽을 수 있게 한다니 참으로 기쁘다.

　청구성심병원은 민주노총으로부터 노조탄압 악덕 병원으로 지목 받을 만큼 노동조합에 대한 탄압이 악랄하기로 유명한 곳이다. 노동조합 부정, 단체협약 거부, 24시간 감시, 집단 왕따 등도 모자라 똥물 투척, 식칼테러까지 민주화된 사회에서 도저히 상상도 할 수 없는 만행을 서슴없이 저질렀다. 조합원의 2/3 이상이 정신질환을 앓아 산재 판정을 받을 정도로 비인간적이고 비상식적인 탄압이 근 30년 가까이 자행되었다.

　그 모질고 혹독한 탄압을 견디지 못한 조합원이 한 사람 두 사람 떨어져나갈 때 그 또한 무너지지 않고 견디기 어려웠다. 그러나 그럴 때마다 아무리 힘들어도 절대 '지치지 말자'라고 지부장을 처음 시작할 때 했던 다짐을 되새기며 이를 악물고 싸우며 견뎌냈다. 청구성심병원의 민주노조 깃발은 그렇게 해서 지금까지 지켜져 왔다.

나는 원고를 한 장 한 장 읽을수록 이정미라는 사람에게 깊이 빠져들지 않을 수 없었다. 이정미 지부장은 많은 사람들로부터 지부장이라는 직함보다 선생님, 언니, 선배, 동민이 엄마 등으로 더 불렸다. 그들은 지금도 그렇게 기억하고 있다. 어째서일까?

그는 노동운동 활동가이기 이전에 한 인간으로서 사람들을 거짓 없이 뜨겁게 사랑하고 동료들을 무한 신뢰하고 또 사람을 대함에 있어 차등 없이 인정하고 존중했다. 그리고 견디기 어려운 역경 속에서 정작 자신은 시시각각 파괴되어 가는데도 힘들고 지친 사람들을 먼저 따뜻하게 보듬어 안아주는 그런 참된 사람이다. 참으로 여리고 심성이 고운 사람이다.

그러면서도 병원 측의 부당 불의한 행동과 탄압에는 얼음처럼 차가울 정도의 냉철함과 강철 같은 단단한 의지로 한 치의 흐트러짐 없이 단호하게 대응했다. 그리고 수없이 많은 어려움을 겪으면서도 냉철한 이성과 의지적 낙관으로 단 한 순간도 승리에 대한 확신을 놓지 않았다.

이정미 지부장이야 말로 이 시대의 노동운동 활동가 중의 활동가라 해도 조금도 부족함이 없는 그런 사람이다.

　이정미 지부장이 홀연히 떠나간 지 어느덧 10년이 되었다. '참 사람' 이정미 지부장이 온몸으로 보여주려 했던 것이 "사람이 먼저 되어라"라는 가장 평범한 진리가 아니었나 하는 생각을 해 본다. 노동자의 고단한 삶을 마음으로 가슴으로 오롯이 받아 안고 살아가려는 제2의 이정미, 제3의 이정미가 있는 한 노동자의 미래도 노동운동의 미래도 밝을 것이란 믿음을 가져본다.

단병호 _민주노총 전 위원장

| 추 천 사 |

청년 전태일의 계보를 잇는 아름다운 이정미

　이 책은 고 이정미 동지의 사회활동, 더 정확하게는 노동운동에 대한 기록입니다.
　이 책은 많은 부분이 동지가 청구성심병원이라는 중소병원에서 노동조합 활동을 하면서 겪었던, 식칼테러와 똥물세례를 비롯하여 민주노조를 파괴하기 위해 자본이 자행한 온갖 야만적인 부당노동행위에 대한 보고로 채워져 있습니다. 그런 점에서 이 책은 1970년대 유신 군사독재시절이 아니라 민주화가 성공적으로 이루어졌다는 21세기에도 여전히 중소·영세·비정규·여성 노동자들에게 계속되고 있는 악랄한 노동탄압에 대한 고발장입니다.
　동시에 이 책은 자본의 폭력과 국가권력의 비호에 맞서 굴하지 않고 끈질기게 싸운 자랑스러운 노동자들의 투쟁 보고입니다. 그들과 함께 연대한 동지들의 투쟁 보고입니다. 그리고 무엇보다 그 선두에 서서 당당하게 싸우다 안타깝게도 몹쓸 병마로 요절한 한 노동운동가에 대한 이야기, 그의 모범적인 삶과 투쟁과 사상에 대한 이야기입니다. 그리고 그 속에 참다운 노동운동가란 누구인가에 대한 정의가 들어 있습니다. 동지들을 더없이 사랑하면서 자본에는 무섭도록 당당하고, 일상적인 것들의 가치를 존중하면서 사회·역사적 임무에 온 몸을 내던지고, 현실을 가볍게 보지 않으면서 원칙에 견결한 투사로서의 노동운동가 말입니다.

이 책 안에는 또 민주노총 시대 노동운동의 실상에 대한 이야기가 있습니다. 보건의료 노동자들이 산업노조인 보건의료노조와 공공연맹 의료연대본부로 나누어지게 된 가슴 아픈 이야기가 있습니다. 그리고 참다운 산업노조로 나아가기 위한 의료연대본부와 서울지부의 치열한 실천에 대한 이야기가 있습니다. 이 땅의 노동운동이 지금의 관성화된 모습을 성찰하고 진취적인 노동운동으로 혁신하기 위해서 불편하지만 반드시 직시하고 알아야 할 것들이라고 생각됩니다.

이 책에서 우리는 아름다운 청년 전태일의 계보를 잇고 있는 아름다운 여성 이정미에 대한 감동적인 이야기를 접할 수 있습니다. 전태일 동지처럼 고통 받는 내 형제들 곁으로 꼭 돌아가야 한다고 결심하는 이야기를 접할 수 있습니다. 그러나 그의 이야기는 전태일 동지의 그것과 같으면서도 많이 다릅니다. 읽어보면 압니다. 이 책은 분명히 전태일 평전과 또 다른 큰 감명을 줄 것입니다.

김승호 _전태일을 따르는 사이버노동대학 대표

| 목 차 |

- 발간사 | 4
- 추천사 | 7
- 목차 | 13

1부

0. 그리움 | 16
1. 청구성심병원노동조합 | 18
2. 걸음 | 41
3. 시작 | 78
4. 폭력 | 99
5. 식칼테러 | 111
6. 해고 | 129
7. 애틋함 | 152
8. 반복 | 173
9. 한 계단 | 188

2부

0. 손 | 204
1. 투병 | 205
2. 아픔 | 221
3. 마음의 병 | 249
4. 이유 | 277
5. 산 자를 위해 목숨 걸고 싸워라 | 297
6. 죽은 자를 위해 기도하고 | 311
7. 살아 숨 쉬는 한 희망은 있다 | 319

| 목 차 |

3부

- 이정미를 기억하는 사람들 | 334
- 이정미 열사 7주기에 조합원들이 남긴 말들 | 360
- 이정미의 꿈, 그리고 현재 | 364

부록

- 이정미열사정신계승사업회 | 378
- 청구성심병원노동조합 연혁 | 380

1부

내 잊어서는 안 될 이름들을 늘 기억하며
내 작은 힘이 타인의 삶에
용기를 줄 수 있는 배려임을 잊지 말고[1]

그리움
청구성심병원노동조합
걸음
시작
폭력
식칼테러
해고
애틋함
반복
한 계단

[1] 신경림의 시(詩) '이런 내가 되어야 한다.' 일부. 이정미 열사의 대학시절 일기장에 적힌 글귀이다.

그리움 :

"날도 더운데, 여기까지 오느라 고생했네요."

전국공공운수노동조합 현정희 부위원장은 윤창훈을 반갑게 맞았다.

부탁 받은 물품 시안을 책상에 내려놓으며 윤창훈은 사람 좋은 얼굴로 끄덕였다. 두 사람은 가벼이 안부를 나누었다. 윤창훈은 그녀가 아끼는 후배의 남편이다. 개인사업을 하는 그는 의료연대 일을 도와주고 있어 얼굴을 간간히 보는 사이였다. 마실 것을 가지러 가려다 현정희는 물었다.

"정미는…"

순간 멈칫했다. 말을 끝맺지 못한 채 멈춰 섰다. 영문을 모르는 윤창훈은 그런 그녀를 빤히 바라봤다. 현정희는 서둘러 질문을 달리했다.

"요새도 바쁘지요?"

하마터면 '성미는 왜 같이 안 왔냐'고 물을 뻔 했다. 이미 5년 전에 떠난 사람을 두고 말이다. 그녀는 종종 잊었다. 그저 정미가 멀리 떨어져 있어 얼굴 보기가 힘든 것만 같았다. 병마에 시달린 앙상한 모습까지 다 보고도 그녀는 믿질 못했다. 정미가 없다는 사실을. 아니 자꾸 잊는다. 아니 잊는 것이 아닌지도 모른다. 정미를 보내고 싶지 않은 마음이 억지를 부리는 건지도 모른다.

아마 이정미 같은 사람은 다시는 만나기 힘들 거야. 현정희는 피식 웃었다. 맑은 얼굴, 차분한 말투, 매서우면서도 반짝이던 눈, 그러나 늘 환하게 웃던 곧은 입매. 열변을 토하다가 뒤돌아서면 예의 바르고 친절하게 사람을 대하던 태도. 이정미를 생각하면 웃음부터 났다. 매사에 진지하고 꾸밈이 없는 사람이었다. 넉넉한 품이 있어 든든했던 사람. 그래서 더 챙겨주질 못했다. 이정미는 계속 강하고 다부질 것만 같았다.

정미를 두고, 어떤 사람들은 눈이 만 개가 달려서 병이 더 커진 거라고 했다. 세심하게 남을 챙기는 성품인지라, 늘 주변 사람들 걱정에 자기 속이 아팠을 사람. 수배 중인 자신을 대신해 아이들을 데리고 영화를 보러 가주고, 입학 선물이라며 색연필 자루 하나하나마다 이름표를 붙여 건네주던 그때, 정미의 몸에는 암세포가 퍼져 있었다. 남들은 눈이 두 개인데, 자신은 만 개나 되는 눈으로 이것저것을 살피느라 얼마나 고달팠을까. 그것을 모르고 받기만 했다. 고맙고, 미안하고 또 미안했다. 그래서 더 보고 싶었다.

현정희는 청구성심병원노동조합 위원장이라는 이름으로, 동지라는 이름으로 살다간 이정미가 보고 싶었다.

청구성심병원노동조합 :

 95년 4월, 김명희 실장은 물리치료실로 들어오는 한 여자를 보고 자리에서 일어났다. 만삭의 몸인 여자는 김명희를 보더니 빙긋 웃었다. 깨끗하다. 김명희는 그런 생각을 했다. 깨끗하고 자신감에 찬 웃음이었다. 어깨 위로 올라온 단발머리에 훤칠하게 큰 키를 한 여자는 움직임이 당당하면서도 부산스럽지 않았다. 상대를 바라보는 눈은 구김 없이 당당했다. 김명희도 어쩐지 여자를 보며 슬쩍 미소를 지어 버렸다.
 여자는 손에 든 종이 뭉치 중 한 장을 건넸다. 김명희는 여자를 물리치료실 안쪽으로 들였다. 여자가 건넨 것은 노동조합 소식지였다.
 "이번에 새로 교육선전부장을 맡게 된 이정미라 합니다."
 현장 순회를 나온 참이라 했다. 노동조합 간부가 현장인 병원을 돌며 조합원을 만나는 일을 그리 불렀다. 김명희는 여자에게 의자를 내주며 말했다.

"다 돌고 있는 거예요? 힘들 텐데."

눈이 절로 만삭인 배로 향했다. 여자는 의자에 앉기를 사양했다.

"다른 곳도 가 봐야 해요. 이번에 조합에서 나온 소식지니, 꼭 한 번 읽어보세요."

김명희는 소식지를 들여다보는 시늉을 하다가 다시 고개를 들어 여자를 보았다. 입에서 그만 "미안해요"라는 말이 튀어나왔다. 여자는 당황하는 듯하더니 씩 웃으며 배를 만졌다.

"뭐가요, 괜찮아요."

여자는 미안하다는 말이 임신한 몸으로 현장 순회를 도는 자신의 노고를 두고 한 것이라 여겼겠지만, 김명희가 사과를 한 까닭은 다른 데 있었다. 여자가 물리치료실에 들어온 순간, 김명희는 잊고 살아온 기억을 떠올렸다.

 시작

청구성심병원노동조합이 만들어진 것은 8년 전이었다. 87년, 여름휴가를 앞두고 병원에 작은 소란이 일었다. 여름휴가 반납서가 등장한 것이다. 병원이 건물을 신축하느라 자금이 부족하니 좋은 마음으로 휴가를 반납하자는 소리가 부서장들을 통해 나오더니, 반납서가 돌기 시작했다. '자진'이라고 하였으나 자진하여 안 쓰는 사람이 나오기 힘들었다. 이어 상여금 반납서까지 돌았다. 병원 직원들은 투덜거렸다. 그러

나 그뿐이었다. 투덜거림은 오래 가지 않았다.

　불만은 넘쳤으나 동시에 체념도 컸다. 어쩌겠어, 위에서 하라는데. 다들 그러고 말았다. 달리 할 수 있는 것이 없었다. 병원은 그랬다. 아침에 일을 나오면, 자리에 한번 앉아보지도 못하고 종종걸음을 쳐야 했다. 어떤 이는 부친상을 치르던 도중에 병원에 불려 왔다. 늘 사람이 부족했다. 내가 쉬면 동료가 그만큼 일을 더 해야 한다. 휴가조차 마음대로 쓸 수 없었다. 상사 눈치, 동료 눈치 보느라 어차피 편히 쉴 수도 없는 휴가. 그냥 나와서 일하고 말자. 사람들은 그리 체념했다. 휴가 반납서에 사인을 했다. 마음 힘든 것보다는 몸 힘든 것이 나았다.

　이사장 내키는 대로 성과급을 주는 병원. 월급은 금액과 지급 날짜가 달마다 달랐다. 월급체계라고 정해진 것이 없었다. 관리자의 눈에 들면 몇 푼이나마 더 받는 거였다. 그조차 경영이 어렵다 하며 툭하면 건너뛰었다. 장사가 안 되면 성과급을 포기하라 하고, 장사가 잘 되면 이참에 건물을 확장한다며 성과급을 반납하라 했다. 개인 의원 수준에서 번듯한 건물 한 채를 가진 2차병원으로 청구성심병원이 커가는 과정에서 노동자들은 끊임없이 내놓아야만 했다. 그러나 원장은 자신이 환자 옆에서 쪽잠 자며 병원을 키운 이야기만 할 뿐 노동자의 노고는 말하지 않았다.

　청구성심병원 직원들에게 보답 대신 돌아온 것은 막말과 하대였다. 직급이 낮다는 이유로 관리자들에게 '야', '너'라 불리는 것은 일상이었다. 욕설 섞인 말을 들어도, '더럽다 더러워' 구시렁거리고 말았다. 여성들은 더 혹독한 대우를 받았다. 간호사들은 배가 불러올 때까지 결혼 사실을 숨겨야 했다. 그녀들은 입사를 하며 결혼을 하면 병원을 자진해서 그만두겠습니다라는 내용의 각서를 써야 했다. 비슷한 규모의 중소병원과 비교했을 때 현저히 적은 기본급은 덤이었다. 부당한 것 투성이였다. 그럼에도 고용이라는 생사여탈권을 쥔 자 앞에서 말이 많을 수 없다. 남의 돈 벌기가 쉽지 않지, 그 말로 서로를 위로할 뿐이었다.[2]

그러니까 휴가 반납 강요 정도는 늘 있는 일이었다. 다만 병원이 간과했던 것은, 시절이 달라졌다는 사실이다. 그 해 여름은 전과 다른 열기로 달떠 있었다. 87년이었다.

사람이 고문실에서 '탁' 하고 치니 '억' 하고 죽었다는 군부독재 시절. 박종철 고문 사건을 계기로 억눌려 있던 저항들이 곳곳에서 터져 나왔다. 연세대 2학년에 재학 중이던 이한열의 죽음은 시위에 불을 당겼다. 사람들이 거리로 나와 독재정권 타도를 외치고, 저항은 항쟁의 규모로 커졌다. 결국 6월 항쟁은 군사정권의 항복 선언인 6.29선언을 이끌어냈다. 그러나 항쟁의 요구는 직선제 개헌이라는 절차적 민주주의 요구로 소급되고, 12.12 쿠데타의 또 다른 주역인 노태우에게 다음 해 대통령 자리를 내주는 것으로 결론 맺어진다.

그러나 불길은 꺼지지 않은 채 남아, 공장 담벼락 너머로 전해졌다. 정치적 열기가 노동조합 건설 운동의 불씨를 지피는 데 한 몫을 한 것이다. 그 해 7월, 〈현대엔진〉 노동자들이 노동조합을 세웠다. 연이어 현대

---

2) 85년부터 2년간 국공립병원 74개를 조사한 결과, 병원 중 약 40%가 병원내규 등을 앞세워 결혼과 함께 퇴사를 종용하고 있다. 일반 간호원 중 기혼자가 13%에 불과했다.
(출처 : 동아일보 1987년 7월 23일 〈간호원 일 할 만하면 쫓겨난다〉)

계열사 노동자들의 파업이 일어났다. '내 눈에 흙이 들어오기 전까지 노동조합은 안 된다'는 회장님의 말을 무시하고 현대그룹을 시작으로 전국 각지에서 노동조합이 만들어졌다. 7월부터 9월까지 3개월 동안 확인된 노동쟁의만 3,458건, 노동조합 건설 숫자는 1,300여 개. 그 해 여름에 만들어진 노동조합 수가 10년 동안 설립된 노동조합 수를 훨씬 웃돌았다.

당시 한 신문사는 이러한 노동자들의 투쟁을 다음과 같이 묘사했다.

"징과 꽹과리 소리는 마치 진군나팔 같았다. 뒤따르는 오토바이와 자전거 부대들은 기계화 부대처럼 보였다. 그리고 사람을 가득 싣고 대형을 이루며 행진하는 포크리프트(지게차)와 트럭들은 장갑차와 탱크가 아닌가 하는 착각마저 일으키게 했다."

사장님 눈에 보였을 노동자들의 가두행진 모습이기도 했다. 노동자라는 존재가 힘을 가질 수 있다는 것을 사장님도, 노동자도 오랜만에 깨달았다. 누구에게는 두려움이었고, 누구에게는 환희였다. 파업과 가두행진은 노동자에게 가슴이 훤히 열리는 일이었다. 용접하다 구멍 난 곳을 테이프로 메워 얼룩덜룩해진, 공장만 나서면 벗어버리기 바빴던 작업복을 입고 노동자들은 거리로 나갔다. 억누르던 것을 벗어 던진 해방감은 '두 눈에 흙이 들어가기 전에는 민주노조는 결단코 포기 못한다'[3]는 다짐으로 이어졌다. 노동자는 그렇게 만들어졌다. 공순이, 공돌

---

3) 박노해의 시(時) '내 눈에 흙이 들어가기 전까지는'에서 인용.

이라는 이름을 버리고 노동자임을 자랑스러워하는 이들이 생겨났다.

　노동조합 건설은 제조업 노동자들만의 이야기가 아니었다. 병원장들은 하나둘 생겨나는 노동조합 소식에 긴장했다. 87년 7월 서울대병원이 병원 최초로 민주노조를 세웠다. 고려대병원, 한양대병원, 이화여대병원 등 대학병원들이 곧 뒤를 잇고 부천세종병원, 한국기독병원 같은 중소병원들도 노동조합 건설에 동참했다.

　청구성심병원 노동자들만 귀를 막고 있을 리 없었다. 여름휴가 반납에 대한 불만은 자연스레 노동조합 이야기로 흘러갔다. 어느 병원이 노동조합을 세우고 단체협약을 맺었다더라. 노동조합 세운 뒤로 관리자 욕설이 싹 사라졌다더라. 임금 인상을 요구했다더라. 처음으로 청구성심병원 노동자들은 불만을 묻어두지 않게 되었다. 그해 말 부안리 약사, 조휘자 간호사, 김영도 임상병리사 등이 모여 노동조합을 만들기 위한 초동모임을 가졌다.

 떨림

　이듬해 5월 8일, 청구성심병원 물리치료사 김명희는 마음이 분주했다. 아침부터 일이 손에 잡히지 않았다. 퇴근 후 그녀는 동료 몇몇과 버스를 탔다. 목적지는 동대문에 있는 이화여자대학병원. 그리 멀지도 않은 길을 김명희는 굳이 몇 번씩 버스를 갈아탔다. 어렵사리 도착한 그곳에 들어서며 숨을 길게 뱉었다.

청구성심병원노동조합 노동조합 결성 보고 대회
(1988년 5월 12일)

청구성심병원노동조합 결성 보고 대회에 참석한 조합
원들과 병노협동지들(1988년 5월 12일)

    당시 이화여자대학 산하 동대문병원에는 전국병원노동조합협의회
(이하 병노협)[4] 임시 본부가 있었다. 청구성심병원노동조합 창립식이
이곳에서 열릴 예정이었다. 관리자들의 눈을 피해 이곳까지 와 치르는
행사였다. 강당 문을 여는 김명희의 손이 떨렸다.
    강당에는 서른여 명의 사람이 모여 있었다. 임상병리과, 간호부, 방
사선과 등 각 부서에서 온 이들이었다. 200병상이 조금 넘는 병원에서
다른 부서라는 이유로 낯선 얼굴들도 있었다. 강당에 들어와서도 김명
희는 몇 번이나 문 쪽을 힐끔거렸다. 당장이라도 병원장과 직원들이 들
이닥칠 것만 같았다.
    합법적인 노동조합 설립을 위해서는 노동조합 창립총회를 하고 노동

---

4) 보건의료산업노동조합의 시초. 서울지역노동조합협의회(서노협) 산하에 있었다.

조합 상급단체의 인준을 받아 노동부 설립신고를 하는 절차를 거쳐야 했다. 이 과정에서 노동조합 준비를 하는 움직임이 사용자 측에 알려질 경우 납치, 협박 등 참가자들에 대한 온갖 방해공작이 횡행하던 시대였다. 사측에서는 실체가 없는 노동조합 설립신고를 먼저 해 버려 직원들이 설립한 노동조합을 법적으로 인정받지 못하게 하는 경우도 적지 않았다. 그런 노동조합을 유령노조라고 불렀다.

김명희는 강당 문으로 가는 시선을 잡아 세우고 주위를 둘러봤다. 앳된 얼굴들도 많았다. 젊은 혈기에도 먹고 사는 일에 묶여 살아온 사람들. 김명희는 가슴이 뛰는 것이 긴장 때문만은 아님을 알았다. 이제 다르게 사는 거야. 기대가 가슴을 뛰게 했다. 창립식은 십여 분도 걸리지 않았다. 바로 노동조합 설립신고를 했다. 88년, 청구성심병원노동조합이 만들어졌다.

노동조합이 만들어진 지 일주일 만에 조합원 수가 120명에 다다랐다. 의사와 관리자급 직원을 제외하고 노동조합 가입대상이 160명인 병원에서 120명이 조합원이 된 것이다. 전폭적인 지지였다. 노동조합은 병원에 단체교섭을 요구했다. 개선해야 할 것이 많았다. 협의해야 할 것이 많았다. 노동조합이 병원 관리자들에게 한 요구 중 하나가 직원들에게 하대를 하지 말 것이었다. '야', '너'가 아닌 '선생님' 또는 직책으로 불러달라는 요구였다. 당연한 일임에도, 노동조합이 하나하나 고쳐가야 할 일이었다.

"노동조합이 생기고 나서 그게 저희 조건 중에 하나였어요. 욕하지 말고 반말하지 말라고. 회식 때 술 따르라는 소리 하지 말라고. 어느 정도는 이해하고 넘어갈 수 있는 선이 있잖아요. 회식자리는 그렇다 치고, 근무하는 자리에서 야, 너 이런 거는 좀 그렇잖아요. 지금은 상상도 못하는 일이잖아요."
청구성심병원노조 조합원 김명희, 물리치료사

그러나 단체협약 체결을 요구하는 노동조합에게 병원은 '서두를 것 없지 않느냐'고 했다. 당시 이사장이었던 김학중은 단체교섭에 응하지 않았다. 노동조합을 인정하는 대신, 수간호사와 부서장들을 닦달했다. 부서장들은 조합원들을 붙잡고 말했다.
"노동조합 그게 얼마나 무서운 건지 몰라서 그래? 학교 선배로서 네가 걱정돼서 하는 말이야."
"조금 있으면 병원에서 노동조합을 크게 칠거야. 그러면 이 병원 계속 다닐 수 있을 거 같아?"
협박과 회유가 끊이지 않았다. 그 결과, 6월 말 방사선과 직원들의 집단탈퇴를 시작으로 이틀 만에 60여 명이 노동조합을 떠났다. 조합원 수가 한순간 반으로 줄었다. 이어 병원은 꼬투리를 잡아 노동조합 부위원장을 해고한다. 노동조합은 파업을 결심하게 된다. 병원에 단체협상을 요구한 지 두 달 만이었다.
교섭은 이뤄지지 않고, 노동조합은 노동부에 노동쟁의 발생 신고를 한다. 그러자 병원은 '기본급 2만원 인상' 안을 내놨다. 노동조합이 요구한 '기본급 5만원 인상, 부당해고 부당인사 철회, 법정공휴일 및 연월차 휴가 보장'은 사측이 제시한 협상안 어디에도 없었다. 지폐 두 장

을 내밀 듯 2만 원 인상안을 제시했다. 노동조합으로서는 돈 몇 푼 올려 받는 문제가 아니었다.[5]

　노동자들의 대표 권리단체인 노동조합을 인정받는다는 것은 노동자가 개별로 부림당하는 위치에서 벗어나, 집단의 힘으로 고용주와 동등한 위치에 선다는 의미였다. 원장과 이사장 입장에서는 수족마냥 부려오던 노동자들을 동등한 테이블에 마주해야 했다. 채용면접 때부터 고용주와 직원의 위치는 현격하게 달랐다. 면접장에 가면 책상에 두 다리를 올리고 앉은 이사장이 반말을 했다. '너'도 아닌 턱 끝으로 사람을 가리켰다. 채용되어야 했기에 노동자들은 고개를 숙여야 했다. 첫 대면부터 그렇게 위아래가 분명했다.

　이사장 입장으로는, 아랫사람들과 내가 주인인 병원 문제를 시시콜콜 협의를 해야 하다니 납득가지 않았다. 2만 원 인상도 큰 선심을 쓴 게였다. 노동조합이 이를 거부하자 병원장은 말했다.

　"더 이상은 내줄 수 없다. 내가 당신들 보고 병원 오라고 해서 왔냐. 그렇게 불만이면 좋은 병원 찾아 나가라."

　그것이 병원과의 마지막 대화였다. 8월 15일 아침 청구성심병원 노조 조합원들은 파업에 들어간다. 45명의 노동자들이 병원 로비에 주저앉아 자신들의 요구를 외쳤다.

　"결혼하고도 직장을 다닐 수 있게 하라"

---

5) 당시 청구성심병원 간호사들의 월급은 20여만 원. 비슷한 규모의 중소병원에 비해 기본급이 낮았다. 80년 중반 고졸 취업자의 연평균 임금이 25여만 원이었다. 〈출처 : [한국의 임금] 배무기 저〉

"생활임금 보장하라"

"법정공휴일을 지켜라"

"연월차 휴가를 보장하라"

"노동조합을 인정하라"

 두 번의 파업

장기자랑, 노래와 구호 배우기, 편지쓰기, 기도, 교육 등 노동조합은 다양한 파업 프로그램을 준비했다. 병원도 파업에 맞서 다양한 준비를 했다. 조합원들이 1층 로비에 모이자, 병원은 계단 통로를 막고 정문을 걸어 잠갔다. 파업 참가자들은 졸지에 병원 로비에 감금됐다.

50명도 되지 않은 수였고, 병원 특성 상 대부분이 젊은 여성노동자들이었다. 그런 조합원들을 병원 측 직원들, 일명 구사대라 불리는 이들이 둘러쌌다. 조합원들은 밤이 오는 것이 두려웠다. 구사대 직원들이

청구성심병원노동조합 파업 10일차 병원 로비(1988년 8월 25일)

청구성심병원노동조합 두 번째 파업 돌입 (1989년 10월 7일)

1989년 두 번째 파업 투쟁 조합원들 조별 시

술을 먹고 와 행패를 부렸다. 얼마 전까지 얼굴 맞대고 일하던 사이임에도 그들은 입에 옮겨 담지도 못할 욕설과 협박을 해댔다. 늦은 시간, 환자와 보호자들이 사라지면 병원은 화장실 문을 잠그고 식수를 끊었다. 호스로 바닥에 물을 뿌려댔다. 조합원들이 누워 잠조차 잘 수 없게 하기 위해서였다. 쪼그려 앉은 채, 조합원들은 공포와 분노가 교차한 감정으로 밤을 지새워야 했다.

 이러한 폭력에 김학중 이사장은 물론, 동생인 김성중 부원장까지 가담했다. 취재를 하던 언론사 기자를 전치 4주 진단이 나올 만치 폭행한 일도 벌어졌다.

그래도 자기 몸 아프고 힘든 것은 괜찮았다. 병원은 조합원들의 고향 집에 전화를 걸었다. "당신 딸이 빨갱이 짓을 하니 데려가라." "당신 아들이 공무원이지? 노동조합 하는 딸 때문에 아들 도청에서 잘리는 꼴을 볼 거냐." 협박이 계속됐다. 부모 손에 끌려 집으로 내려가는 조합원들이 생겼다.

비명소리가 매일 같이 병원을 메웠지만, 병원 밖에는 88년 서울 올림픽 로고송이 가득 울리고 있었다. 조합원들은 올림픽 노래만 들려도 치를 떨었다. 87년 노동자 대투쟁의 열기가 무색하게도 88년 여름은 올림픽 열기로 가득 찼다. 그 열기에 쇠사슬로 옭아매져 잠긴 문 안쪽에서 수십 명의 노동자들이 질러대는 비명은 가려졌다.

조합원들은 떨리는 손으로 글을 써 노동조합의 소식을 밖으로 알렸다.

어제 병원 측은 '금일 휴진'이라는 공고문과 함께, 창문 밖에는 철조망을 치고 정문은 철사줄로 옭아매고 시트와 침상으로 막아 외부와 고립시켜 놓고 … 진료과장 및 관리직 남자들이 몰려와 농성장을 빼앗으려 할 때 위협을 느낀 우리는 두려움과 눈물로 범벅된 얼굴과 처절한 목소리로 서대문 관할 경찰서, 119 구조대에 수없이 전화를 하였지만 주민들이 허위신고를 한다면서 오지 않았습니다. …

아무도 오지 않았다. 사유재산이라는 이름으로 철조망을 친 병원은, 그 안에서 일하는 노동자조차 소유물로 보았다. 소유물들이 목소리를 내려 하자 문을 닫아걸었다. 그곳으로 어떤 이도, 들어올 수 없었.

고립된 이들을 찾아와 주는 것은 같은 노동자들뿐이었다. 전국병원

노동조합협의회(이하 병노협) 소속 조합원들이 하루가 멀다 하고 찾아왔다. 서울대병원을 비롯하여 각 병원 노조 조합원들은 청구성심병원 파업을 지지했다. 이들이 나타나면 병원 관리자는 물론, 의사들까지 몰려나와 제3자 개입[6]이라며 야유를 퍼붓기 일쑤였다.

이사장의 입맛대로 굴러가는 병원이었다. 의사들도 이사장, 병원장과 같은 동문 출신들이었다. 직책 높은 이들이 학연 지연, 그리고 돈이라는 동질감으로 모일 때, 노동자들도 병노협 이름 아래 모였다.

병원 밖 동료 노동자들의 응원 소리를 들으며, 조합원들은 이를 악물고 버티었다. 제 목소리가 쾅쾅 울리는 로비에 서서 외쳤다.

"우리가 언제까지 이렇게 살아야 합니까?"

서럽다. 더 이상은 이렇게 살지 않겠다고 다짐을 했다. 절대 지지 않겠다고, 이사장이 노동조합 인정한다는 소리를 듣기 전까지 여기서 나가지 않을 거라고 이를 악물었다.

파업 13일째 밤, 그토록 불러도 오지 않던 경찰들이 왔다. 경찰은 조합원 주위를 빙 둘러 섰다. 놀란 조합원들은 경찰이 왜 왔는지 곧 알아차렸다. 자신들을 위해서가 아니었다. 공권력의 비호 아래 병원 측 구사대는 조합원들을 병원 밖으로 끌어냈다. 저항하면 사지를 들어 길바닥에 내동댕이쳤다. 뼈가 부러지고 살이 찢어졌다. 조합원들은 문을 나

---

6) 1980년 노동관계법을 개정할 때 신설한 조항. 당시 노동조합법 12조의2와 노동쟁의조정법 13조의2에 직접 근로관계를 맺고 있는 노동자나 해당 노동조합을 제외하고 누구든지 쟁의행위, 노동조합의 설립과 해산, 노동조합에의 가입·탈퇴 및 사용자와의 단체교섭에 관여하는 행위를 금지하는 규정이다. 노동조합을 탄압하는 대표적인 근거로 이용되었다. 2007년에 폐지되었다.

섬과 동시에 병원으로 뿔뿔이 실려 가기 바빴다.

물리치료실 김명희도 그 과정에서 기절을 했다. 어렴풋 정신이 들었을 때는 병원 침대였다. 청구성심병원 병실로 옮겨진 것이다. 설핏 깬 그녀는 자신에게 주사를 놓으려는 기척을 느꼈다. 직감적으로 피해야 한다 느꼈다. 주사를 놓지 못하게 뒤척였지만 몸이 말을 듣지 않았다. 잠시 후, 의식을 잃었다. 깨어난 것은 그로부터 이틀 후였다. 김명희가 맞은 것은 신경안정제였다. 적정량의 몇 배나 초과했을 거라는 의혹이 컸다. 그 후유증으로 그녀는 기독병원에 2주간 입원을 해야 했다.

비상식적인 방법으로 노동조합을 탄압하던 청구성심병원의 만행은 결국 언론에 알려졌다. 국회의원과 지역대표들이 병원을 찾아와 문제 해결을 촉구했다. 이정도로 여론이 움직였던 것은 13일 밤낮을 조합원들이 버티었기 때문이었다. 결국 병원도 물러서는 수밖에 없었다. 단체협약을 맺는 것으로 파업은 타결되었다.

1988년 단체협약안의 내용은 아래와 같다.

1. 여성 직원에 대한 결혼 후 퇴사 조건을 없앤다.
2. 생리수당 신설한다.
3. 연월차 휴가 제도를 실시한다.
4. 출산휴가를 60일로 늘리고, 유급화 한다.
5. 기본급 25,000원, 상여금 50%를 인상한다.
6. 해고자 3인을 복직하고, 조무사 인사배치를 원상회복한다.
7. 병역필 남자직원에게 1년 경력을 인정한다.

8. 장기 근속수당을 신설한다.

9. 간호조무사에 관한 책임조무사 직급을 신설한다.

10. 직종별 호봉 액수를 정한다.

    단체협약을 맺고, 노동조합을 인정받았다. 그러나 조합원 중 많은 수가 퇴사했다. 관리자들과 다시는 마주치기 싫다며 병원을 떠났다. 엊그제만 해도 자신에게 쌍욕을 하던 사람들과 오늘은 상사로, 동료로 만나는 일은 쉽지 않았다. 여기 아니면 입에 풀칠할 곳이 없을까. 병원이 준 모욕을 잊지 못하는 사람들이 떠나갔다.

    하지만 떠날 수 없는 이유가 더 큰 이들도 있었다. 노동조합이 세워지고 보름 가까이 파업을 거치며 각별해진 동료들이 있었다. 노동조합이 생기니 서로 얼굴도 익히고 안부를 묻는 사이가 되었다. 예전에는 일이 잘못되면 다른 부서에 책임을 전가하며 원망하기 바빴는데, 이제 그럴 수가 없었다. 더는 월급 몇 푼을 놓고 관리자 눈에 들기 위해 경쟁하는 사이가 아니었다. 이제는 동료였고, 동지였다.

    이직을 한다는 것은 예전의 일상으로 돌아간다는 말이었다. 노동조합이 없는 병원에서 부당한 대우를 참으며 살아갈 것인가, 여기서 동료들과 함께 고통을 견디고 투쟁할 것인가. 어려운 물음 앞에서 조합원들은 각자의 선택을 했다.

    이러한 선택은 청구성심병원노동조합에서만 요구되지 않았다. 사용주들은 노동조합이 자리 잡는 것을 막으려 했다. 노동조합이 대규모로 건설된 80년대 말, 사업장마다 노동조합과 동지들을 지키려는 비명이 가득했다. 평화는 아직 오직 않았다.

그 다음해 89년 청구성심병원은 단체협상을 또 다시 거부했다. 자신들은 아무것도 하지 않을 테니 노동조합 마음대로 하라고 했다. 청구성심병원은 기본급 10% 인상안을 제시했고, 그 외 안은 절대 받아들일 수 없다는 입장을 고집했다. 설마 너희가 또 파업을 하겠냐는 거였다. 실제 한 차례 큰 파업을 치른 노동조합인지라, 피로감이 컸다. 노동조합 입장에서도 파업은 피하고 싶었다. 그러나 방법이 없었다. 단체교섭도 하지 못한 채 이름만 노동조합이 될 수 없었다. 무거운 마음으로 쟁의 발생신고를 내고, 2차 파업에 돌입했다.

이번에도 구사대의 만행은 도를 넘어섰다. 여성 조합원의 따귀를 때리는 일이 빈번했다. 조합원들도 옷핀과 주사바늘을 들고 맞섰다. 비명과 구타 소리 사이로 유리창 깨지는 소리가 들려왔다. 가을이었다. 깨진 창문 사이로 찬바람이 들어왔다. "이년들, 한번 얼어 죽어봐라." 구사대 쪽에서 소리가 들렸다. 일부러 창문을 깬 것이다.

폭력의 수위가 어찌나 높았는지 걱정이 된 가족들이 병원으로 들어와 파업 대오를 지키기까지 했다. 70대 노인까지 왔다. 가족이 오면 함부로 굴지 않을까 싶었지만, 그래도 폭력은 줄지 않았다. 조합원의 어머니가 구사대에게 몰매를 맞는 일까지 벌어졌다. 잠시라도 파업대오와 떨어져 혼자인 것이 구사대 눈에 띄면 린치가 가해졌다. 집단 린치를 당한 남성 조합원이 도망치듯 병원을 떠나기도 했다. 무자비했다. 5일 만에 노동조합은 파업을 접었다.

구사대로 참가한 직원들은 자축하며 '병원발전추진위원회(이하 병발추)'를 만들었다. 이후 노동조합의 투쟁이 있을 때마다 청구성심병원에는 병발추와 같은 성격을 가진 단체가 만들어졌다. 회사를 사랑하는 사람들의 모임이라는 그 단체들은 청구성심병원의 노동조합과 대척하는 상징이자 전통이 되었다.

그러나 병원의 일방적인 승리는 아니었다. 두 차례의 파업은 노동조합의 존재를 각인시켰다. 병원은 노동조합을 건드릴수록 병원도 손해라는 것을 경험으로 알게 됐다. 유아독존이었던 병원 사용주들은 노동조합의 눈치를 보게 됐다. 때마침 노동조합에 강한 반감을 드러내던 김학중 이사장이 일선에서 물러났다. 부원장의 주도하에 노동조합은 단체협약을 체결할 수 있었다.

기본급 13.5% 인상으로 병원이 애초 제시한 것보다 높은 성과를 이뤘다. 파업에 참여했다는 이유로 부당해고된 간부들 또한 투쟁 끝에 해고 348일 만에 복직판결을 받았다. 90년 임금단체협약 갱신 교섭은 3일 만에 타결됐다. 기본급 3만 원 인상, 상여금 400%로 인상, 해고자 원직 복직 및 체불임금 지급, 유산휴가 3일 등 휴일 확대, 다인실에 전화 설치 등이 주된 내용이었다.[7]

---

7) 그 후 청구성심병원노동조합은 해마다 임금단체협상을 맺으며, 노동자들은 물론 환자/보호자 등 병원을 찾는 지역주민들의 복지와 편의를 개선시켜 나간다. 아래는 매해 맺어온 협약 등 일부 내용이다.
91년 기본급 인상 외에도 91년 장기근속수당 신설. 주 44시간제 적용
92년 의료비 혜택 인상
94년 노동조합 게시판 확대, 정년 56세로 연장, 업무상 재해 시 휴직기간 등 복지 강화
96년 보수교육, 공가처리 중 발생한 질병에 대해서도 업무상 재해 인정, 타직장 경력 인정, 육아휴직 시 근속기간 포함, 국민연금 고용보험료 등 병원 대납
97년 환자 보호자 휴게실, 배선실 설치, 보호자 대기실 확장

2년간의 치열한 싸움 끝에 청구성심병원 노동자들은 자신들을 대표할 조직을 인정받았다. 잠시간의 평화가 찾아온 것이다.

새 얼굴

대부분의 병원 노동조합들도 격렬한 싸움을 몇 차례 거친 후, 안정세에 들어섰다. 휴전이기도 했고, 노동조합에 대한 인정이기도 했다. 어찌되었건 일상적인 조합 활동을 할 수 있는 조건이 마련되었다. 노동조합은 단체협약을 통해 임금과 직급에 대한 기준을 마련하고, 생리휴가 등 일상적인 권리를 하나둘 획득했다. 대외적으로는 파업 시기 서로를 오가며 지원을 해 온 노동조합 간의 연대를 강화했다.

게다가 작은 병원 노동조합들은 서로 힘을 합치지 않으면 안 됐다. 조합원 수는 적었고, 탄압은 더 거셌다. 청구성심병원노동조합은 충무, 구리, 녹십자병원 등 중소병원 노동조합들과 교류를 가져나갔다. 파업 당시 병원 안팎이 관리자들과 구사대들로 들끓을 때, 달려와 난장도 피우고 같이 울어주기도 했던 타 병원 노동자들. 그 기억을 잊지 못했다. 89년, 몸으로 체득한 경험으로부터 지역 노조에 대한 고민이 시작되었다.

더불어 연합체인 중앙 노조를 강화하고자 하는 움직임도 계속됐다. 병노협에 이어 전국 병원노동조합 연합체인 전국병원노동조합연맹(이하 병원노련)이 1988년 12월 탄생했다. 병노협 시절보다 참여 노동조합이 늘어나 총 93개의 병원 노동조합이 함께했다. 정부가 노동조합법상 정해진 설립신고증조차 교부하지 않으며 탄압을 가하였으나(당시 정부는 복수노조금지조항을 들먹이며 노동조합 연합체에 설립신고를 불허하는 방식으로 탄압을 가했다. 병원에 노동부나 경찰에서 사람이 나와 조합원들을 제3자 개입으로 구속된다고 협박하고 다니던 시절이었다) 병원노련은 직종별 노동조합 연합체로서 자리 잡았다.

병원노련은 '1병원 1의료민주화'라는 이름으로 진료대기시간 단축, 환자 보호자 편의시설 확보 운동 등 의료민주화 운동을 전개했다. 1993년 5월 대법원 판결을 통해 합법성을 인정받게 된 후로는, 전국의 각 병원 노동조합에게 교섭권과 체결권을 위임받아 공동교섭을 추진했다.[8] 1995년 병원노련은 서울에서만 60여개 노동조합, 2만 조합원을 가진 단체로 성장했다.

90년대가 되고, 87년을 옛날이야기처럼 할 수 있는 날들이 왔다. 병원노련 조합원 교육지를 보면 '87년 이후 많은 것이 변하였다'라고 밝히고 있다. 노동조건과 처우가 나아졌음을 말하며, 하나의 예로 병원에 생긴 소모임을 언급한다. 87년 이전 어떤 병원노동자가 소모임을 꾸려 여가생활을 즐길 생각을 할 수 있었겠는가. 세월이 달라졌다.

그러나 동시에 상대적으로 나아진 조건에 안주하는 노동조합에 대한 우려가 커져갔다. 노동조합 건설 초기 격양된 싸움이 사라지자 조합원들은 차츰 노동조합 일에 무심해졌다. 중소병원 같은 경우는 소수의 노

---

8) 서울지역 7개 대형병원과 5개 중소병원, 인천부천지역 4개 병원, 29개 전국지방공사 의료원노동조합의 공동교섭을 치렀다.

동조합 간부들만이 살림을 꾸려가는 처지였다.

당연한 결과였다. 노동자들은 일상으로 돌아갔다. 그 일상으로 노동조합은 파고들지 못했다. 노동조합과 노동자들의 괴리에는 여러 이유가 있으나, 그 중 하나는 사람이었다. 안정세에 접어들었다고 하나 노동조합은 생긴지 10년도 채 되지 않은 조직이었다. 조직 유지를 위해 손이 많이 갔다. 대부분의 대형병원 노동조합들은 단체협약을 통해 유급으로 노동조합 활동을 전담하는 상근 간부 수를 확보하여 일상 활동을 전개하였고, 노동조합비로 실무자를 채용하기도 하였다. 그러나 중소병원 노동조합은 한 명의 전임간부를 보장받기도 어려웠고 조합원들이 급여에서 조금씩 내는 노동조합비는 노동조합 활동에 드는 비용을 충당하기도 벅찬 수준이었다. 따라서 중소병원 상근 간부들은 부서에서 업무를 마치고 노동조합 일을 했다. 그나마 이직률이 높아 몇 해를 이어 노동조합 간부를 할 사람이 없었다. 늘 손이 부족했다. 각 부서로 흩어져 있는 조합원들 목소리를 듣고 모으기에 한 줌의 간부들은 지쳐 있었다.

94년, 이정미는 조합원 교육을 말간 얼굴로 듣고 있었다. 93년도 분만실 간호사로 입사한 이정미는 청구성심병원노동조합의 새로운 얼굴이었다. 입사한 지 1년도 되지 않은, 그럼에도 노동조합에 열의를 보이는, 피로감이 없는 젊은 기운이었다.

이정미에게 선전부장 일이 맡겨졌다. 유인물을 들고 병원 곳곳을 찾았다. 노동조합 간부가 병원 각 부서 조합원들을 찾아가는 일, 현장 순회라 불리는 이 일을 매일 같이 했다. 수간호사들이 노동조합 간부가 찾아오는 것을 불편해 했으므로 현장 순회는 관리자급이 퇴근을 한 밤 시간에 주로 이루어졌다. 첫째 아이를 임신한 몸으로 밤늦게 병원에 남아 순회를 돌았다. 그 대단한 수고를 이정미는 자진하여 묵묵히 해나갔다. 처음에는 '왜 온 거지?' 어색해하던 직원들도 계속 얼굴 보는 사이가 되니, 슬슬 인사도 나누고 어느덧 하나둘 고충도 털어놓게 되었다. 그렇게 이정미는 조합원들의 일상을 파악하고 모으기 시작했다.

김명희가 이정미를 처음 본 것은 그 즈음이었다. 만삭의 몸으로 자신에게 유인물을 건네는 이정미를 보며 김명희는 한때 노동조합의 일에 열심이던 자신을 떠올렸다. 6년 전 일이었으나 아주 먼 옛날처럼 느껴졌다. 이후 다른 조합원들이 탈퇴한 거 아니냐고 물어올 정도로 노동조합 일에 신경 쓰지 않았다. 부러 그런 것이 아니었다. 자연스럽게 그리 되었다. 평온한 일상, 아니 평온한 일상을 위해 자잘한 갈등은 지나치거나 자신이 알아서 해결해 버렸다.

그러나 과연 평온했을까. 이정미를 만났을 때, 김명희도 갓 아이를 낳은 몸이었다. 둘째를 낳은 지 일주일 만에 병원에서 전화가 걸려왔다. 사람이 모자란다고 했다. 병원은 대체 인력을 구하지 않고, 김명희에게 연락을 했다. 더는 안 다닐 직장도 아니기에 모른 척 하기 힘들었다. 일주일에 한두 번, 붓기도 빠지지 않은 몸으로 출근했다. 나중에는 하루 이틀만 아이를 맡길 곳을 찾으니 아예 보모를 구해 맡기자는 생각이 들었다. 45일 만에 정식 출근을 했다. 아이 젖도 떼지 못했다. 다른 사람 손에 맡기고 온 아이 때문에 마음은 아프고, 산후조리를 제대로 받지 못한 몸은 물리치료 도중 이곳저곳 고장이 났다. 어차피 다닐 직장이니 좋은 마음으로 해주자 싶었다. 하지만 점점 요구와 책임만 커졌다. 이게 아니다 싶으면서도 끌려가는 자신을 보게 되었다. 개인이 병원의 요구에 대응할 수 있는 방법은 거의 없었다.

그때 이정미를 만났다. 웃는 모습이 보기 좋은 사람이었다. 노동조합 이야기를 할 때는 반짝 생기가 돌았다. 단호한 확신이 보이는 사람. 무엇을 확신할까. 김명희는 이대병원에서 노동조합 창립식을 숨죽여 치른, 그때의 젊은 동료들을 떠올렸다. 우리 참 힘들게 노동조합을 지켰지. 그리고 생각했다. 나는 왜 여기 홀로 있는 걸까. 우리가 지키려고 애쓰던 권리들은 어디로 간 걸까. 김명희는 선전부장 이정미를 물끄러미 바라봤다.

며칠 후, 김명희는 7층에 자리한 작고 어둑한 노동조합 사무실을 찾았다. 오랜만이었다.

걸음 :

 **1991년 봄**

"누가 나에게 이 길을 가라하지 않았네. 그러나 한 걸음 또 한 걸음 어느 새 적들의 목전에 눈물 고개 넘어…."

을지대학 교정에 낭랑하게 소리가 울려 퍼졌다. 간호대학 새내기 최지연이 부르는 노래였다. 입학을 앞두고 학부에서 열린 오리엔테이션 자리, 술자리가 펼쳐지고 돌아가며 노래를 불렀다. 평소에도 노래라면 자신 있었다. 이날 부르기 위해 아껴둔 노래도 있었다. 〈누가 나에게 이 길을 가라하지 않았네〉 이 노래를 처음 들었을 때가 고등학교 2학년. 풍물패 선생님이 부르는 노래를 들었다. 노래가 너무 좋아 가사를 외워 부르고 다녔다.

민중가요에 익숙한 선배들이 하나둘 노래를 따라 부르기 시작했다.

노래는 합창이 되었다. 그런데 유독 크게 들리는 목소리가 있었다. 최지연은 생각했다. '거 누군지, 참 못 부르네.' 혼자 음을 이탈하고 있었다. 그럼에도 목소리 주인공은 어찌나 당당히 노래를 부르던지. 누구보다 큰소리로 열창을 했다. 최지연은 피식 웃었다. 선배이지만 제법 귀엽다는 생각도 했다.

그런데 막상 대면하고 보니 목소리의 주인공은 호락호락한 인상이 아니었다. 깨끗했지만 어딘가 단호한 인상이었다. 살짝 무섭기도 했다. 자신보다 키도 크고 덩치도 커서 그런가. 아니면 크지 않은 눈이 반짝이면서도 날카로워서인가. 선배는 간호대 학생회장이라고 했다. 간호대 학생회장 이정미.

그러나 말 몇 마디 걸어보면 언제 그랬냐는 듯이, 푸근한 사람이었다. 선한 구석이 사람 마음을 끄는 사람. 최지연은 '정미 언니'를 쫓아다녔다. 정미 언니는 어디서든 맏언니 같았다. 그런 언니가 집에서는 막내라는 이야기에 얼마나 놀랬던가. 정미 언니는 늘 챙겨주는 것이 익숙한 사람이었다. 그래서 형제자매 많은 집 맏이일 것이라 생각했다. 최지연도 그 다정함에 기댔다. 정미 언니와는 어디를 가든 함께 있는 것만으로도 좋았다. 활동적인 사람이었다. 등산도 여행도 산책도 좋아했다. 낯선 곳에 가서 낯선 사람을 만나도 어색해하거나 긴장하는 법이 없었다. 늘 행동이 자연스럽고 당당했다. 전에 한번쯤 만났던 사람처럼 굴었다. 넉살 좋은 것이 아니었다. 사람을 대하는 데 솔직하고 가식 없는 모습이 상대방의 경계심을 허물어뜨렸다.

정미 언니는 묘하게 여러 측면을 가진 사람이었다. 강함과 부드러움이 공존하고, 웃음과 진지함이 늘 함께했다. 움직이는 걸 좋아하는 동시에, 정적인 부분이 많은 사람이었다. 여행을 다녀와서는 어느새 조용한 찻집에서 책을 읽고 있었다. 자신을 이끌고 선배들과 담소를 나누다가도 어느새 보면 집회에 참석하느라 거리에 있었다. 거리에서 구호를 외치고 돌아오는 길에 나무에서 떨어진 붉은 낙엽을 주워 책갈피에 꽂아 놓는 사람이 정미 언니였다. 생각해 보면 언니는 모든 것을 좋아하는 사람이었다. 조용히 앉아 기다리는 것도, 팔을 크게 흔들며 뛰는 것도, 작은 것 하나하나를 좋아하고 소중히 여겼다.

언니를 쫓아다니다 보면 다른 학교 선배들도 만나곤 했다. 사람 좋아하는 사람이니 주변에 늘 누군가가 있었다. 서로 만나서 하는 일이라고는 학생회 이야기, 시국 이야기뿐이었다. 한번은 늘 어울려 만날 때마다 정치 이야기가 빠지지 않던 선배가 정미 언니의 남자친구라는 이야기를 듣고 얼마나 놀랐던가. 그런 시절이었다. 대학에서 정치가 아닌 다른 것을 고민할 수 없던 시간들.

91년, 명지대 1학년 강경대가 숨졌다. 시위를 진압하던 경찰에게 맞아 죽었다. 87년 민주화 항쟁으로 직선제를 쟁취해 냈지만, 독재자의 친구를 국민 손으로 뽑았을 뿐이었다. 강경대의 죽음 이후 많은 젊은이들이 세상을 떠났다. 강경대, 박승희, 김영균, 천세용, 박창수, 김기설, 윤용하, 김철수, 이정순, 정상순, 김귀정… 학생들은 분신을 했고 스스로 목을 맸다.[9] 국가 폭력에 맞선 이들의 죽음이 넘쳤고, 사람들은 혼란

---

9) 1991년 4월 26일 명지대생 강경대가 사망한 후, 그해 5월까지 전남대생 박승희, 안동대생 김영균, 경원대생 천세용, 한진중공업 노조위원장 박창수, 전민련 사회부장 김기설,

스러워 했다. 대학은 매캐한 최루탄 연기로 가득했다. 그 시절 대학에 들어온 최지연은 이정미에게 묻곤 했다. 총학생회 활동을 막 시작하던 때였다.

"언니, 나는 아직도 89년에 북한으로 간 여대생이 기억나요. 저 사람은 왜 그곳에 갔을까. 돌아오지 못할 수도 있는데. 무엇이 있기에 갔을까. 돌아와 감옥에 갇힐 것을 알면서도. …그 여자는 왜 그랬을까요?"

이정미가 자신을 빤히 바라보는 것을 느끼며 최지연은 이어 물었다.

"그러니까 무엇이 그 여자를 움직이게 했을까요?"

언론 노조 활동을 하다가 잡혀간 손석희가 쓴 사설을 읽고, 시위를 나갔다 맞아 죽은 대학생 소식을 들으며 자랐다. 옳은 것을 위해 많은 것을 희생하는 사람들의 이야기가 들려왔다. 최지연은 사명에 대한 막연한 갈망과 주변에서 벌어지는 여러 일들로 혼란스러웠다. 스무 살 갓 넘은 나이였다. 충분히 혼란스러워도 괜찮을 나이였고, 혼란 때문에 불안한 나이였다. 최지연은 그럴 때면 정미 언니를 찾았다. 자신에게 고개를 끄덕여 주는 사람, 그럼에도 옳지 않은 것을 분명히 말해주는 사람이 필요했다. 강요하진 않으면서 필요한 말을 짚어주는 사람. 지연이 혼란을 쏟아내면 정미 언니는 그런 자신을 가만 바라봤다.

"널 움직이게 하는 것이 무엇인지, 그게 알고 싶은 거야?"

지연은 말간 눈으로 자신을 깊게, 그러다 담담하게 들여다보는 정미 언니를 마주 보았다.

성남 피혁 노동자 윤용하, 노동자 이정순, 전남 보성고교생 김철수, 노동자 정상순 등이 스스로 목숨을 끊거나 의문의 죽음을 당했다.

"그게 옳은 건지도요."

자신이 마음에 담은 질문을 툭 건드려 주는 사람이었다. 선배로서 하는 어른 흉내가 아니었다. 신중하고 조심스러운 사람이었다. 자신이 질문의 답을 찾아 혼란을 정리하기까지 기다려주는 것도 정미 언니의 몫이었다. 총학생회 활동을 시작하며 최지연은 종종 이정미를 찾았다. 젊은 시절의 수많은 고민들을 많은 밤 언니와 함께했다. 어느 때는 그저 맏언니가 필요하여 찾아갔다. 그 새벽들이 지나면 캔커피 하나를 사들고, 함께 교정을 걸었다.

자신에게 그런 시간을 내주었다는 것이 고맙게도, 정미 언니는 늘 분주했다. 간호대 학생회 활동은 늘 바빴다. 1기 학생회라는 책임을 크게 느끼는 언니는 누구보다 잘하려고 애를 썼다.

꼼꼼한 성격이었다. 학생회를 처음 만들 때도 다른 대학을 돌며 학생회에 대한 조언을 구했다. 그 성격에 대자보 하나를 써도 오타 하나 없이 문구를 손보고 또 봐야 했다. 시간이 모자라고 잠도 모자랐다. "회장, 이러다 병 나." 다들 입버릇처럼 말했다. 학생회실에서 밤을 새고 난 아침, 커피믹스 하나 타서 마시고 있는 언니를 보면 다들 밥 먹으라고 성화였다.

다른 선배들도 끼니 챙길 시간 없이 분주하긴 마찬가지였다. 학생회 일은 벅찼다. 게다가 학생회 3학년들이었다. 밀린 학점 채우랴, 후배들에게 넘기고 갈 학생회 일을 정리하랴 분주할 수밖에 없었다. 간호사국 가고시도 치러야 했다. 바쁜 중에도 정미 언니는 막판까지 장학제도를 만들 방법을 고심했다. 1기 선배로서 후배들에게 해주고 가야 할 것들이 언니 머릿속에 가득했다. 간호대 동문회 차원에서 장학제도를 만들면 형편이 어려운 후배들도 조금 마음 편히 학교에 다닐 수 있지 않을까. 언니는 이래저래 계획을 세웠다.

하지만 정미 언니도 편한 입장이 아니었다. 남의 사정 고민할 때가 아니었다. 취업길이 막힐지도 몰랐다. 을지대학에서 만든 간호대 1회 졸업생이니 을지병원에 들어갈 가능성이 컸다. 그런데도 언니는 을지병원은 커녕 규모 있는 병원은 취업이 힘든 상황이었다. 학생회장이기 때문이었다. 처음에는 교수님들도 학생회를 반겼다. 사은회나 동창회, 대동제 등 학교 행사나 학생 복지를 챙길 조직이 필요하다며 학생회 건설 움직임을 격려했다. 하지만 정미 언니와 선배들은 그 틀에 학생회를 가두지 않았다. 각종 사회문제에 관심을 두었다. 정치적 입장이 담긴 유인물이 학내에 뿌려졌다. 빨간색 형형한 유인물을 보며 교수님들은 눈살을 찌푸렸다.

학연, 지연으로 얽힌 간호 사회와 마찬가지로 간호대도 보수적인 분위기였다. 간호학과가 그리 많지 않았다. 한정된 대학에서 한정된 수의 병원으로 간호 인력을 보냈다. 어느 대학 나온 누구 후배라고 하면, 서로들 빤했다. 그러니 더 행동거지를 조심하려 했다. 소문이 빠른 곳이었다.

이런 상황에서 노동조합 간부가 나온 대학 출신들은 피해를 입기도 했다. 일명 연좌제였다. 가뜩이나 1회 졸업생을 배출하는 대학이었다. 취업률에 대한 부담이 남달랐다. '이 대학 애들이 강성이더라' 하는 소리를 듣지 않으려 했다. 그러니 교수님들 입장에서는 정치적인 학생회가 부담스러웠다. 그냥 사은회나 하고, 동문들이나 챙겼으면 했는데 도저히 정미 언니를 그렇게 길들일 수는 없었다. 3년을 달래고 구슬리다가 실패했다. 정미 언니의 기질을 아는 교수들은 추천서를 써주지 않을 거라고 협박도 했다. 너 가면 후배들 다 피해 본다. 달래기도 했다. 병원에 가서도 얌전히 지내겠다고 약속하면 추천서 써줄게.

교수님들이 언니를 미워한 것은 아니었다. 정미 언니는 예의를 지킬 때는 분명히 지키는 사람이었다. 태도와 생각이 반듯함을 모르지 않는 교수들은 언니를 나쁘게 보지 않았다. 생각 깊고 어른스러운 사람이라 뒤에서는 칭찬도 했다. 그래서 문제를 일으키지 않겠다는 각서 한 장을 쓴다면 추천서를 써주겠다고 나름의 절충안을 제시한 게였다.

그럼에도 언니는 추천서를 받지 않겠다고 했다. 옳지 않은 것을 그냥 보고 넘어가는 성격이 아니었다. 정미 언니는 아무 일 없는 듯, 도서관에 틀어박혀 한동안 간호사국가고시 준비를 했다. 졸업을 하고 이어 결혼을 한 언니가 신혼집에서 가까운 작은 중소병원에 들어갔다는 소식이 들렸다. 청구성심병원이라는 곳이었다.

"언니, 거기 나오래도요."

3년 후, 지연은 정미 언니와 통화를 할 적마다 말했다. 그 병원 소문이 파다했다. 병원은 노동조합에 가입한 직원들을 해고하고 징계하고 폭행했다. 노동조합 위원장을 맡은 언니가 걱정됐다.

매번 이어지는 후배의 잔소리를 언니는 능글맞게 넘겼다.

"사람들이 나 좋다고 병원에서 나가지 말래."

그만 두라고 옆에서 경을 읽어도, 맺었던 관계를 버리고 나올 사람이 아니었다. 그럴 사람이라면 대학 때 알아봤을 것이다. 가끔 지연은 생각했다. 그 노래가 왜 좋았을까. 정미 언니와 처음 만났던 날, 자신이 부른 노래를 떠올리고는 했다.

'누가 나에게 이 길을 가라하지 않았네. 내게 투쟁의 이 길로 가라하지 않았네. 그러나 한걸음 또 한걸음 어느새 적들의 목전에 눈물 고개 넘어 노동자의 길 걸어 한걸음씩 딛고 왔을 뿐. 누가 나에게 이 길을 일러주지 않았네.'

19살을 갓 넘긴 아이가 부르기에는 슬프고 무서운 노래였다. 어쩌자고 저 노래가 좋았을까. 때로 이 노래의 주인공은 정미 언니가 아닐까 했다. 이 노래 같은 삶을 살다간 언니. 이 노래가 처음 들은 그 순간부터 좋았던 것은, 내가 이정미라는 사람을 만나게 될 것임을 알았기 때문이었을까?

 **1989년 봄**

"언니, 나 대학 가려고."

동생의 말에 정남은 어? 하고 되묻다가, 멈칫했다. 얼른 말을 바꾸어, 그래야지 했다. 혹여 그 짧은 되물음조차 동생 정미에게 망설임으로 비춰질까 해서다. 집안 형편 때문에 서울에 올라와 일부터 한 애였다. "엄마 내가 꼭 호강 시켜줄게." 서울 올라가며 정미는 제 엄마에게 그리 말했다. 막내가 무슨 맏이처럼 굴었다.

언제부터 대학에 갈 생각을 했던 걸까? 여러 질문이 떠올랐지만, 정남은 그저 '무슨 공부를 하려고?'라고 물었다. 정미는 슬쩍 웃었다.

"간호대 가려고."

간호조무사로 일한 아이다. 같이 일하는 간호사들을 보며 얼마나 대학이 가고 싶었을까.

1991년 여름 간호대 학생회 농촌봉사활동(좌측에서 두 번째 이정미 동지)

이미 남들은 대학을 졸업할 나이였다. 똑 부러지고 영민한 구석이 있는 아이였는데. 공부도 좋아하고 책도 좋아하고. 자기도 얼마나 공부가 하고 싶었을까.

할머니가 돌아가시고 나서 종종 간호사가 되고 싶다고 하던 말을 기억한다. 병든 할머니를 돌보던 간호사의 모습이 기억에 남은 모양이었다. 일을 해 평생 돈을 벌며 살아야 한다면, 남의 것 빼앗고 남의 것 탐내며 돈을 버는 직업이 아니라 무언가 의미 있는 직업을 택하고 싶다던 정미였다. 그런 정미에게 '돌봄'이라는 간호 일은 어울렸다.

"잘 생각했어."

정남은 정미의 손을 꼭 잡았다. 해주지 못한 것이 많아 마음이 좋지 못했다.

어릴 적부터 정미는 책을 손에 달고 살았다. 층층이 언니 오빠가 있는 집이라 옷도 물려 입고 몇 안 되는 장난감도 물려받았지만, 정미의

이정미 동지 고교시절

독서량은 손위형제들이 물려준 책만으로 감당하기 힘들었다. 가끔 읍내에 가려고 아버지가 자전거에 올라타면, 정미는 어떻게 알고서는 쪼르르 쫓아 나와 제법 어른스럽게 부탁을 했다.

"아버지, 저 책 하나만 사다 주셔요."

아버지는 그럴 줄 알았다는 듯, 그래 이번에는 무슨 책이냐? 물었다.

"얼마 전에 친구네 집에서 〈빨간머리 앤〉을 봤는데, 그게 자꾸 보고 싶은 거지 뭐예요. 하나 사다 주실 수 있어요?"

밤톨만한 게 짐짓 어른 티를 내며 말하면, 아버지가 크게 웃었다.

지금도 정미의 방에는 '빨간머리 앤' 책이 꽂혀 있다. 여직 좋아하는 책이었다. 사람이든 사물이든, 정을 오래 주는 성격이었다. 한번 마음을 주면 버리지를 못했다. 그래서 간호사가 되겠다 했을 때 여자 직업으로 간호사가 좋지, 하면서도 정미의 여린 성미가 걱정되었다. 아픈 사람들한테 다 정을 주고 나면, 저는 얼마나 힘들까. 속 깊은 성정이라 잘 드러내지도 못할 텐데.

겉으로는 어디 그런 여린 성품이 숨어 있나 싶게 단단한 아이였다. 엄살 부릴 줄 모르고, 헛일에 마음 쓸 줄도 모르고, 그래서 병원 일 하면서도 그 흔한 불평 하나 집에 가져온 적이 없었다. 어느 날은 일이 적성에 맞나보네 하다가도, 어느 날은 제 언니 걱정되어서 혹여 힘이 드는데도 말을 안 하는 건가 걱정이 들었다. 자신도 한 아이의 엄마 노릇에 아내 노릇에, 음식점 운영까지 정신이 없었다. 시간 가는대로 두었더니 어느새 동생 정미는 대학에 갈 계획을 다 세워 놓았다. 말하는 품새를 보니 대학 등록금마저 준비를 해놓은 모양이었다. 그래도 정남은 말했다.

"언니가 도와줄 거 있으면 말해."

"언니가 도울 게 뭐 있어. 언니는 나중에 내가 대학 들어가면, 동기들 밥 한 끼나 해줘. 요리 잘하는 언니 둔 거 자랑해야지."

아직 가지도 않은 대학 동기들마저 챙기고 있었다. 다음해 간호대에 들어간 정미는, 정말로 동기며 후배며 식당으로 데리고 와 밥을 먹었다.

한 날은 남자 선배를 데리고 와 같이 밥을 먹었다. 무언가 이상하다 싶어 눈 여겨 보았다. 인상이 선한 사람이라 안심이 됐다. 얼마 후, 정미가 그 선배를 다시 데리고 왔다. 결혼하고 싶은 사람이라고 했다.

1991년 봄

윤창훈은 이정미를 처음 만났을 때만 해도, 그녀가 자신의 짝이 될 줄은 몰랐다. 단국대 4학년이었던 윤창훈은 총학생회 기획부장 활동에 진로 고민까지 마음도 몸도 분주했다. 마침 그때는 체육대회까지 앞두고 있었다. 한창 바쁠 때였다. 고등학교 선배가 미팅을 잡았다고 하여 혀를 찼다. 이런 시기에 무슨 미팅이냐고 하니, 실은 학생회 하는 친구들인데 가서 이것저것 이야기도 해줄 겸 나가자고 했다. 별 생각 없이 약속 장소에 나갔다. 바쁘니 옷차림도 신경 못 써, 슬리퍼에 추리닝 차림이었다. 학교에서 거의 살다시피 해 변변한 옷이 있을 리 없었다.

상대는 간호대학 2학년들이었다. 앳되고 밝은 인상들이었다. 그 중 길쭉하니 키가 큰 여자가 있었다. 하얀 피부에 대비되는 까만 머리를 하나로 묶은 여자. 활짝 잘 웃었지만, 입을 다물고 있을 때는 꽤 차분해 보였다. 학생회장이라고 했다. 어쩐지 학생회 활동에 꽤 열의를 보이며 이것저것 열심히 묻더라. 이정미라고 했다. 참 적극적인 후배구나. 윤창훈은 그리 생각하고 말았다. 그 후로 종종 학생회 일로 만날 일이 생겼다. 자신의 후배들과도 간호대학 친구들이 어울리는 일도 꽤 있었다. 만날수록 괜찮은 사람이구나 싶었다.

다음해 윤창훈은 졸업을 했다. 광고회사 신입사원으로 사회생활의 첫발을 내딛었다. 포부가 넘쳤지만, 지치기도 했다. 학생시절과는 다른 게 많았다. 여름이 한창이던 때, 이정미와 만날 약속이 있었다. 이정미

이정미 동지와 남편 윤창훈

가 약속 장소에 나왔는데, 그 하얀 얼굴이 새카매져 있었다. 농활(농촌활동)을 다녀온 길이라 했다. 잔뜩 타서 온 것이다. 까만 얼굴에 평소에 반짝이던 눈이 더 반짝거렸다.

"다들 열심히 사시더라고요."

농활에서 보고 들은 것들을 쏟아내며 이정미는 한참을 이야기 했다. 까매진 얼굴을 보며, 그는 참 열심히 사는 친구구나 했다. 건강했다. 모든 것이 건강해 보였다. 웃는 모습이 여느 때보다 밝고 화사해 보였다. 이정미라는 여자가 다시 보였다.

이정미는 좀 특별한 여자였다. 어느 날은 비도 안 오는데 불쑥 우산을 내밀었다.

"선물이에요."

"선물?"

그는 우산을 빤히 봤다. 몇 천 원짜리 이단 우산. 그러고 보니 지난

번에 만났을 때 비가 왔었다. 우산이라는 게 참 필요한 존재였다. 비 오는 날 없어서는 안 되는. 그럼에도 신발장 한켠을 지키고 있는 흔하디 흔한 것이었다. 그런데 이렇게 선물이 될 수도 있구나. 윤창훈은 우산을 매만졌다.

작은 것의 가치를 알고 선물로 건네는 사람도 있구나. 작은 것 하나하나를 세심하게 챙기는 이정미의 성품이 느껴졌다. 소소한 선물만큼 소소한 부분들을 마음 써주는 사람. 까맣게 탄 이정미를 앞에 두고 그는 어쩐지 묻고 싶어졌다. 쑥스러워 장난 반 진담 반이라 하고 싶었지만, 진심이었다.

"우리 사귀어 볼래요?"

다음해, 이정미와 윤창훈은 부부의 연을 맺었다. 두 사람은 은평구에 신혼집을 잡았다. 이정미는 신혼집에서 15분 거리에 떨어진 곳에 자리한 청구성심병원에 입사하게 된다.

> **우산**
>
> _윤창훈(고 이정미 열사 남편)
>
> 그때, 비가 오지 않는 날, 우산이 선물이 될 수 있다는 걸 알았습니다.
> 서로 사랑하는 것은 비오는 날 우산을 씌어 주는 것이 아니라 고스란히 오는 비를 함께 맞는 용기라고 합니다.
> 올 8월 유난히 비가 많이 내립니다.
> 아내의 우산은 나는 비를 맞더라도 너는 젖지 말았으면 하는 바람입니다.
> 마음이 젖는 아련함도 모르고 이제 시작했습니다.
> 사랑하는 사람에게 우산을 선물하는 것을
>
> 이정미 열사 1주기 추모자료집 중

92년 봄 이정미

　언니네 식구들은 자는지, 밖은 조용했다. 스탠드 불 하나를 켜고 어둑한 방에 앉아 이정미는 다이어리를 펼쳤다. 검고 투박한 다이어리에는 일정이 다닥다닥 적혀 있었다. 만나야 할 사람도 많고, 읽어야 할 책도 많았다. 1개월에 10권이라는 목표를 세웠지만 쉽진 않았다. 점점 책 수가 줄어갔다. '민들레처럼' '경제학을 위한 변명' '초보자를 위한 자본론' '가족 사유재산 국가의 기원' '여성 해방론' '한국 근대 민중 운동사' 이정미는 적힌 목록을 훑으며 다이어리 장을 넘겼다. 성인 간호학, 정신 간호학, 해부학, 생리학 등 의학용어 정리하고 복습해야 할 과목들도 잔뜩 있었다. 이정미는 책상에 쌓여 있는 전공 책 중 하나를 꺼내 훑어보았다. 옳은 말, 바른 말, 무수한 이론이 있지만….

　4주간에 걸친 병원 실습이 끝난 날이었다. 이정미는 혼란스러운 마음을 적었다.

　1월 3일. 기본적인 간호사로서의 자질이 내게 있는가? 스스로에게 물어보지만….
전인간호 심리간호 부르짖는 이론들이 왜 임상에서는 왜 존재하지 않는가? 졸업 후 나 자신도 똑같은 모습이 되는 것은 아닌가.

　임상 실습을 위해 경기도 모 정신병원으로 간 한 달 동안 이정미는 이 생각을 떨쳐내지 못했다. 이론과 현실이 다르다는 것은 알았다. 임상 실습은 간호대 학생들이 실제 병원에서 단기간 실전 연습을 하는 입문 단계 같은 것이다. 침대 시트 갈고 체온 재고 혈압 측정하는 등의 간단한 실습과 함께 간호사들에게 1:1로 지도를 받는 과정이 포함되어 있다.

예전 조무사로 아르바이트를 할 때와는 다른 눈으로 병원을 보았다. 그 사이 이정미는 많은 것을 접했다. 학생회를 통해 병원노련과 연계를 맺었고, 민중의료라는 말을 알게 됐다.

민중의료, 실은 단순한 말이다. 모든 민중이 치료받을 권리, 누구든지 평등하게 치료받을 권리를 갖는 것. 하지만 자본주의 사회에서는 의료조차 산업이었다. 돈을 주고 구매해야 할 서비스인 의료 앞에서 차별이 만들어 졌다. 부자는 건강하고, 가난한 자는 병들었다. 서비스로 규정된 의료는 그 서비스를 받을 금전적 자격이 되는 부자들의 건강을 더 염려했다.

병원 간의 경쟁은 격심해졌다. 더 비싼 값에 더 많은 의료서비스의 판매를 위함이었다. 경쟁에 길들여진 것은 병원만이 아니었다. 경쟁 속에서 간호사들은 서비스 제공의 전면에 나섰다.

환자들은 서비스 질을 따지며 간호사에게 하대를 했다. 병원이라는 권위적인 구조 속에서 의사들도 간호사에게 함부로 구는 일이 많았다. 치료와 간호는 겹치는 부분이 있으면서도 각각 전문적인 영역에 속해 있는데, 간호사의 노동은 전문성을 인정받지 못했다. 마치 그저 어떤 돌봄 서비스로만 인식되었다. 돌봄노동이 이 사회에서 여자들이 하는 하찮은 일이라 여겨지는 까닭도 있었다. 게다가 중소병원에서는 레지던트 수련의가 해야 하는 업무조차 간호사가 하고 있었다. 수련의를 쓰기에는 병원의 규모가 작고, 수련의를 관리하는 데도 시간과 비용이 들기 때문이다. 전문의와 간호사를 연결해 줄 사람이 없으니, 간호사 업무가 증가한다.

이런 현실에서 간호사들은 지치고 매너리즘에 빠진다. 힘을 합쳐 문제를 해결하기보다 서로 경쟁하고 경계했다. 이정미가 실습기간 동안 본 것은 그러한 모습이었다. 3년제와 4년제 대학 출신 사이, 간호사와 간호조무사 사이에도 보이지 않는 갈등과 차별이 있었다. 특히 작은 병원에서는 간호조무사에게 간호업무를 전가시켜 노동자 사이의 골을 더 깊게 만들었다. 경쟁과 갈등, 그리고 과다한 업무는 서로 간의 소통을 막았다. 간호사들은 굳은 얼굴과 빠른 걸음으로 환자들을 지나치기 바빴다. 다들 학생시절 백의 천사를 한번쯤 꿈꿨겠지만, 현실은 그렇지 못했다. 관례가 되고 관성이 되고, 피로하고 지쳐가고 서로를 경계했다. 이 모든 것은 관례와 권위를 유지하고 있는 병원의 봉건성과 비용 절감을 이유로 자행되는 편법과 인력 감축 때문이었다. 노동하는 자신이 정당한 대우를 받지 못하는데 누구를 정당하게 대우할 수 있을까.

안 그래도 병원노련 선배들로부터, 막상 병원에 취업을 나가면 막막할 것이라는 이야기를 듣기는 했다.

"병원에서 일하다 보면 자존감이 저하됩니다. 자신의 노동에 대한 자신감이 없어지죠."

대림성모병원, 고려대병원 등 여러 병원의 선배들과 간호대 학생들이 만나 이야기를 나누는 간담회가 병원노련 주최로 마련된 적이 있었다. 그 자리에서 선배들은 말했다.

"간호사들은 자신의 노동에 자신감이 없어 하죠. 그러니 동료들 간에 삶의 변화에서 오는 고민들을 지지해 주어야 해요. 동기 모임을 만들어 서로 지지해주세요."

"자신을 분명히 하세요. 우선은 자신이 바로 서야 합니다. 자신이 해야 할 목표가 분명해야 합니다."

"열심히 공부하세요. 늘 공부해야 합니다. 단지 의학적인 문제만이 아니라, 사회를 보는 눈을 키워야 해요. 세상이 어떻게 돌아가는지 놓치지 않으면서 주변에는 배타적이지 말아야 해요. 뜻을 같이 하는 친구는 있습니다. 이들을 놓치지 마세요."

이정미는 한 자 한 자 꼼꼼히 받아 적었다. 대학에 와서 보고 배운 것들을 취직을 한 이후 놓아버리지 않을 거라고 마음먹었다. 병원노련 선배들처럼 자신도 일터와 정치가 분리되지 않은 삶을 살리라. 사회를 보는 눈을 잃지 않고, 나의 권리를 지키며, 동시에 환자 손 한 번 더 잡아주는 간호사가 될 거다.

이정미는 마음을 다잡고 다이어리 마지막 줄을 덧붙였다.

[자신이 새로워지기 위한 끊임없는 노력이 필요하다.]

그리고 다이어리에 무수히 적힌 글귀 중 하나를 펼쳐 읽었다.

[일상에 빠지지 않고, 대의를 위해 나아가며, 억눌리는 자에게 헌신적이며, 억누르는 자에게 용감하며, 스스로에게 비판적이며, 벗에 대한 비판에도 망설이지 않고, 순간순간을 불꽃처럼 치열히 여기며, 날마다 반성하고, 날마다 진보하며…][10]

---

10) 〈이런 내가 되어야 한다〉 신경림 시(詩)의 일부

그 중 한 문장에 줄을 쳤다.

[내 잊어서는 안 될 이름들을 늘 기억하며, 내 작은 힘이 타인의 삶에 용기를 줄 수 있는 배려임을 잊지 말고]

이정미는 그렇게 자신을 붙잡았다. 자기에게 엄격하다 못해 깐깐한 사람이었다. 행사 때마다 발간되는 자료집에 오타 하나 없이 나갈 정도였다. 때로는 그 완벽주의 때문에 동기들에게 질타를 당하기도 했다. 하지만 그런 깐깐함이 이정미를 만들어가고 있었다. 늘 자신을 다스려야 한다는 다짐으로 가득했다. 그녀는 종종 멈춰서 물었다. 이정미 잘 하고 있지? 바르게 가고 있지? 산을 오르고, 밤바다를 보고, 친구 결혼식에 가고, 동기들과 눈싸움을 하다가, 그렇게 웃다가도 이정미는 문득 멈춰 생각했다.

후배 지연이 "무엇이 그 여자를 움직이게 했을까요?" 라고 물어왔을 때, 이정미는 그 물음의 의미를 알 수 있었다. 스스로에게 늘 묻던 질문이었다. 그럴 때마다 이정미는 자신에게 답을 주었다.

'나는 나이고, 나이어야 한다. 나는 끝없는 지평을 보아야 한다.'

 93년 봄

청구성심병원 분만실에 신입 간호사가 들어왔다. 어딘가 어른스러운 면모를 풍기는 간호사였다. 나이가 있어서인가, 결혼을 앞두어서인가, 아니면 사람 성품이 원래 그런가. 신입 간호사 같지가 않았다. 임우숙

은 이정미의 첫 인상을 그렇게 기억했다. 처음에는 그 어른스러움이 조금 부담스럽기도 했다. 말을 해도 바르게 찔러서 이야기하는 사람이라 가까워지기 쉽지 않겠다고 생각했다. 그런데 아니었다. 웃으면 인상이 서글서글했다. 농도 잘하고, 그러면서도 할 말과 하지 않아야 할 말을 가렸다. 흔한 말로 사람이 진국이었다.

일에 있어서도 이정미는 좋은 파트너였다. 부지런하고, 일머리가 좋고, 엄살이 없었다. 오죽하면 기억나는 것이 이정미의 볼멘소리였다. 원체 드문 일이라 기억에 남았다. 이정미가 첫째 아이를 임신했을 때, 자신과 한 조를 이뤄 나이트 근무를 하고 있었다. 이정미가 갑자기 자리로 가 앉더니 자신을 불렀다.

"임 선생님."

"왜? 무슨 일?"

차트를 검토하던 임우숙은 무심코 돌아봤다.

"좀 쉬었다가 같이 하면 안 될까요?"

"응. 난 괜찮아. 쉬고 있어."

"…같이 쉬어요."

"아냐. 쉬어."

"아니에요. 같이 해요."

그제야 아차 싶었다. 임신한 후배였다. 미안한 마음에 혼자 쉬지는 못하겠고 몸은 힘드니 저리 같이 쉬자고 말하는 게였다. 늘 씩씩해 임신한 몸이라는 것마저 잊었다. 책임감 하나는 알아주는 후배가 쉬자고까지 할 정도면 얼마나 힘이 들었을까. 머쓱해진 임우숙은 자리에 앉았다.

자신은 그리 군소리 없이 야간근무를 다 해놓고, 시간이 지난 후 노동조합 활동을 시작한 이정미는 말했다.

"여자 직원들 임신하고도 나이트 근무 당연하게 여기잖아요. 정말 문제에요."

근로기준법상에는 임신한 여성의 야간근로에 제한을 두고 있었다. 근로기준법에는 산모의 동의 없이 초과근무를 할 수 없으며, 동의를 구하여도 1일 2시간, 1주 6시간, 1년 150시간을 초과하는 초과근로를 시킬 수 없게 규정했다. 하지만 법이라는 것이 현실에서는 종이쪼가리 취급받기 일쑤였다. 특히 노동법은. 이러한 법이 있는지 아는 사람도 별로 없었다.

임신한 간호사가 야간근무에 대해 의문이라도 품었다가는, '일하기 싫어서 지금 꾀부리는 거냐.' '배가 부르고 힘들어 보이면 어련히 옆에 있는 사람들이 알아서 안 해주겠냐. 왜 먼저 나서고 그러냐.' '사회생활 너무 모르는 거 아니냐.' 별별 소리를 다 들어야 했다. 수간호사와 면담을 하는 등 해고 압박까지 견뎌야 했다. 십년 전만 해도 임신을 하면 병원을 그만두어야 했다. 아니 결혼만 해도 병원을 나가야 했다. 그러니 임신한 몸을 병원에서 계속 일할 수 있게 해주는 것만으로 감지덕지였다. 행동이 느려지니 옆의 동료에게 피해라도 입힐까 전전긍긍하며 일했다.

노동조합이 만들어지고 예전보다는 훨씬 나아졌다 해도, 얼마나 엉망이던가. 근로계약서에는 뭐가 적혀 있는지 제대로 읽어 볼 수도 없었다. 일하던 도중에 불려가 계약서에 사인만 하고 온 사람들이 수두룩했다. 연월차야 당연히 눈치 보다가 쓰지 못하고, 노동조합 초창기부터 주장해 온 생리휴가도 명목상 있기만 할 뿐이었다. 실제로 휴가요청서를 내는 사람은 찾아보기 힘들었다.

수간호사가 임의로 짠 일정표는 일하는 사람의 생체리듬 따위는 고려하지 않는 경우가 많았다. '데이 데이 나이트' '나이트 오프 데이' 식의 스케줄이 나왔다. 사람 하나 잡는 일정표였다. '나이트 오프 데이'라 불리는 일정은 하루는 야간근로, 하루는 쉬고, 그 다음 날 낮 근무를 한다는 것인데, 이를 살펴보면 밤 근무를 하고 아침 8시에 퇴근한 후 다시 다음날 새벽에 출근을 해야 한다. 퇴근해서 다시 출근하기까지가 출퇴근 시간을 다 합쳐도 24시간이 되지 않는다. 그럼에도 하루 오프(휴일)를 주었다고 병원은 말을 한다.

'데이 데이 나이트' 근무는 더 가관이다. 몸이 적응할 새도 없이 밤낮이 하루 만에 바뀌어버리는 일정이다. 수간호사가 나쁜 마음먹고 그러는 것이 아니었다. 인력이 모자라, 그런 식으로 스케줄이 짜였다. 물론 수간호사에게 일정을 조율할 모든 권한이 몰려 있기에, 통제의 수단으로 사용되기도 했다. 간호사는 병원에서 환자들의 건강을 관리하는 직업이긴 하지만, 그 자신도 비상식적인 교대근무로 불면에 시달려 벌게진 눈으로 졸음을 쫓으며 일해야 하는, 건강을 자신하지 못하는 이들이다.

"다들 너무 힘들게 일해요. 굳이 이렇게까지 힘들지 않아도 되는데, 몇 가지 관례를 고치지 못해서 너무 힘들잖아요."

자신은 불평 한마디 없이 해놓고, 실은 다 기억하고 있던 게였다. 이정미가 노동조합 활동을 한 것은 어쩌면 당연한 일이었다. 그 성정에 가만히 있을 사람이 아니었다.

순응적인 사람이 아니었다. 어른에게 깍듯하고 정 많은 성격임에도 굳이 사람들에게 미움 받는 구석을 찾는다면, 그 입바른 소리 때문일 것이다. 이정미는 종종 윗사람들을 긴장시켰다. 아닌 것은 아니라고 말하는 성격 때문이었다. 한 번은 임우숙, 자신 때문에 이정미가 발톱을 세운 적도 있었다. 이정미가 불같이 화내는 것을 본 것은 그때가 처음이었다.

발단은 분만실 수간호사였다. 새로 온 수간호사는 일을 전혀 거들어 주지 않았다. 아기들이 시간을 맞추어 태어나는 것이 아니기에 분만실은 계획대로 움직이는 곳이 아니었다. 바쁠 때는 상상을 초월했다. 그래서 일이 많을 때면 수간호사이건 책임간호사이건 팔을 걷어붙이고 돕는 것이 당연했다. 안 그러면 진짜 애가 바닥으로 철퍼덕 떨어질 지경이다. 그런데 새로 온 수간호사는 손 하나 까닥하는 것을 보지 못했다. 오히려 수간호사가 벌여놓은 일을 부하직원들이 뒤치다꺼리하느라 바빴다. 자기가 먹은 컵이라도 좀 치웠으면 하고 바랄 정도였다. 평간호사 중 연장자인 임우숙이 수간호사에게 눈치를 주어야 했다. 그러자 돌아온 것은 태도 변화가 아니라 인사 보복이었다.

연차가 높고 현장 경험도 가장 많았지만, 임우숙은 책임간호사로 승진되지 않았다.[11] 전(前)수간호사도 임우숙 선생이 책임간호사가 될 것

---

11) 청구성심병원 간호부 체계는 다음과 같다.
　　간호부장-간호감독-수간호사(각 병동 당 1인)-책임간호사-일반간호사로 구성되어 있

이라는 이야기를 공공연히 하고 다녔다. 그런데 다른 사람이 책임간호사로 선정되었다. 그것도 외부에서 온 지 얼마 안 되는 간호사였다. 인사권은 부서장 급인 수간호사의 권한이었다. 자신에게 일손을 거들라, 싫은 소리를 했다는 것이 숨겨진 이유였다.

인사 발표가 된 날 회의가 있어, 임우숙은 착잡한 얼굴로 참가했다. 수간호사가 이번 승진 건에 대해 이야기했다. 이미 공고했으니, 박수치고 넘어가면 되는 일이었다. 그때 이정미 선생이 나섰다.

"이번 인사 건은 잘못됐다고 생각합니다."

임우숙조차 놀랐다.

"승진 기준은 누가 봐도 납득할만한 객관성을 가져야 하지 않나요? 책임간호사로 임명된 선생님은 임우숙 선생님과 경력 차만 3년이 납니다. 이 경력 차이를 능가할 만한 어떤 능력을 가졌는지 밝혀주세요. 책임간호사로 선정된 이유를요."

자신의 이익과 무관한 일임에도 이정미는 핏대를 세우며 수간호사와 맞섰다. 수간호사는 곤란하면서도 자존심이 상한 표정이었다. 원래 할 말은 다 하는 성격인 것은 알았지만, 임우숙조차 이정미가 수간호사에게 대놓고 말을 할 줄은 몰랐다.

며칠 후, 수간호사는 간호부 회의에 가서 이날 벌어진 일을 이야기했다. 입사한지 몇 년도 되지 않은 평간호사가 자신에게 대들었으니, 화

다. 병동에서는 수간호사-책임간호사-일반간호사 역할이 나뉘는데, 일반적으로 수간호사는 행정관리, 책임간호사는 주로 기록업무와 관리, 일반간호사는 직접적인 환자관리를 담당한다.

청구성심병원노동조합 5대 집행부 취임식 이정미 위원장(오른쪽), 박인선 사무장(왼쪽) (1996년 10월 18일)

도 났을 것이다. 하지만 간호부도 이번 인사가 부당함을 인정할 수밖에 없었다. 간호부는 임우숙을 책임간호사로 발령했다. 이 사건을 계기로 수간호사들 사이에 이정미가 만만치 않은 사람이라는 평이 생겼다. 노동조합에 그 소문이 들어가지 않았을 리 없다. 어느새인가 이정미는 노동조합 간부로 활동을 하고 있었다.

두 해가 지난 가을, 임우숙은 이번에는 둘째 아이를 임신하여 배가 부른 이정미를 보며 염려스럽게 물었다.

"그 몸으로 한다고?"

노동조합 위원장 자리를 두고 한 말이었다.

"할 사람이 없어요."

이정미의 대답은 간명했다. 임우숙은 아오, 입소리를 내면서도 별 말을 하지 않았다. 솔직히 노동조합 위원장 자리를 맡겠다는 이정미의 말을 듣고, '그래, 너 아니면 누가 하겠니' 싶었다. 하지만 속내를 드러내진 않았다. 걱정스러웠다. 배부른 몸도, 아직 3년차밖에 되지 않는 간호사 경력도 모두 걱정이었다.

이정미의 첫 발령지인 분만실은 분위기가 화기애애했다. 간호사들이 후배 간호사를 호되게 훈련시키는 일명 '태우는' 일도 없었다. 분만실 막내 직원들은 다른 과에 갔다가 위계질서가 엄격한 분위기를 보고 와 분만실로 발령받은 것에 안도하기도 했다. 다들 친자매나 되는 듯 지냈다. 사는 곳이 다들 병원 근처인지라 서로의 집을 오가며 지냈다. 정 많은 이정미는 때마다 김치를 담구었다며 한 통씩 들고 와 혼자 사는 간호사들을 챙겼다.

분위기가 나쁘지 않으니 이곳에서 찬찬히 일을 배우고 경력을 쌓으면 좋을 텐데. 5년 정도 경력이 쌓이면 중소병원 간호사들은 대학병원 같은 큰 병원으로 이직을 했다. 처우도 낮고, 배울 수 있는 일도 적은 중소병원에 오래 있으려 하지 않았다. 병원도 뜨내기 간호사들에 만족했다. 오히려 경력 있는 간호사보다 그 반 정도의 월급을 줘도 되는 신입 간호사를 대놓고 원했다. 이정미는 간호 일에 대한 열의가 있었다. 성실하고 총명하니 뭐든 잘 배울 테다. 경력을 쌓아 큰 병원으로 자리를 옮겨도 좋고, 공부를 더 해도 좋은 일이었다. 여기서 수간호사까지 해도 좋다. 하지만 당장 사람 하나가 귀한 노동조합 처지를 알기에, 임우숙은 이정미의 결정에 찬성도 반대도 할 수 없었다.

95년 겨울

손혜진은 이정미를 처음 만났을 때가 생각나 피식 웃었다. 병원노련에서 해마다 모범조합원 상을 수여하는데, 95년 그해 상을 수여하는 이가 자신이었다. 청량리정신병원 노조위원장이라는 직책 때문이었다. 임신을 해 배가 부른 터라 단상 위에 서면 주목 되겠군, 하고 생각했다.

모범조합원 상을 받을 이는 청구성심병원노동조합에서 교육선전부장을 맡고 있다고 했다. 사람 귀한 중소병원 노동조합에서 얼마나 기대를 받고 있는 이일까, 안 봐도 뻔했다. 청량리정신병원도 청구성심병원처럼 작은 중소병원이었다. 그래서 속사정을 잘 알고, 그렇기에 더 반가웠다. 중소병원에서 노동조합 활동을 하는 것이 어떤 의미인지 잘 알고 있었다. 얼마나 많은 격려와 지원이 필요한 일인지. 쉬운 노동조합 일이 어디 있겠냐만은, 중소병원에서의 노동조합 활동은 보통 결심으로 하는 것이 아니었다.

이러저러 생각으로 상을 수여하러 무대에 올라갔는데, 그녀는 그만 웃고 말았다. 수상자인 이정미 부장이라는 사람도 자신처럼 만삭의 몸이었다. 품이 넉넉한 멜빵바지로 부른 배를 감싼 키가 큰 여자가 뚜벅뚜벅 무대 앞으로 나왔다. 사람들이 까르르 웃었다. 마주 선 두 사람도 웃고 말았다.

그 후 이정미를 자주 보게 되었다. 청구성심병원노동조합 위원장이 되어 병원노련 서울본부회의에 왔다. 그때도 이정미의 배가 불러 있었다. 자신도 마찬가지였다. 두 사람 모두 둘째 아이를 임신한 것이다. 첫 만남 때처럼 또 웃고 말았다. 두 사람은 나이가 같았다. 결혼도 비슷한 시기에 했다. 반갑고 친근했다. 게다가 같은 중소병원 간호사에, 노동조합 간부라는 공통점이 있으니 친해지지 않을 수가 없었다.

중소병원에서 노동조합 간부가 되면, 보통 연임은 물론이고 임신을 하고도 자리를 비울 수 없었다. 조합원 수 자체가 적었다. 병원 노동조건이 열악하니 오래 다니는 이가 적었다. 고만고만한 대우를 받으며 5년을 10년을 한 데서 일하기 괴로운 것이 사실이다. 경력만 쌓이면 다른 곳으로 옮겨가기 바빴다. 병원 자체에 애정을 갖고 오래 다니는 사람이 적으니, 간부 일을 할 사람은 더 없었다.

게다가 중소병원은 노동조합에 양보를 하지 않았다. 규모가 작으니 작은 것을 내주는 것에도 인색했다. 중소병원은 보통 이사장이 평생을 바쳐 의원 수준에서 2차병원으로 키운 곳이 대부분이었다. 그 병원만 바라보며 가족이 대를 이어 의대에 가고 의사로 키워져 원장 자리에 앉는 곳이었다. 이사장에게는 병원이 자신의 청춘을 바친 곳이며 대대로 자신의 자손들을 먹여 살릴 곳이다. 사회적 품위를 유지할 수 있게 해주는 지위이기도 했다. 보통 중소병원 원장들의 가족 안 관심사는 딸아들을 의대에 보내는 것, 의사 사위나 며느리를 보는 게였다.

그러니까 자신의 병원에 누구라도 해를 가한다면 인생을 걸고 싸울 각오까지 했다. 그런데 노동조합이 병원장 눈에는 그리 보였다. 임금을 인상해 달라, 정당한 대우를 해 달라, 복지를 증진시켜라, 부당해고를 철회하라. 그게 다 돈 드는 일이었다. 야금야금 나가는 논은 언제 다시 돌아올지 알 수 없었다. 하나 양보하면 두 개 달라고 달려들 것 같았다. 그러니 하나도 내줄 수 없었다.

작은 회사라, 그곳에서는 사장이 왕이었다. 사장 말 한마디가 법이었다. 임노동이 그런 현실을 만들었다. 그런데 병원장이 목숨 걸고 반대하는 노동조합. 유지조차 힘들었다. 몇몇 결의를 한 간부들이 노동조합을 유지하기 위해 자신의 모든 것을 내놓아야 했다. 그러니 배가 불러서도 간부 자리에서 내려오지 못했다. 몇 번이나 위원장 자리를 연임해야 했다.

그래서 두 사람도 다시 만났다. 두 여자가 닮은 것은 연배나 겉모습만이 아니었다. 중소병원 간부의 현실이 닮아 있었다.

 ## 96년 가을

전국병원노동조합연맹 조직국장 강영삼은 산별노조 건설 토론회에서 청구성심병원노동조합 위원장을 소개받았다. 96년 10월이었다. 새로 선출된 사람이라고 했다. 안 그래도 어떤 인물이 새로 노동조합을 이끌지 걱정하고 있던 차였다.

그에게 청구성심병원은 마음 쓰이는 곳이었다. 전대 마진 위원장 때부터, 병원은 슬슬 도발을 해왔다. 관리자들이 나와 노동조합 게시물을 훼손하거나 노동조합 행사 때 사진 채증을 하는 일이 종종 있었다. 조합원 수가 많지 않다보니 병원노련 본부 활동가들이 급히 불려가기도 했다. 병원 측 관리자와 직원들은 곤색 잠바를 입고 무리를 이뤄 몰려다녔다. 그들을 보면 좋지 않은 예감이 들었다. 일상적인 노동탄압인지 아니면 어떤 위기감에서 병원이 과도한 대응을 하는 것인지 알 수 없었다. 어쨌든 이번 위원장은 뚝심 있는 인물이기를 바랐다. 새로 위원장이 선출되었다는 이야기를 듣고 어떤 이인지 내심 기대 반 걱정 반을 하고 있던 참이었다.

소개를 받은 신임 위원장은 말이나 표정에 꾸밈이 없었다. 기가 죽는 것도 없이 자연스러우면서도 당당한 태도로 자신을 소개했다. 꽤나 강단 있는 사람 같았다. 게다가 부른 배 때문인지 어딘가 여유로워 보였고, 웃는 모습이 넉넉했다. 자신이 무엇을 해야 하는지 잘 알고 있고, 그 일을 할 만큼의 품을 가진 사람이라는 생각이 들었다. 단지 첫인상이었지만, 넉넉하고 듬직한 사람이 위원장이 되었다며 안심했다.

더 이야기를 나눠보고 싶었지만 토론회가 끝난 후, 신임 위원장을 찾으니 자리에 없었다. 토론회가 끝나자마자 서둘러 자리를 떠났다고 했다. 병원에서 조합원 간담회 일정이 있다고 했다. 누군가 이정미 위원장이 당선된 후, 제일 먼저 한 사업이 조합원 간담회와 현장 순회라고 귀띔을 했다. 현장 순회를 매일 같이 돈단다. 50명도 되지 않던 조합원 수가 이정미 위원장 취임 몇 달 만에 100명 가까이 늘어났다 했다. 강영삼은 신임 위원장에 대한 감탄이 이는 동시에, 양적인 노동조합의 성장을 과연 병원이 곱게 볼까 하는 새로운 불안을 느꼈다.

 ## 그리고 어느 날, 이정미

이정미는 가쁜 숨을 내쉬며 집으로 가는 언덕을 올랐다. 불러오는 배에 손을 대고 천천히 걸었다. 너는 엄마가 꼭 지켜줄게. 응급실 일을 하던 중에 아이를 잃었다. 아프다고 악을 쓰는 사람들이 모인 응급실. 실제 다급한 환자만 오는 것이 아니었다. 야밤에 술을 하고 몸을 가누지 못해 다친 이들도 종종 응급실을 찾았다. 그런 환자가 오면 전쟁터가 따로 없었다. 그곳에서 종종거리다, 뱃속의 아이를 잃었다.

얼굴도 보지 못한 아이. 연이 아니었나 보다, 생각하고 잊으려 해도 종종 꿈에 나타났다. 다시 가진 둘째였다. 이번에는 엄마가 꼭 지켜줄게, 이정미는 다짐했다. 그렇지만 너를 지키는 방식이 너만을 품고 감싸는 것은 아닐 거야. 이정미는 숨을 크게 들이마시며 뱃속의 아이에게 말했다.

자신이 임신한 몸으로 응급실로 배정받은 것은, 분만실이 사라진 탓이었다. 분만실은 산부인과로 통폐합 되었다. 의사 수를 줄이기 위해서라고 하고, 분만실 간호사들이 노동조합에 다수 가입되어 있는 탓이라고도 했다. 이유가 무엇이든, 환자를 위해서가 아니라 병원의 편의에 의해 없어진 것이다. 병원은 돈이 되는 진료과가 아니면 없애버릴 궁리를 했다. 일하는 직원들은 그 통폐합 계획 속에서 이리저리 옮겨 다녔다.

간호대학에 들어갔을 때, 그녀가 꿈꾼 것은 이런 현실이 아니었다. 이정미는 학교 후배들에게 남을 치료하고 돌본다는 직업이라는 책임감과 자존감을 잃지 말라고 강조했다. 그런 면에 있어서는 무서운 선배였다. 행동거지가 바르지 않은 후배, 학업에 흥미가 없는 후배를 혼내고 다그쳤다. 좋은 간호사가 될 수 없다는 이유였다. 사회로 나와 보니 '참 순진했구나' 할 정도로, 사람 하나가 아무리 마음을 독하게 먹어도 병원은 좋은 간호사가 될 수 없는 곳이었다. 일하는 간호사 자신조차 함부로 부림당하고 보잘 것 없이 대우를 받는데, 어떻게 책임과 자존감을 지킬 수 있을까.

이정미가 처음 입사를 하겠다고 병원에 왔을 때, 간호부장이 농 삼아 말했다. "키도 크고, 예쁜 사람이 왜 이 병원에 왔을까?" 이정미 자신도 그때 일을 두고 농담을 하며 "내가 그렇게 예쁜 사람이야"라 했다. 그 농담 끝에 입이 썼다.

간호사 업무는 버겁다. 어떤 선배는 말했다.

"간호사 되겠다고 대학가서 3, 4년을 죽어라 그 꿈만 꾸잖아. 그런데 막상 병원에 들어오면 3, 4개월도 안 돼서 도망치듯이 뛰쳐나가요. 다 나가서 이래. 이렇게 사는 건 사는 게 아니에요. 다 장롱면허 만드는 거지."

도망쳐 나갈 정도로 바쁘다. 출근 해 환자들 시술, 검사 일정 및 혈압, 금식, 삭모, 약물 반응 등 상태를 인계 받는다. 심지어 환자들 사이 갈등, 병실 옮겨달라는 요청 등 자잘한 것마저 챙기지 않으면 결국 환자에게 항의가 들어오게 마련이다. 담당하는 환자 수만 20-30명. 그들에 대한 정보를 머리에 담아둔 채 약품과 처방을 확인하고, 정규 바이탈[12] 후에 투약, 처치, 혈당 측정, 혈액 검사, 입원환자 파악, 수술 · 검사 일정 챙기기, 다시 스페셜 바이탈[13]. 여기에 물 갖다 달라는 환자, 옷 갈아입혀 달라는 환자, 밥을 엎는 환자. 틈틈이 기록하고 설명하고 보고한다. 의사의 진료 내용을 환자에게 설명하고, 입·퇴원을 시키고 그 과정들을 기록한다. 이런 일들에 더해 환자와 보호자들의 다양한 불평 불만에 대응하다 보면 퇴근이다. 물론 출근 때 했던 세세한 인계 과정을 또 거쳐야 한다. 이 과정을 담당 환자 20여 명에게 고루 해야 한다. 스무 명이 자신만을 보고 있다.

이 중 실수가 허용되는 일은 없다. 의료진의 실수는 환자의 목숨과 직결되기 때문이다. 기계나 작은 물품을 다룰 때도 마찬가지이다. 매스, 집게 등 작은 물품부터 경구약, 수액까지 상태와 개수를 살핀다. 모니터 기계, 휠체어, 환풍시설, 콜벨(환자가 간호사를 호출하는 기구)은 물론, 화장실 손잡이가 망가졌는지도 신경써야 하는 것이 간호사다. 고장 난 콜벨을 방치했을 경우, 마침 응급환자가 그 병상을 사용했을 경우, 어떤 일이 일어나겠는가. 긴장과 분주함의 연속. 못 견딘다.

그래도 청구성심병원에서 처음 들어간 분만실은 가족 같은 분위기가 있어 한결 수월했다. 선배간호사들이 후배간호사를 태우는 일도 없었고, 번표(근무 스케줄표)를 가지고 장난을 하는 수간호사도 없었다. 임신순번제 같은 것도 없었다. 나이가 제법 있어 들어간 곳에서 이러저런 걱정 크게 없이 지냈다는 건 행운이었다. 규모가 작은 중소병원이라 가

---

12) 정규 바이탈: 병동 전체를 돌면서 환자의 활력징후(혈압 등)를 확인하는 일
13) 스페셜 바이탈: 불안정한 환자들을 대상으로 정규 바이탈 사이에 더 자주 활력징후를 측정하는 일

능했던 것인지도 모르겠다.

물론 분만실 특유의 어려움도 있었다. 난산인 환자가 생기면 퇴근 시간 따위 무의미했다. 밤이던 새벽이던 호출이 오면 담당 의료진은 병원으로 불려 들어가야 했다. 산모도 신생아도 몇 초 사이에 목숨이 오가는 약하고 민감한 존재들이었다. 몸이 고된 것은 나았다. 산모가 과다 출혈 등 사고가 생기면 보호자의 얼굴이 하얘진다. "봉합이 잘 됐으니 염려할 것 없습니다." 의사의 말에 꾸벅 고개만 숙이던 보호자가 여성 간호사한테는 "그런데도 왜 피가 계속 나냐. 뭐 잘못 건드린 거 아니냐." 묻고, 따지고, 언성까지 높이면, 내가 여성이자 간호사라서 이런 대접을 받는 거구나, 자연스럽게 생각이 든다. 못난 생각이다 도리질을 쳐봐도, 그 생각은 집까지 따라와 잠자리에 들 때 불현듯 고개를 든다.

그럼에도 웃어야 한다. 환자는 약자다. 간호사는 약한 존재이기도 하지만, 한편으로는 몇 가지 행동만으로 환자를 위험에 빠트릴 수 있는 존재다. 그러니 신중해야 한다. 그리고 친절하자. 다양한 계층과 계급, 나이와 가치관을 지닌 환자를 대면하는 직업이다. 이 정도 갈등이 없을 리 없다고 마음을 다잡는다.

'전인 간호'라는 말이 지닌 무게감을 알기도 전에 그 말이 가진 매력에 빠지던 간호대학 시절을 떠올린다. 이렇게 몇 해를 보내고 3년차 이상의 간호사가 되어 숨을 돌릴 때가 되면, 책임이 더 커진다. 동기들은 일이 힘들어 떠나고, 애를 써 버티다 보면 어느새 내가 고참이다. 특히 규모가 작고 사람이 적은 중소병원에서는 그런 일이 빈번하다. 그나마 대형병원은 월급이나 전망에 대한 만족도라도 상대적으로 있지. 중소병원 간호사 기본급 초봉은 80여만 원 수준이었다. 6년차 간호사는 110만 원이 조금 넘을 뿐이었다. 대형병원 반에도 못 미치는 월급을 받지만, 담당해야 하는 환자는 배로 많다.

　일은 고되고 처우가 형편없으니 오래 있지 못한다. 병원에 정을 주지 않았다. 고만고만한 곳으로 옮겨 그나마 한 걸음 나아가 보려는 발버둥이다. 보통은 5, 6년 이를 악물고 버티어 경력직으로 보다 큰 병원으로 옮겨가기도 한다. 병원은 이를 개선하려기보다는 그저 간호사들을 오래 있지 않을 사람으로 취급한다. 그러니 처우개선에 더 신경 쓰지 않았다. 악순환 속에 중소병원 간호사들의 이직률은 높아만 간다.[14] 중소병원 노동자들은 그렇게 취급되고 있었다. 대병원에 가지 못한 이들이 머무는 곳. 왜 이런 곳에 왔냐고 되물어지는 것이 중소병원이었다.

　간호대학을 다니기 전 병원에서 일을 해본 경험이 있기에 중소병원 환경이 열악하다는 것을 아예 몰랐다고는 할 수 없다. 그러나 현실은 너무 형편없었다. 간호대학 3년 동안 자신이 배운 것은 처치법만이 아니었다. 의료인 정신도 의료의 공공성도 함께 배웠다. 청구성심병원은 처음에는 집에서 가깝다는 이유에서 선택한 병원일 뿐이었다. 일을 하며, 다리를 절고 기역자로 꺾어진 허리를 두드리며 병원으로 들어오는 노인들을 보았다. 노인 거주 비율이 높다는 은평구에, 여전히 문턱이

---

14) 간호사 인력난 문제가 더욱 심각해진 2011년 자료를 보면, 1,000병상 이상의 상급종합병원의 이직률은 10.3%인데 반해 200-399병상 이직률은 20.9%, 99병상 이하는 4명 중 한 명 꼴로 이직을 하는 모습을 보였다. 사유는 '타 병원으로 이직'이 가장 많았다. 이는 병원간호사회가 178개 병원, 간호사 7,543명을 대상으로 한 설문조사 결과이다.

높지만 그래도 대형병원과 비교해 가깝고 친근한 이런 병원이 있어야지 싶었다. 지역 병원에 대한 생각이 조금씩 자랐다. 지역의 작은 병원들이 많아지고, 더 공적인 성격을 띠고, 그 속에서 일하는 사람들이 존중받으며 일할 수 있다면. 이것이 이정미가 바라는 것이었다.

사람의 목숨을 살리는 일을 '시장'이라 부르는, 의료시장에서 병원은 무한 경쟁 체제에 들어섰고, 환자의 주머니와 병원 노동자의 땀에서 살길을 찾았다. 병원의 이런 행위를 막는 방법은 다른 방향에서 줄을 잡아당기는 것인데, 그 줄 반대쪽에 있는 것이 병원에서 일하는 노동자들이다. 병원 구성원이자, 환자들과 가장 가깝게 접촉하는 이들. 이들이 제 목소리를 가져야 한다. 그러기 위해서는 노동조합이 필요하다.

하루하루의 보람을 그저 흘려보내야 하던 병원 노동자들. 경력을 쌓아 대형병원으로 올라가는 것만이 희망이던 신입조합원 간호사들이 노동조합 교육을 처음 듣고는, 이 병원에 더 있고 싶다고 했다. 이정미는 그때 행복했다. 서로에게 희망인 노동조합의 간부라는 것이 좋았다.

그런 노동조합 위원장 자리를 제안 받았다. 책임질 사람이 없다고 했다. 망설여지는 것이 사실이다. 임신한 몸으로는 오르막길조차 숨이 찼다. 그녀는 배를 붙잡았다. 잃어버린 아이 기억이 자신을 붙잡기도 했다. 3교대 근무라는 것이 그랬다. 밤낮이 번번이 바뀌니 몸을 더 조심해야 했다. 일하는 것조차 힘에 겨운데 노동조합 활동을 할 수 있을까. 과연 노동조합 위원장을 맡고도 내 몸을, 아니 아이를 지킬 수 있을까. 고민하지 않을 수 없었다. 첫째 아이는 시어머니가 돌봐주고 계셨다. 평일에는 병원 일 때문에 아이를 돌볼 수 없었다. 주말에만 아이 얼굴을 보는 형편이었다. 위원장 자리를 맡는다면 집과 더 멀어질지도 모른다. 자신의 꿈도 접어야 한다. 공부도 더 하고 싶었다. 거기까지 생각이 미치자 작게 한숨이 나왔다.

　남편과 아이를 보고 사는 평범한 삶의 길에서 점점 벗어나고 있었다. 이 모든 것을 잠시, 아니 조금 긴 시간 동안 놓아두어야겠지. 그럼에도 이정미는 다시 아이에게 '너를 지키마' 했다. 나도, 우리도. 서로가 서로를 지키자 했다.

시작:

97년 그해 청구성심병원은 조용했다. 한 해 전인 10월, 이정미가 위원장이 되고 차근차근 조합원 수도 늘어났다. 병원도 그전까지 간간히 걸어오던 시비를 자제했다. 신임 위원장 됨됨이를 살피느라 조심하는 것이기도 하고, 이정미가 작은 것 하나라도 그냥 넘어가는 일이 없기 때문이었다. 문제가 생기면 꼭 사과와 재발 방지 약속을 받아내는 지라 병원도 괜한 갈등을 일으키려 하지 않았다.

그해 3월, 둘째를 출산했다. 아이는 건강하게 태어나 주었다. 몸을 추스른 후 이정미는 사무국장인 박인선과 타 병원들의 탁아소 운영을 알아보기 위해 발품을 팔았다. 전 해부터 노사협의회를 꾸려 논의되던 탁아소 설치가 긍정적으로 검토된 것이다. 직원과 환자, 보호자들의 자녀를 위한 탁아시설은 병원에 꼭 필요한 시설이라며 이정미가 열의를 쏟은 사업 중 하나였다. 게다가 임금협상도 원만하게 이뤄졌다. 병원은 최대 흑자를 보았다며 10% 임금인상에 손쉽게 합의했다. 보통 10차례의 협상을 거쳐 합의가 이루어지던 예전과 달랐다.[15]

평온한 날들이라고 생각했다. 1997년 11월 21일, 한국정부가 국제통화기금(IMF)에 구제금융 신청을 하기 전까지. 일선에서 물러났던 김학중 이사장이 다시 병원으로 돌아오기 전까지. 12월 월급날 이틀 전에 병원 식당 앞에 게시물 하나가 붙기 전까지는.

알림. 금년 후반기부터 계속 되어온 경영난으로 인하여 12월 상여금을 12월 24일에 지급할 수 없게 되었음을 알려드립니다. _병원장.

상여금 미지급을 알리고 있었다. 알림이라기보다는 일방적인 통보였다. 직원들은 술렁거렸다. 노동조합조차 갑작스러운 공고에 정신을 차릴 수 없었다. 그날 바로 노동조합 대표들은 부원장실로 갔다.

항의를 하는 노동조합 대표들을 본 부원장은 거만히 말했다.

"못 줘. 돈 없어. 돈만 못 주는 줄 알아? 너희도 다 자를 거야."

이전과 태도가 달랐다. 이정미는 생각했다. 아, 이제 싸움이구나.

---

15) 이정미 위원장은 노사관계에 있어 많은 변화를 꾀하였다. 그 변화는 단체협약서 총칙 제1장 1조 수정으로 대표된다.
'본 협약에 체결된 사항을 상호 준수하여 조합원의 근로조건을 유지개선하고 … 정상적인 노사관계를 확립하여 병원의 발전에 이바지함을 그 목적으로 한다.'
노동조합은 문구 수정을 요구했다. '정상적인 노사관계'가 '대등한 노사관계'로 바뀌었다.

 예고

　싸움은 예고되어 있었다. 한국은 경제침체에 빠져들고 있었다. 자본은 위기를 극복할 방안들을 강구했다. 아니 오히려 이것을 기회로 삼을 방안을 마련하고자 했다. 움직임은 96년부터 시작했다. 그해 12월 26일 가족과 성탄절을 보낸 노동자들이 깊은 잠에 든 새벽, 법안 하나가 통과됐다. 정리해고법안이었다. 93년 김영삼 정부가 입안하려다 실패한 근로자파견법의 연장선인 이 법은 이름 그대로 정리해고를 보다 하기 좋게, 해고 요건을 대폭 완화시키는 내용을 담고 있었다. 합법적으로 파견이 가능케 하는 법안까지 함께했다.
　민주노총은 들고 일어섰다. 대규모 총파업이 벌어졌다. 해를 넘겨 32일간 파업은 계속됐다. 병원 노동자들도 동참했다. 서울대병원노동조합을 선두로 하여 이대병원, 한양대병원 등 대학병원 노동조합은 물론, 청구성심병원, 소화아동병원 같은 중소병원 노동자들도 뒤를 따라 노동법개악저지 투쟁에 들어갔다. 3,206개 노조, 359만 7,011명의 노동자들이 파업에 참가했다. 한국전쟁 이후 최대 규모의 정치총파업이었다.
　노동자들의 기세에 밀린 여·야당은 법안을 다시 개정하겠다고 했다. 허나 투쟁의 열기가 사그라지고 있었다. '국가경쟁력'이라는 이름 앞에 어느 정도 선에서 합의를 보자는 말이 나왔다. 민주노총은 완급조절이라는 명분으로 파업 결정을 연기하거나 부분파업으로 전환하였다. 이후 별로 달라진 것 없는 개정안이 국회에 제출됐고, 통과됐다. 사실상 개악을 막아내지 못한 것이다. 노동자들이 총파업으로 얻은 것은 국민승리21이라는 진보정당과 민주노총 합법화였다. 과연 그것이 총파업의 성과여야 했나, 비판이 일었다. 자본은 경제 시장의 체질을 바꿀 구조조정의 첫 발을 성공적으로 내딛었다.

97년 IMF 외환위기가 터지고 경제 적신호 앞에, 국가경제 살리기라는 이름 앞에, 구조조정이 용인됐다. 정리해고제와 근로자파견제라는 법적인 뒷받침을 받으며 기업은 구조조정을 신속하고도 본격적으로 진행했다. 통폐합과 폐업, 그에 따른 정리해고와 아웃소싱이 일상화되었다. 노동자들은 익숙해져야 했다.

높은 부채율과 도산율로 위기를 체감해 온 병원들도 구조조정 흐름에 동참했다. 그해 도산한 병원만 76개였다. 도산율이 10%에 달했다. 병원 열 곳 중 한 곳은 문을 닫는다 했다. 병원 문만 열면 환자가 오고 경영은 된다고 생각하던 시절은 지났다.

수익이 그대로이거나 감소하는데 운영비용이 자꾸 늘어나니 감당을 못 했다. 운영비용이 자꾸 늘어나는 이유는 간단했다. 이미 의료산업 분야에 공급자가 넘치고 있었다. 병원이 우후죽순으로 생겨났다. 돈만 가지면 지을 수 있는 것이 병원이었다. 무정부적 팽창은 개별 병원들을 무한 경쟁으로 빠져들게 했다. 일례로 남한 병원의 MRI 기계 보유수는 세계에서 다섯 손가락 안에 들어갈 정도라고 한다[16]. 의료 시설이 선진화된다고 좋아할 일이 아니었다. 의료장비에 대한 투자가 개별 병원 차

---

[16] 1996년 남한의 인구 100만 명 당 MRI 보유 대수는 4.7로, 미국 5.8, 일본 5.9에 이어 세계에서 세 번째로 높은 수준이다.

원에서 과도하게 진행됐다. 고가의 의료장비를 끊임없이 사들였다. 건물을 신축하고 병상을 증설했다[17]. 그러니 운영비용이 높아질 수밖에 없었다. 살아남기 위한 병원들의 몸부림이었다. 그러나 동서양을 막론하고 실제로 환자의 건강결과에 결정적인 영향을 미치는 것으로 확인된 인력 수준을 향상시키려는 노력은 없었다. 시설과 장비에 대한 투자 경쟁은 환자의 건강결과를 개선하기 위한 것이 아니었다. 오히려 병원들은 인력에 대한 투자에 더욱 인색해졌다. 자본은 한정되어 있는데 특정 부문에 돈이 자꾸 들어간다. 다른 부분의 비용을 줄이는 수밖에 없게 된다. 줄이기 쉬운 것은 인건비였다.

　병원들은 구조조정에 들어갔다. 공공보건의료 분야에서는 보건소와 특수병원(보훈병원, 원자력 병원 등)같이 공공보건의 성격을 띤 곳이 개편의 주 대상이 되었다. 축소, 폐지 또는 민간으로 이양되었다. 민간 의료 기관들도 살 길을 찾아야 했고 그것이 새로운 형태의 경영을 해야 한다는 압박으로 이어졌다. 고객만족을 극대화시키는 의료 '서비스'의 성격을 더욱 강화하고, 합리적인 기업형 조직으로 변화를 꾀했다. '의료의 질'이 아니라 3차병원의 외형적인 '서비스' 질을 따라가려 했다. 정부에 병원이 갖추어야 할 인력과 시설기준을 정한 공공의 기준을 축소 폐지할 것을 요구했다. 공공의료분야의 민간병원 진입 허용을 주장했다. 각종 제재들이 실제로 축소되었다. 병원들마다 인력과 임금을 축소했다. 신규 채용을 중단하고 그 자리에 임시직과 계약직을 채웠다. 기

---

[17] 1980년 병원 당 112개였던 병상은 1996년 193개로 늘어났다. 70%에 다다르는 증가율이다.

존 인력을 해고했다. 인턴간호사를 공공연하게 쓰고, 연봉제를 들이밀었다.

이것이 외환위기 초입에 들어선 한국사회 병원들의 행보였다. 이에 반발하는 노동조합들은 병원과 거센 싸움을 시작했다. 시작은 대학병원 중심이었지만, 더 거친 싸움이 기다리는 곳은 중소병원들이었다. 1인 군주로 군림하던 병원장들은 도태될 위기를 극복할 방법을 우아하게 찾지 못하였다. 양보할 것이 적으므로 더 사나웠다. 봉건적 지배에 익숙해 있던 터라 노동자들의 저항을 눈뜨고 보지 못했다. 대학병원들과 달리 사회적 이미지에도 크게 신경을 쓰지 않는 터라 탄압은 무자비했다.

 **병원의 위기**

청구성심병원도 기회를 놓치지 않았다. 시작은 상여급 미지급이었다. 병원 노동자들은 당황했다. 몇 달 전 병원이 흑자라 하여 월급 인상을 약속받은 기억이 생생했다. 두어 달 만에 갑자기 경영난이라니. 납득할 수 없었다. 직원들이 병원의 공고문 앞에서 서성이는 동안에도 신관 신축공사 소리는 요란했다. 이사장은 얼마 전까지만 해도 병원 뒤 부지를 사들여 의학대학을 만들 거라는 포부를 자랑하고는 했다.

그런데 하루아침에 재정 악화라니. 은평구에 있는 유일한 종합병원이라는 이점으로 인해 환자가 끊일 줄을 몰랐다. 그런데 돈이 없다고 했다. 위기라는 것이 있다면 복귀한 김학중 이사장과 김성중 부원장의 병원 경영권을 둘러싼 형제 간의 갈등밖에 없다는 것이 직원들 생각이었다. 그러니 더욱 용납지 못했다. 재산싸움에 고용된 이들의 생계를 희생시키고 있었다.

하지만 분노하는 동시에 겁이 났다. 정말로 병원이 어려우면 어떻게 하나. 외환위기로 기업 도산, 파산이 만연했다. 설사 어렵지 않더라도 병원에서 나가라면 나가는 수밖에 없지 않은가. 병원 직원의 연봉이 세다는 말은 헛것이었다. 기본급이 형편없었다. 3교대 근무이기에 야간수당 등이 붙어 그나마 생활이 유지되는 게였다. 그것도 간호사에게만 해당되는 일이었다. 다른 부서에서는 낮은 기본급으로 인해 상여금만 바라보고 있는 처지였다. 가정이 있는 사람들의 한숨이 더 클 수밖에 없었다.

이정미 지부장[18]은 김학중 이사장에게 노사협의회를 요청했다. 경영난을 납득할만한 증거를 보이라 했다. 하지만 병원은 재정을 공개하지 않았다. 병원 부서장 회의는 노동조합의 모든 요구에 응하지 않을 것이라는 결정을 내렸다. 한번 시작된 임금 양보 요구는 끝이 없었다. 상여

---

[18] 산별노조의 전환이 98년 2월에 있었다. 이정미 위원장의 직책도 그에 따라 지부장으로 변경되었다. 보건의료노조는 민주노총 산하 노동조합 중 가장 앞서 산별노조 전환을 이루어냈다. 동일한 산업에 종사하는 노동자 전체를 단일한 노동조합으로 결성한 것이다. 산별노조는 하나의 사업 또는 사업장 단위로 설립되는 기업별 노조와는 달리 동일한 산업에 종사하는 노동자를 전국적으로 하나로 묶는 전국 규모의 노동조합이다. 산별노조가 결성되면 단위노조는 지금까지 'ㅇㅇ노조'에서 '◇◇산업노조 ㅇㅇ지부' 또는 'ㅇㅇ분회'란 이름을 쓰게 된다. 즉, 기업별 노조가 산별노조에 가입하면 산별노조의 지부가 된다. 여기서는 정구성심병원노동조합과 정구성심병원지부를 혼용하여 사용한다.

금 미지급, 임시직 해고, 임금체불, 기숙사 폐쇄, 100명 정리해고 발표, 이 모든 것이 한 달 새에 이루어졌다. 노동자들은 노동조합으로 몰렸다. 12월, 한 달 만에 가입자 수가 153명으로 늘었다.

부서별로 간담회가 열렸다.

"나는 절대로 양보할 수 없어요. 경기가 좋고 병원이 잘 될 때는 직원들 덕분이라고 한마디라도 했나요? 대우가 달라졌나요? 그래 놓고 병원 사정이 나쁘다고 단칼에 나가라 하다니."

"양보를 안 하면? 고용된 처지에 뭘 할 수 있겠어요?"

병원이 폐업까지 갈 수 있다는 협박성 소문을 낸 터라, 조합원들 또한 뒤숭숭한 심정으로 모였다.

"자존심 문제에요. 병원은 안 되면 직원 탓이죠. 이렇게 당한다면 바보인 거예요."

"진짜 병원 사정이 나쁘다. 미안하다. 부득이한 사정이다. 이런 것도 아니잖아요. 일방적으로. 이건 아니라는 거죠. 병원이 진짜 어려우면 월급 반납 진지하게 생각할 수 있어요. 상여금 몇 달 못 받을 수 있어요. 하지만 병원은 재정 공개도 하지 않고 있잖아요."

"하지만 우리도 양보하지도 않고 있을 수는 없잖아요. 그렇다고 파업을 할 거에요?"

"파업, 안 되면 그거라도 해야지."

"파업하면 바로 병원 문 닫을 거예요. 분위기가 안 보여요? 다른 데도 다 어렵다고 문 닫는다고요."

"그렇다고 이렇게 일방적으로 당하고만 있어요?"

격렬하지만 맴을 돌고 있는 조합원들의 반응. 간담회 내내 이정미는 그들의 흥분을 차분히 바라봤다. 병원의 의도는 명백했다. 조합원들이 알고 있듯이 당장 병원이 어려운 것이 아니었다. 상여금 미지급은 조합원들에게 어려움을 체감케 하려는 것이었다. 노동자들은 나오지 않는 상여금 앞에서 불안한 미래를 상상하게 될 것이다. 병원은 대량해고 소문을 퍼트렸다. 협박이었다.

협박에 두려워할 것인가, 분노할 것인가. 조합원들은 선택해야 했다. 이정미는 조곤조곤 말했다.

"지금 당장은 실업자가 얼마나 많은데 직장이 있다는 것 자체가 얼마나 다행이냐 하겠지만, 그래서 조금 덜 받더라도 정리해고는 피하고 싶다고 하겠지만, 과연 우리 병원이 그런 상태인가요? 지역에 다른 병원이 없기에 실제 병원 경영에 타격을 입었다고 생각할 수 없고, 병원 또한 그 증거 자료를 내놓고 있지 않아요. IMF 상황을 역이용해서 병원의 이익을 더 챙기려 하는 거예요. 지금 싸우지 않으면 병원은 우릴 얕잡아 보고 임금체불이 아니라 임금삭감 마저 주장할 거예요. 우리가 고분고분 당할 거라 생각하니까요. 하지만 조합원들이 한마음으로 모아 일치된 행동을 보여준다면, 병원장 눈이라도 깜박 하겠지요."

그리고 힘을 실어 덧붙였다.

"자기 혼자만을 생각하다가는 결국 자기 자신조차 돌보지 못하게 될 거예요."

다양한 방식의 항의 행동을 하기 시작했다.

가운 벗기, 청바지에 흰 티 입고 근무하기, 주황색 양말 신기, 어깨

띠 두르기 등. 이정미는 차근차근 움직였다. 서두르지 않았다. 동요하는 조합원들이 대거 가입했다고 해서, 그것이 노동조합의 역량으로 직결되는 것은 아니었다. 교육과 준비가 필요했다. 중식 집회를 배치하고 그 수위를 높여 점차 로비를, 2월 말에는 부원장실 점거까지 이뤘다. 급여명세서가 나온 날이었다. 분노한 조합원 80여 명이 원장/부원장과의 면담을 요구했다.

거만하게 돈 없다 소리치던 부원장은 노동조합의 기세에 눌려 '5월과 7월 체불임금을 나누어 지급하겠다' 고 약속했다. '100명 정리해고를 준비하고 있다' 는 이사장에게 감원은 없을 것이라는 구두 약속도 받았다. 병원의 경영위기 근거가 빈약해진 까닭도 있었다. 의심은 맞았다.

청구성심병원 경영 실적은 양호했다. 이사장과 부원장의 등기부등본에는 땅이 가득했다. 토지금액만 94년 보다 20억이나 늘었다. 시가 5억 원 상당의 주택이 두 채였다. 노동조합은 입수한 병원의 경영 실적 자료를 재무사에게 의뢰했다.

재무사는 경영 실적을 다음 같이 답해 왔다.

[청구성심병원 자산 총액은 94년 106억, 95년 113억, 96년 132억, 97년 137억으로 증가 추세임.
94년 4억 2천만 원, 95년 4억 5천만 원, 96년 4억 1천만 원, 97년 5천만 원의 흑자를 보임. 94년 이후 줄곧 흑자를 유지해 온 데서 알 수 있듯 병원 경영 상태가 지극히 정상적이며, 중소병원 중에서는 실적이 매우 좋은 상황임.
11%의 성장률을 기록한 94-96년의 경우는 일반 중소병원의 평균 성장률이 7-10%인 것을 비교할 때 상대적으로 높은 수준이라 할 수 있음.

지출 총액 중 인건비 비중은 15.6-37.3%. (급여충당금을 제외한 실제 지급 임금 비는 34.4-35%) 이는 비슷한 규모의 타 병원과 비슷한 수준임.
97년 경우 의료 수입 증가율이 다른 해에 비해 크게 낮아진 것은 사실임. 이는 96년에 비해 증가율이 둔화되었다는 것을 의미하는 것이지, 병원 경영에 타격이 될 만큼 수입이 감소했다는 것을 의미하지 않음.]19)

4년 내내 억 단위 흑자가 계속됐다. 그동안 직원들은 무엇을 얻었을까. 제 식구를 굶기지 않는다는 행복? 그 소박한 만족에 기꺼워하며 일하고 또 일할 때, 병원은 자산 181억이라는 숫자 놀음을 하고 있었다.

희생을 함께하자 하면서, 경영상태는 공개하지 않는다. 공개하지 않는 재무재표 속 숫자는 전문가의 손에 의해 흑자도 되고, 적자도 됐다. 노동조합이라도 있으면 그나마 병원에 재무 상황을 공개할 것을 요구나 할 수 있지, 개별 노동자들은 원장이 주장하는 대로 믿을 수밖에 없다. 희생할 수밖에 없다.

그렇기에 병원은 노동조합의 요구에 밀려 노사협의회에 나올지언정, 당장의 체불임금 지급은 약속할지언정, 매 분기별 경영자료를 공유하라는 노동조합의 요구는 거부했다. 병원신축건물 자산에 관한 자료도 제공하지 않았다. 위기 조장을 통한 구조조정을 포기하지 않겠다는 것이다.20) 일을 잃는다는 두려움은 노동자를 통제하기 가장 좋은 수단이

---

19) 전국보건의료산업노동조합이 1998년 11월에 정리한 '청구성심병원 1994-1997년 경영 실적 분석'에서 발췌함
20) 병원협회는 공개토론회 자리에서 '병원 구조조정을 위한 단계별 전략'을 아래와 같이 할 것을 권했다.
    1) 병원 재정상태를 공개하지 않고 우리 병원이 어렵다는 생각을 확산시킨다.

었다.

 등대

한 날 간담회가 끝나고, 이정미는 병원 한구석 2평 남짓한 창문도 없는 어두컴컴한 노동조합에 홀로 남았다. 조합원을 대상으로 한 선전물을 작성해야 했다. 노트를 폈다. 병원이 성과급 미지급을 선언한 지난해 겨울 이후로 수차례 조합원들에게 보내는 호소문과 선전물 초안이 그 안에 있었다.

회초리를 부러뜨려 아들들에게 교훈을 준 노인의 이야기를 떠올리며, 글을 적었다. 알려진 대로 여러 자루가 모인 회초리는 꺾을 수가 없다.

"굳이 옛날이야기까지 끄집어내는 이유는 뭉치면 살고 흩어지면 죽는다는 평범한 진리를 말하고자 함입니다. 아니 정확한 말은 '자신의 처지에 맞게 모여야만, 힘을 합쳐야만 살 수 있다' 는 것입니다. 게다가 힘없는 회초리라면 더욱 그렇습니다."

가진 거라고는 일할 수 있는 몸뚱어리밖에 없는 것이, 노동자. 힘

---

2) 팀제 등을 도입하여 중간관리자에게 권한을 집중시킨다.
3) 병원 직원의 개인 이익보다 병원에 도움되는 행동을 유발한다.
4) 구조조정 성공사례를 교육하고, 직원들의 동참을 유도한다.
5) 의사와 노동조합 영역을 무력화시키고 병원의 구조조정을 본격화한다.

청구성심병원 임금체불규탄 전조합원 1층 로비 중식집회 투쟁(1997년 12월)   임금체불규탄 전조합원 중식집회에서 연설하는 이정미 위원장

없는 회초리.

"노동자들의 공통점은 단연 노동을 팔고 임금을 받는 것입니다. 보통 일반 상품은 시장에서 팔고나면, 이문이 남지만 노동은 아닙니다. 팔고 나면 손해를 봅니다. '어. 이 사람 무슨 말을 하는 거야? 임금을 받잖아' 이렇게 항변할 수 있습니다. 그러나 곰곰이 생각해 보면, 일한 만큼 모든 대가를 받는다면 사용자는 남는 것이 없을 겁니다. 그렇다면 사용자는 노동자를 고용할 이유가 없습니다. 따라서 일한 만큼 모든 대가를 받는다는 것은 애초에 불가능합니다. 이렇게 손해를 보면서 장사를 하면서도 고용된 이는 사용자의 눈치를 볼 수밖에 없습니다. 이유는 여러분이 더 잘 알고 있습니다. 개별의 노동자는 앞선 얘기에 회초리만도 못한 힘을 가지고 있기 때문입니다."

중소병원에 있어 돈을 아끼는 수단은 인력비용, 즉 노동자들에게 주어지는 복지와 월급을 깎는 것이다. 병원 입장에서 월급 몇 프로는 수치화된 생산비용일 뿐이지만, 노동자들에게는 당장의 식비, 월세, 생필품비, 보험비, 아이 교육비, 부모 병원비다. 힘없는 회초리들은 자신의 생활을 빼앗겼다.

'회초리가 모여야만 통나무가 될 수 있습니다. 이것이 바로 노동조합입니다.'

한데 모여 통나무가 되자. 이정미는 노동조합으로 모일 것을 호소했다. 등대의 불빛은 노동조합이라는 어떤 존재가 만드는 것이 아니었다. 거기에 모여 힘을 가진 사람들이 만들어가는 게였다.

간담회에서 차분히 자기 이야기를 하던 젊은 간호사를 떠올렸다.

"어제 다른 병원에서 간호사로 있는 친구를 만나기로 했는데, 못 만났어요. 친구는 쉬는 날이었는데도 갑자기 병원에서 호출을 받았거든요. 약국 도우미를 하라는 호출. 일명 봉사활동. 친구는 쉬는 날 끌려나오게 된 것도 화가 나지만, 호출을 거부할 힘과 용기가 없는 자신에게 더 화가 났다고 했어요. 이제는 정말 그만두고 싶다는 생각밖에 없지만 IMF라는 이유로 과감히 사표를 내던질 수도 없고요. 정식 간호사도 안 뽑고, 뽑아도 시간제나 임시직으로 사용하니 갈 곳은 없고. 또 대부분의 병원도 다 마찬가지라는 생각에 그만두고 있질 못하고 있어요.

전 우리 병원 싸우는 이야기를 했죠. 친구는 제가 부럽다고 했어요. 너는 힘들어도 노동조합이 있으니 작은 희망이라도 있어 버티겠지만, 자신은 끝이 안 보이는 어두운 길을 걷는 것 같다고요. 저에게는 동지, 단결, 투쟁, 이런 게 참 생소한 단어예요. 하지만 뿔뿔이 흩어지는 수술실 간호사들을 보면서, 노동조합이 있는 병원으로 가고 싶다는 친구 말 때문에, 저는 여기서 같이 싸울래요."

캄캄한 바다에 등대가 불을 밝히듯, 노동조합이 존재한다고 했다. 조합원이 모여 이야기를 나누는 자리마다, 이런 의지와 희망이 보였다. 그러나 병원은 그 불을 아예 꺼버릴 계획을 추진하고 있었다.

 탈퇴

노동조합의 반발로 정리해고 등의 병원 계획이 주춤하자, 이사장은 중간 관리자인 부서장들을 닦달하였다. 노동조합에서 병원 재정을 공개한 터라 명분도 없어졌다. 형제 알력 싸움에 직원들을 희생시킨다는 소문도 돌았다. 실제 김학중은 부원장이었던 자신의 동생을 병원에서 내몰았다. 병원은 형제 둘이 나누어 갖기에는 모자랐다. 동생은 자신의 명의로 된 땅과 병원 지분을 가지고 떠났다. 그것도 이사장 입장에서는 손해였다. 손해를 메워야 했다.

손해를 메우기 위해 병원은 적자상태를 유지했다. 그해 환자가 17-18%나 감소했다. 몇 달 사이에 벌어진 일이었다. 병원은 6월 신경외과, 마취과, 소아과, 산부인과, 이비인후과 진료과장을 해고하고 새로운 의료진을 채용하지 않았다.

이를 근거로 병원은 '위기'를 들먹였다. 희망퇴직과 임금삭감을 또다시 요구했다. 구조조정을 단행하기 위해 손해마저 감수한 채 병원을 적자 상태로 몰아넣은 게였다. 그러나 노동조합은 굴하지 않았다. 98년 임금단체협상을 병원에 요구했다. 임금 7% 인상 요구. 당연히 노동조합이 요구한 단체교섭은 난항을 겪었다.

김학중 이사장은 이번 참에 노동조합을 없애고자 했다.

"노동조합 탈퇴서를 받아오지 못한다면 대신 너희들 퇴직서를 받을 게다."

원래 김학중 이사장은 노동조합에 대한 반감이 강한 사람이었다. 이 사장이 전면에 나선 탄압은 효과가 있었다. 수간호사들은 동문, 동향은 물론 같은 종교, 동네까지 들먹이며 조합원과 개별 미팅을 잡았다.

"병원이 있어야, 우리가 있지? 안 그래? 노동조합은 지금 싸우려고만 들어. 마치 꿍꿍이가 있는 거 같다니까. 병원 사정이 어렵다는데 노동조합은 앞만 보지 주변을 돌아볼 줄 몰라. 그깟 상여금 못 받는 게 대수야? 병원이 살아남아 잘 된다면, 상여금이 아니라 월급이라도 반납 못 할까? 어떻게 하는 것이 병원이 살고, 간호부를 위하는 것인지 생각해 봐. 똑똑한 사람이 노동조합에 여직도 있는 것이 안타까워 하는 소리야."

중소병원은 대병원과 달리, 공채보다는 아름아름 소개로 입사를 한 직원들이 많았다. 수간호사나 기존 직원들이 데려온 동문이나 지역 후배들이었다. 그러니 운신의 폭이 적었다. 학교 선배이자 지인인 수간호사의 말에 반발하기가 쉽지 않았다.

"이것만 써. 그럼 병원이 그 공을 몰라줄까."

가뜩이나 장시간노동, 저임금으로 인력비용을 줄여 위기를 해소해 온 중소병원에게 노동조건 개선, 직장 내 민주화를 외치는 노동조합은 눈엣가시였다. 노동조합을 없애기 위해 갖은 방법을 사용했다. 병원이 가장 손쉽게 사용하는 노동조합 탄압 명분은 '경영 위기'였다. 가뜩이나 살림이 어려운데, 노동조합이 자꾸 돈을 달라 하고 직원들 편의를 봐 달라 하니, 병원 문을 닫을 수밖에 없다는 것이었다.

관리자들은 회유와 협박을 동시에 진행했다.

"노동조합 그대로 남았다가 어떤 일이 있을지 알아? 동수원병원이라고 거기는 조합원만 해고가 됐어. 그렇게 되고 싶어?"

수간호사들은 탈퇴서를 내밀었다. 하지만 그들은 말하지 않은 것이 있다. 동수원병원은 조합원이 전원 해고된 후, 어용 노동조합으로 교체되었다. 남은 직원들에게 돌아온 것은 상여금과 각종 수당이 거짓으로 기재되어 있는 월급명세서였다. 월급이 줄었지만, 병원은 탈세를 위해 임금명세서를 위조했다. 줄어든 임금과 복지, 더불어 자유로이 해고될 수 있는 권리를 동수원병원 노동자들은 보장받았다.

노동조합 측에서는 이런 회유를 막기 위해 현장 순회를 돌고, 관리자들의 행위가 법으로 금지된 부당노동행위라고 조합원 교육을 했다. 이정미는 조합원들을 설득하려 애를 썼다.

"수간호사, 부장들을 통해 병원이 하나를 양보하면 하나를 내어줄 것처럼 굴지만, 이사장은 그럴 생각이 없어요. 병원은 앞에서는 인간적인 모습으로 다가가지만, 그것은 자기 의도대로 이익을 얻을 가장 손쉬운 방식이기 때문이에요. 마음 약해지면 안 돼요."

직원들이 병원을 나오는 길목, 노동소합은 선전물을 나누어 주었다.

조합원들은 그렇게 조합 탈퇴서와 조합 유인물을 양손에 들고 퇴근해야 했다.

98년 3월 2일부터 시작된 도우미, 그리고 3월 16일 안내실에 계시던 임시직 아저씨가 해고되는 것도 응급실의 계약직 남자 조무사가 해고 되는 것도 우리는 잊어서는 안 됩니다. 98년 3월 20일 병원 내 맞벌이 부부 중의 한 사람이 같이 근무하는 자매 중의 한 사람이 사직을 권유 받았다는 것도 우리는 알고 있고. 그 중에서 조합원이 아닌 사람이 사직서를 냈다는 것도 우리는 너무 잘 알고 있습니다. 그렇다면 비조합원이라고 해서 병원 측에서 휘두를지 모르는 해고의 칼날에서 자유로울까요? 절대로 아닙니다.
현재 병원에서 노리는 것은 노조 탈퇴를 종용해서 노동조합을 무력화시키고 마침내는 노조 말살을 획책하는 것은 아닐까요. 노조가 무력화 또는 말살된다면 그 다음 병원은 해고도 임금삭감도 마음대로 하겠지요. 순간의 괴로움(수간호사의 탈퇴 압력)에 굴복하면 더 큰 고통이 우리 앞에 닥칩니다. 꿋꿋하게 조합원임을 자랑스럽게 생각하고 수간호사의 부당노동행위는 녹취나 진술서를 써서 노동조합으로 반드시 신고합시다. 상품 있어요.^^v

노동조합은 투쟁의 수위를 높였다. 일단 상집간부 중심으로 시작된 농성을 조합원 1인 철야농성으로 확대했다. 병원 앞에 천막을 하나 세우고, 밤새 그 천막을 지켰다. 탄압과 탈퇴 공작에 대비하여 부당노동행위 교육을 부서별로 돌아가며 진행했다. "부당노동행위에는 어떤 사례가 있는가?" "부당노동행위가 일어났을 때 어떻게 대처해야 하는

청구성심병원지부 총회에서 이정미 지부장. 구사대 방해로 총회가 무산된다.(1998년 4월 3일)

가?" 교육 외에도 분임토론 등이 끊임없이 이뤄졌다. 조합원 결의대회, 병원장 면담, 조합원 설문조사, 병원경영분석 조합원 교육 등 차근차근 순서를 밟아 나갔다. 일일이 조합원들을 만나, 한 명 한 명의 집회나 간담회 참여도, 노동조합에 대한 호감도 등을 확인했다.

그러나 지연 학연을 밀고 들어오는 수간호사들의 면담을 이겨낼 수가 없었다. 4월 집단 노조탈퇴서가 들어오기 시작했다. 많을 때는 일주일에 30여 통씩 노조탈퇴서가 배달되어 왔다.

"아침에 문을 열면 전날 조합 사무실 문틈으로 밀어 넣은 탈퇴서들이 발아래 뒹구는데.. 그걸 보는 게 괴로워요."

엄살 없는 이정미 지부장이 토로할 정도였다. '심장이 상하고 수명이 단축되는 느낌' 이라고 표현하기도 했다.

한쪽에서는 희망퇴직이 이뤄졌다. 월급이 밀리고 정리해고 소문이 도는 병원에서 잘리기 전에 위로금이라도 받고 나가겠다는 사람들이 희망퇴직서에 사인을 했다. 6월 30일자로 직원 80명이 희망퇴직서를 썼다. 노동조합의 수가 크게 줄었다.

조합원 수가 줄수록 병원의 횡포는 더 심해져만 갔다. 7월 '병원사랑 모임' 이 만들어졌다. 88년 첫 파업 당시 병원 측 구사대 직원들이 만들었던 병발추와 다를 바 없는 모임이었다. 병원사랑 모임을 중심으로 노동조합을 비난하는 유인물이 돌았다. 영안실과 총무과에는 새 직원들이 들어오기 시작했다. 장례식장 직원, 주차관리 요원들도 충원됐다. 아무리 봐도 평범해 보이는 사람들은 아니었다. 걷어 올린 소매로 색색의 문신들이 엿보였다.

작은 집회에도 관리자와 구사대라 불리는 직원들에게서 욕설이 터져 나왔다. 조합 행사에 참석한 조합원들이 의자에 앉으려 하면 못 보던 남자들이 직원이라며 의자 옆에 지키고 섰다. "여기 앉는 년들은 다 죽여 버리겠다"고 엄포를 주는 식이었다. "면상 조심하라" "밤길 조심하라" "염산을 가지고 있다." 대부분 여성인 병원 노동자들에게 성적인 위협을 가하는 이도 있었다. 병원에서 구사대 단체인 '사원대표부'라는 것을 결성하고 난 뒤에는 폭력의 수위가 더 높아졌다. 폭력의 주된 대상은 조합원들이었지만, 연대를 온 타사업장의 노동자들, 취재를 온 기자, 상급단체 활동가들도 폭력을 피해갈 수 없었다.

〈당시 노동조합 탈퇴 강요에 관한 조합원 진술서 일부〉
4월 6일 나이트 근무를 마치고 탈의실에서 옷을 갈아입는 도중, 수간호사 선생님이 노조의 필요성을 아시고 계신다면서 하지만 '지금은 노조가 불필요한 상태다. 너희들이 이 시기가 지나면 다시 노조를 세울 수 있다' 하시며 개인적인 가정의 일까지 거론하시면서 노조 탈퇴를 요구하셨습니다. 노조에 남아 있으면 정리해고의 우선순위에 올라갈 것이라며 4월 7일 오전까지 노조 탈퇴 여부에 대해 답변을 요구하셨습니다. _98.4.1. 정*영

4월 8일경 쯤 퇴근 시간 무렵 병원 앞에서 아는 척을 하는 사람이 있었다. 누구냐고 물으니, 경찰청에 근무하는 사람인데 탈퇴를 하기만 하면 병원장에게 잘 말해주겠다고 했다. 병원장하고 형님, 동생 하는 사이라고 하면서 내가 신촌, 종로를 꽉 잡고 있다고 말했다.

4월 17일 병원으로 전화가 왔다. 전화 내용은 반말로 "너 아직 탈퇴 안했냐? 빨리 해라. 탈퇴하면 근사하게 술 한잔 산다. 혼자하지 말고 친구들하고 같이 해라." 오후에 만나자고 하였으나 본인이 거절한 후 전화를 끊었다. _98.4.20 이*영

수간호사는 노조 탈퇴해야 네가 유리하다..라는 식으로 말했고, 4월 9일 점심 식사 후, 다시 노조 탈퇴를 권유했을 때, '안하겠다. 아무도 못 믿겠다.' 라고 말하니, '나는 이제 너를 책임질 수 없다' 고 말했다. _98.4.10 최*라

폭력 :

 **10년 전**

"이년아. 너 진짜 안 나갈 거야? 머리에 똥만 든 거야? 너 줄 돈 없으니까, 나가라고."

원장실. 나이가 제법 되는 남자가 옆에서 머리를 조아리고 선 젊은 여자에게 욕을 퍼붓고 있었다. 그것이 한 시간을 넘어, 두 시간을. 그러니까 원장이 자기 화를 다 풀 때까지 계속 되었다.

욕을 하다하다 지친 원장이 여자를 내보내고서야, 원장실은 조용해졌다. 여자는 거의 울먹이다시피 자리로 돌아갔다. 거의 이틀에 한 번 꼴로 이런 일이 반복됐다. 작고 어린 여자가 할 수 있었던 것은, 죽염 한 줌을 먹는 것 뿐. 죽염이 스트레스에 좋다는 소리를 들은 게였다. 정말 미칠 것 같은 하루하루였다.

여자가 사표를 쓰지 않아, 원장이 저리 화를 내고 욕을 하는 게였다. 여자는 전화교육 업무를 하고 있었다. 원장에게 하루 몇 차례 전화를 연결시켜주는 일을 했다. 원장은 하루 몇 번이나 목소리를 듣고, 자신의 주변에서 모습을 보이는 그 여자가 노동조합에 가입했다는 것을 참을 수가 없었다. 눈에 보이지 않게 나가라 했다. 병원을 그만두라 했다. 여자는 그만둘 수 없었다. 버텼다. 여자가 버틸수록 원장의 욕설은 심해져만 갔다. 여자가 노동조합에 가입한 그 순간부터, 지옥이었다.

노동조합은 여자를 노동상담소로 보냈다. 여자는 울며 그 동안의 일을 이야기 했다. 그 이야기를 들은 상담사는 말했다.[21]

"이게 조금 치사한 짓 같지만 꼭 녹음하세요."

"녹음이요?"

"그 사람은 당하고도 아무 말 못할 것을 알기에 그런 못된 짓을 마구잡이로 하는 겁니다. 이런 행위가 법에 걸린다는 걸 알려 줄 필요가 있어요. 녹음을 해서 가지고 있으면 그게 부당노동행위를 당했다는 증거가 됩니다."

여자는 다음날도 어김없이 욕설을 들었다. 숨겨 가져간 카세트에 녹음이 되고 있었다. 이후 노동조합을 통해 여자가 노동부에 그간의 일을 신고할 거라는 말이 원장에게 전해졌다. 그 뒤로 원장은 욕설을 입에 담지 못했다. 이 사건이 공개되면 자신도 창피스러운 일이었다. 지역 유지로서의 체면이 서지 않는 일이었다. 대신 속으로 이를 박박 갈았다.

---

21) 당시 이 사선을 상담한 이는 한울 노동문제연구소의 하종강 소장이다.

 5년 전

93년, 한 다큐멘터리 프로그램이 방영되었다. 생활에 치인 사회인들의 오지체험을 다룬 방송이었다. 인도양 무인도에서 한 달간 생존을 체험하겠다고 참가 신청을 한 이는 4명이었다. 중소기업의 간부, 고시준비생, 슈퍼모델, 그리고 50세를 넘긴 김학중 이사장이었다. 은평구에 자리한 중소병원 이사장인 그는 한평생을 병원을 키우는 데 보냈다고 했다. 이제는 돈도 명예도 신물이 나, 나이 예순이 되면 모든 것을 접어두고 자유롭게 살고 싶은 것이 꿈이라며 오지체험의 의사를 밝혔다.

모든 것을 접어두겠다는 것은 모든 것을 버리겠다는 의미가 아니었다. 자식에게 물려주고 일선에서 물러나 있겠다는 의미였다. 보석상으로 큰돈은 모았지만 일생 장사꾼으로 살아온 아버지가 아들은 명함 내

청구성심병원의 교섭불참규탄 전조합원 결의대회. 당시 이정미 동지는 교육선전부장이었음(1995년 4월 13일~14일)

밀 때 꿀리지 말라며 지어준 병원이었다. 개인 병원 수준이었던 병원을 이리 키웠다. 장성한 아들은 의대에 들어갔다. 병원을 물려줄 일만 남은 것이다. 대를 이어 병원을 운영하는 의사 가문이 되는 게다.

98년, 56세가 된 김학중 이사장은 병원 복도에 붙은 선전물을 노려봤다. 병원의 경영난 주장이 거짓이라며 재정을 공개할 것을 요구하는 내용의 선전물이었다. 그는 선전물 아래 적힌 청구성심병원노동조합이라는 글자를 바라보다, 선전물을 잡아 당겼다. 그는 화를 누르기 위해 심호흡을 했다. 이곳은 자신의 아버지가 만들고 자신이 키운 병원이었다. 내 직원 내가 자르는 데, 허락을 맡으라니. 찢어진 종이가 그의 손에서 구겨졌다.

"뭐하는 겁니까!"

소리에 뒤를 돌아본 김학중은 인상을 찌푸렸다. 꼴도 보기 싫은 대상이 눈앞에 있었다. 당장이라도 병원 밖으로 끌어내 버리고 싶은 여자. 그는 혐오를 담아 자신 앞에 서 있는 청구성심병원노동조합 이정미 지부장을 바라봤다.

청구성심병원 교섭불참 규탄, 노동조합 간부들과 중소병원 교섭단 김학중 이사장 항의 방문(1995년 4월 13일과 14일)

1998년

1998년 7월, 보건의료노조 서울본부 사무차장 박현주는 청구성심병원을 찾았다. 이정미를 만나기 위해서였다. 병원에 들어온 순간부터 박현주는 긴장을 했다. 고개를 꼿꼿이 들고 걸어가지만 시선은 주변을 훑었다. 엘리베이터 문이 닫히며 병원 복도가 시야에서 사라지고야 숨을 뱉었다. 병원 로비를 지나 엘리베이터 앞에 선 그 짧은 시간, 그녀는 병원에 감도는 긴장을 고스란히 몸으로 느꼈다. 적의에 찬 시선들. 그녀가 보건의료노조 쪽 활동가임을 안 관리자들이 보내는 눈빛이었다.

엘리베이터는 7층에 멈춰 섰다. 박현주는 컴컴한 복도를 걸었다. 복도 깊숙이 간판 없는 작은 나무 문이 앞에 보였다. 노동조합 사무실이었다. 문을 여니 복도보다 한층 어두운 두 평짜리 공간이 눈에 들어왔다. 창문이 없는 탓이었다. 사람이 없었다. 문을 열면 어김없이 문과 마주한 작은 책상을 지키고 앉은 이정미가 없으니 작은 조합 사무실이 더 쓸쓸한 풍경이었다. 작은 책상과 테이블 하나만으로 꽉 찬 노동조합 사무실. 그 비좁고 어둑한 풍경이 노동조합의 형편을 보여주는 것 같아 괜히 마음이 짠했다.

그녀는 붉은 융단 카펫이라도 깔려 있을 것 같은 병원 원장의 사무실을 막연히 상상해 보았다. 의미 없는 일이었다. 청구성심병원 원장은 지금 골머리를 썩을 게였다. 병원 돈을 축내는 존재, 자신의 아버지가 이룬 병원을 갉아먹는 해충 같은 존재라 노동조합을 여겼다. 이정미는 보건의료노조 서울 본부에 와서 종종 한숨을 쉬었다. "상식적인 수준에서 문제를 해결하기 힘들어요." 그것은 하루아침에 상여금 미지급, 임금체불을 통보당한 수백 명의 병원 직원들 앞에서 병원이 "못 줘, 돈 없어, 돈만 못 주는 줄 알아? 너희도 다 자를 거야." 말한 순간부터였다.

간호대학을 나와 한평생 간호사로 살겠다 마음먹은 사람이 생각할 수 있는 상식이란 것은 뻔했다. 그것은 정말 상식이었다. 남에게 큰 해를 끼치고 살지 않는 삶에 대한 상식. 서른 평생 뻔하게 살아왔을 이정미가 지부장을 맡고, 투쟁이라는 것을 하며, "상식이 안 통해요"라고 한숨을 내쉬었다.

상식이 안 통한 지 반년이 넘었다. 관리자와 조합원들의 갈등은 깊어갔고, 병원이 새로 고용한 사람들 팔에는 문신이 가득했다. "전과 13범이래요." 그 사람들 옆을 지나가면 이정미는 그리 설명했다. 돌아본 얼굴은 담담했다. 큰 키에 강단 있는 얼굴. 차분해 보이지만 이정미는 누구보다 열심인 사람이었다. 회의 자리에서 청구성심병원 상황을 전하는 이정미는 늘 절박하면서도 열의에 차 있었다. 그래서 더 안쓰러웠다. 힘들어 죽겠다고 엄살이라도 피우면 보기가 나을 텐데 이정미는 정작 자신에게는 관심이 없는 듯 했다. 오직 연대와 지원을 본조[22] 회의에서 끌어내는 데 온 신경이 집중되어 있었다. 회의가 끝나고도 개별적으로 병원 노동조합 지부장들을 쫓아다니며 연대를 요청하고, 집중 집회를 열 수 있는 날을 타진했다. 회의 때 잠깐 보는 것이지만, 지치지도 않는지 한결 같았다. 청구성심병원이 문제를 일으킨 지도 이미 9개월로 접어들었다. 박현주 자신이 할 수 있는 것은 그저 시간 날 때마다 노동조합 사무실로 찾아와 얼굴 한 번 더 보고 가는 것뿐이었다. 박현주는 결이 거친 나무 책상을, 이정미가 앉았던 자리를 손바닥으로 천천히 문

---

[22] 보건의료노조는 중앙 본조, 지역 본부, 각 지부와 지회로 이루어진 체계를 가지고 있다.

질렀다.

그때 문이 벌컥 열리는 소리가 들렸다. 박현주는 반사적으로 고개를 들었다. 문 앞에 웬 사내가 버티고 서 있었다.

"누구…?"

박현주가 말을 끝내기도 전에 욕설이 귀를 때렸다. 머리가 띵했다. 우락부락한 사내는 쉴 새 없이 욕을 지껄였다. 어둑한 노동조합 사무실, 인적 없는 공간, 문을 막고 선 사내. 이정미의 말이 떠올랐다. "전과 13범이래요." 공포였다. 이정미가 조합원들이 일상적으로 겪는다 했던 폭언과 위협이라는 것이 이거구나. 박현주는 정신을 차리기 위해 애썼다. 손이 바들 떨렸다. 그러나 담담한 척 해야 했다. 아마 이 남자는 지부장이 혼자 사무실에 있을 것을 예상하고 쳐들어 왔을 것이다. 상대에게 얕잡아 보이면 무슨 짓을 할지 몰랐다.

"이게 무슨 짓이에요!"

박현주는 앙칼지게 소리쳤다. 남자는 기다렸다는 듯 피식 웃으며, 자신의 남방 단추 깃을 양손으로 붙잡아 뜯어버렸다. 뜯긴 옷 사이로 드러난 맨살에 울긋불긋한 문신들이 가득했다. 여자 혼자 있다고 만만히 보고 웃통을 벗어던지는 남자. 깡패를 고용해 노동조합 사무실에 밀어 넣은 병원. 숨이 막혔다. 그때 공포보다 앞선 것은 분노였다.

"나가! 나가라고!"

젖 먹던 힘까지 써 남자를 밖으로 밀쳐냈다. 어떻게 하든 복도 밖으로 나가야 했다. 조합 사무실에 둘만 있다가는 무슨 일을 당할지 몰랐다.

"뭐하는 짓이에요!"

마침 엘리베이터에서 내리던 이정미가 이 광경을 보고 합세했다. 사내는 이정미를 보더니 잘 됐다는 듯 한층 더 상스러운 말들을 던져놓았다. "기집애들이 나대긴 어디서 나대!" 그나마 귀에 들어오는 말이 저 정도였다. 얼굴에 염산을 뿌리겠다는 협박까지 서슴지 않았다.

더 당황스러운 것은, 놀라지 않는 이정미의 모습이었다.

"당신, 어딜 와서 공갈협박이에요?"

"이런 쌍년이."

"어디다 대고 쌍년이야! 어!"

"진짜 뿌려버리는 수가 있어."

"뿌려? 공갈협박 하지 말고, 뿌려. 지금 갖고 와서 뿌려! 그만한 자존심도 없냐? 누구야! 명령한 사람이? 원장이야? 총무부장이야?"

"요걸 그냥 팍! 식칼 가지고 아주 그냥 푹 담가 버렸으면 속이 시원하겠구만."

"푹 담궈. 염산뿌리는 것 갖고 막을 수 있겠어. 아예 푹 담궈."[23]

누르려는 자와 눌리지 않으려는 자의 말이 정신없이 오갔다. 경비직원을 부르고, 경찰을 부른 끝에 사내를 쫓아낼 수 있었다.

---

[23] 이날의 소란 일부가 녹취록으로 남아 있다. 이런 물리적 언어적 폭력은 노동조합 활동 내내 계속 됐다.

"여러 사람들 있는 데서 이년저년 소리 들은 것도 막 힘들고, 이정미 선생님은 저랑 둘이 다른 사람까지 셋이 같이 있었는데 병원 직원이 정말 입에 담지 못하는 욕을 한 거예요, 병원 앞에서. 그 여자의 자궁이라든가 성적으로 연관이 되는 그런 욕. 저는 그게 몸서

조합 사무실로 돌아온 이정미는 태연히 말했다.

"쟤네가 원래 저래요. 놀랐지요?"

놀란 정도를 넘어 다리가 후들거려 서 있을 수가 없었다.

"저 사람이 그 전과 13범."

"왜 저런 사람이 병원에… 살살해요, 살살."

이런 일은 얼마나 자주 당하면 태연할 수 있는 걸까. 익숙한 듯 보이는 태도 때문에 마음이 더 아팠다. 노동조합 하나 지키겠다고 참, 별 것을 다 견뎌야 하는 구나. 박현주는 조심하라는 말밖에 건넬 수 없었다.

 고통

이날 박현주가 겪은 것보다, 그리고 상상한 것보다 이정미와 조합원들은 더 많은 일들을 겪고 있었다. 이미 병원에는 조합원 폭행사건이 빈번하게 발생하고 있었다. 어떻게 병원 직원으로 들어왔는지 모를 우락부락한 사내들이 7층을 순회했다. 영안실 직원으로 고용된 이들이었다. 영안실 운영권을 가진 소상식 총무부장은 하나둘 덩치 좋은 이들을

리치게 싫은 거예요. 너무 놀래가지고 어떻게 성인이 그래도 저렇게 어느 정도 배우고 직장생활을 하는 사람이 저렇게 심한 욕을 할 수 있을까, 병원 총무과 직원이. (김명희)"

"문신 보여준 사건 그니까 그런 상황에 한 번 부딪치잖아요. 그러면 그날, 그 다음날까지 이게 잔상이 사라지지 않아요. 이런 것들이 일상적으로 일어나는 상황이었고, 그나마 이정미는 위원장이었죠. 조합원들한테는 더 함부로 대했던 거고, 그러니까 깡패소굴에 사는 거나 마찬가지였어요. (서울본부 사무차장 박현주)"

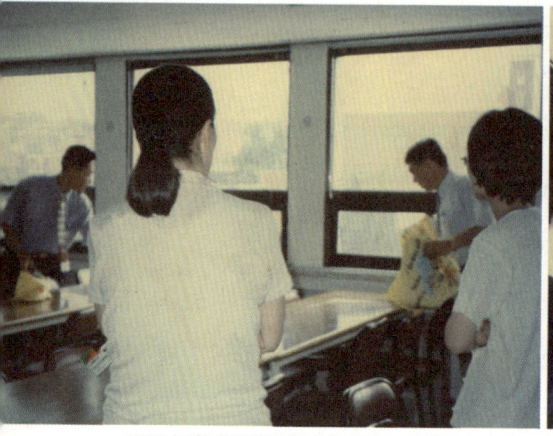 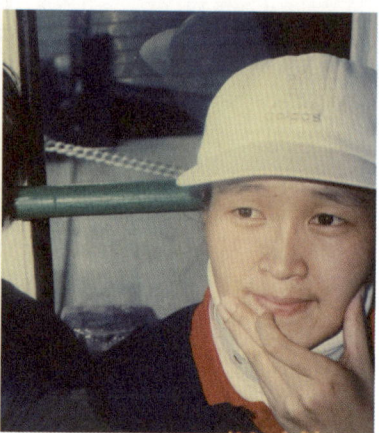

1998년 7월 청구성심병원 8층 식당. 조합원들이 작성한 요구안 피켓을 구사대가 훼손하고 있다.

7층 순회 중 이정미 지부장 구사대에 폭행당함. (1998년 7월 23일)

고용했다. 병원 주차장 자리 땅 일부를 가진 덕에 그 땅을 파는 대가로 영안실 운영권을 손에 넣었다고 했다. 그 뒤로 원장의 부동산 문제를 처리해주고 있다는 말도 돌았다. 어쨌든 분명한 것은 소상식과 영안실 직원 몇이 노동조합을 탄압하는 데 앞장서고 있다는 게였다.

밤이 되면 어깨 넓은 직원들은 노동조합 사무실 앞을 맴돌며 당직을 섰다. 노동조합 문 밖에서 조합원 이름을 하나하나 불렀다. 그 목소리가 소름끼쳐 조합원들은 체머리를 떨었다. 심할 때는 혼자서는 조합 사무실을 드나들지 못했다. 폭력의 위협은 근무 도중에도 계속됐다. 언제 어떤 일이 생길지 몰라, 조합원들은 비명 소리만 들으면 머리카락이 곤두섰다.

조합원만이 아니었다. 지부장인 이정미도 폭력의 대상이었다. 7월의 어느 날, 6층 물리치료실에서 환자를 치료하던 김명희는 "복도에서 싸움이 벌어졌는데, 사람이 죽을 것 같다"는 환자의 말에 신발도 찾아 신지 못한 채 달려갔다. 소리가 들리는 기관실로 달려간 김명희는 숨이 막혔다. 이정미 지부장이 철문에 목이 끼여 있는 게였다. 남자 직원이 안쪽에서 문을 누르고 있었다. 간신히 문틈에서 지부장을 빼내었지만 싸움은 끝나지 않았다. 수간호사들에게 지부장과 사무국장은 팔이 다 뜯겨 있었다. 목에 멍이 든 채로 이정미는 굴하지 않고 소리를 높였다. 싸울 때는 악착같은 사람이었다. 이정미는 수간호사들이 찢어버린 노동조합 벽자보를 뺏으려 했다. 수간호사들과 실랑이를 하는데, 이정미를 남성 직원이 잡아끌었다. 벽에 밀어붙여진 그녀의 멱살을 잡고 잇달아 뺨을 때렸다. 순식간이었다.

모두 놀랐다. 멈칫했다. 그리고 잠시 후, 소리를 낸 것은 이정미였다. 사과를 하라고 길길이 뛰었다. 아프다 어쨌다 말도 없었다. 싸움이 끝난 후, 다시 선전물을 붙이고 유인물을 돌리고, 현장 순회를 할 뿐이었다. 그리고 아주 잠깐 속을 터놓았다. 청구성심병원노동조합에 관한 영상 제작을 하고 있던 태준식 감독의 카메라 앞에서였다.

"조직부장이나 다른 조합원들이 맞았다고 할 때, 정말 화나고 분노하고 이건 있을 수 없는 일이다 했는데, 막상 맞아보니까 화보다 내 자존심이 뭉개졌다는 비참함이 커요. 폭력에 대한 두려움이 나도 모르게 생겨서, 병원 측 남성들만 봐도 움찔하게 되고… 병원에서 도망가고 싶다는 생각을 했어요."

실은 무서웠던 게다. 홀로 있는 방 안에서 카메라와 마주해 털어놓는 속이었다. 그러나 이 말을 하는 그녀의 얼굴은 담담했다. 솔직하되 울먹이지 않는 사람, 담담하되 강한 척하지 않는 사람이었다. 고통인 걸 알지만 그 고통을 피하지 않는 사람, 고통 받지만 과장하거나 굴하지 않는 사람, 이정미였다.

"이정미의 독특한 본성이 있다고 생각해요. 고통을 받는 사람들과 함께 있음을 놓지 못하고, 다시 돌아가려는 그런 본성. 그것이 고통이고, 지옥 같은 상황이라는 것을 본인이 잘 알아요. 그 사람들과 함께 있으면서도 행복해 하지도 않아요. 사용자와 부딪히고 그러는 것, 고통스럽죠. 고통스러워하면서도 그 길을 갔던 게 사실이에요. 자기가 아픔을 함께하고, 느꼈던 곳으로 벗어나지 못하고 돌아가서 함께하는, 그리고 그들과 함께해야 자신의 모습을 찾을 수 있다고 생각하는 그런 게 이정미한테 있다는 생각이 들어요. 사실 이정미가 만들어온 역사, 이게 쉽지 않은 거잖아요." _박현주

식칼테러 :

"병원이 실제 어려운 것이라면 이쯤에서 저희도 양보를 하겠어요. 하지만 그것이 사실이 아니라는 것을 조합원 모두가 알고 있습니다. 병원들이 노동자들의 임금을 빼앗기 위해 노동조합을 없애기 위해 취하는 가장 손쉬운 방법이 '병원이 경영이 어렵다' '양보하지 않으면 병원 문을 닫겠다'는 협박이라는 것을 알고 계시잖아요. 대화했습니다. 협박? 저희도 했습니다. 하지만 병원은 꿈쩍도 않아요. 더는 방법이 없습니다."

이정미는 보건의료노조 서울본부 회의 자리에서 어려운 결정을 내놓았다.

"파업을 해야 할 것 같아요."

병원 파업은 쉬운 일이 아니었다. 당시 공익을 담당한다는 병원이 파업을 위한 쟁의신청을 낸다는 것은 실은 불법파업을 한다는 의미였다.

임금체불과 부당노동행위 노조탄압규탄 민주노조사수 임시총회 전야제(1998년 8월 6일)

　노동부 직권중재에 회부될 가능성이 거의 백 퍼센트였다. 그래서 대부분의 병원 파업이 불법으로 진행됐다. 이런 사정을 알면서도 사업주들은 노동자들이 불법을 저지른다고 선전했다.

　조합원 수가 줄어만 가는 때, 전면파업은 쉬운 결정이 아니다. 그러나 청구성심병원에서 노사 간의 합의는 더는 가능하지 않았다. 병원은 이참에 노동조합을 없애려 하고 있다. 그녀는 발밑에 놓여있던 노동조합 탈퇴서들을 떠올렸다. 사업주의 탄압으로 노동조합 이름 넉자조차 지키지 못하고 문을 닫는 모습을 수두룩하게 보았다. 청구성심병원노동조합을 그렇게 만들 수 없었다.

　중앙노동위원회에 산별교섭 노동쟁의 조정신청을 냈고, 8월 6일 파업 찬반 투표를 위한 임시총회를 잡았다. 이날까지 병원과 어떠한 합의가 이루어지지 않는다면, 노동조합은 파업에 들어갈 것이다.

파업 전야제

 98년 8월 6일, 권기한은 1층 로비에 섰다. 앞에 앉은 수십 명의 조합원이 자신을 올려다보고 있었다. 임시총회 사전대회 사회자로 나온 것이다. 4월에 조직부장 직책을 맡아 아직 명칭조차 어색했지만 어찌되었건 마이크를 잡았다. 조합원들의 긴장된 표정을 마주보며 그 또한 속으로 떨고 있었다. 대오를 둘러싼 사원대표부 사람들은 욕을 지껄이고 야유를 쏟아냈다. 익숙한 일이었다. 고용을 볼모로 한 자리 싸움이 되자, 사람들은 모질어졌다. 고용 안정을 노동조합을 통해서가 아니라 병원의 혀처럼 구는 것으로 지키려는 사람들이었다.
 그들과의 일이 떠올라 권기한은 몸서리를 쳤다. 억지로 끌려간 병원 수련회 뒤풀이 자리에서 노동조합을 옹호하다가 사원대표부 사람들에게 몰매를 맞았다. 말리는 척 다가온 다른 직원들은 자신이 움직이지 못하게 붙잡았다. 건장한 남자 직원들이 양쪽에서 꼼짝 못하게 붙잡아 몸이 묶인 그는 일방적으로 맞았다. 새벽 내내 폭행이 이어졌다. 정신이 혼미해진 그의 귀에 웅성거림이 멀리서 들렸다. 다른 방에서 자다 잠에서 깬 여성 조합원들이 방에서 나가려 했지만 수간호사들이 밖에서 문고리를 잡고 버티었다. 욕설, 비명, 빈정거리는 표정들, 문을 두드리는 울부짖던 소리, 제 몸에 툭툭 주먹이 부딪치는 통증, 그날 새벽의 일이 지금도 생생했다. 노동조합 조직부장이라는 직책을 얻은 지, 한 달만의 일이었다.

새벽녘 피투성이가 된 얼굴로 수련회장을 벗어나 근처 병원으로 가는 길, 권기한은 죽어도 노동조합을 탈퇴하지 않겠다고 다짐했다. 밟힐수록 오기가 났다. 노동조합에 가입한 것조차 쉬운 결정이 아니었다. 입사 한 달만에 상여금을 받았다. 예전에는 서너 달 기다려야 가능한 일이라고 했다. 단체협약으로 인해 신입에게도 공평히 상여금이 돌아간다고 했다. 노동조합이 필요하구나 했다. 하지만 자신이 참여하는 것은 다른 문제였다. 아버지가 경찰이었던 그는 노동조합에 다가서기 어려웠다. 간첩 명단 서류를 한 박스씩 집에 가져오던 아버지의 직업이 뇌리에 남아 있었다. 하지만 노동조합하면 생각나는 사람은 아버지만이 아니었다.

임신한 몸에 품이 넉넉한 멜빵 청바지를 입고 웃으며 외래검사실로 찾아오던 지부장도 함께 떠올랐다. 이정미 지부장은 한 달에 한번 꼴로 외래검사실을 찾아왔다. 다른 곳에도 매번 그리 순회를 도는 듯 했다. 권기한의 기억에 이정미 위원장은 열심히 하는 사람, 어딘가 믿음직해 보이는 사람이었다. 임상병리과 선배들이 조합가입서를 내밀었을 때, 순순히 사인을 한 것은 이정미가 보여준 인상 때문이기도 했다.

97년 말 정리해고 계획이 발표되고 병원이 뒤숭숭해지자 임상병리과 직원들은 전부 노동조합에 가입을 했다. 노동조합 가입 수가 160명까지 불어나던 때였다. 그러나 임상병리과 선배들은 노동조합에서 사라졌다. 병원의 탄압이 거셌다. 괜히 노동조합에 남아 있다가 해고 대상이 된다는 걱정에 하나둘 탈퇴를 한 것이다. 가정 있는 몸들이니 이해 못할 것도 아니었다. 그러나 권기한은 탈퇴하지 않았다. 직극직인 참여도 하지 않았다. 행사가 있으면 참석할 뿐이었다. 4월 임시총회 때도 그랬다.

임시총회 참석은 하겠지만 오래 있을 생각은 아니었다. 마침 선약이 있었다. 잠깐 시작하는 것만 보겠다고 내려갔는데, 총회 장소인 로비는 난장판이었다. 한 의자에 두세 명의 사람이 달라붙어 밀고 당겼다. 조합원들은 의자를 가져오려고 하고, 사원대표부 사람들은 의자를 붙잡고 놓아주지 않았다. 조합은 여성들이 대부분이라, 사원대표부 남자 직원 하나를 여성조합원 두세 명이 뜯어 말리고 있는 꼴이었다. 여기저기서 고함과 욕설이 터져 나오고 도저히 총회를 할 수 있는 분위기가 아니었다.

권기한은 약속시간이 가까워져 총회장을 나왔다. 어차피 총회가 치러지지 못할 거라는 생각도 있었다. 다음날 병원에 오니 어제 일로 시끄러웠다. 누군가 크게 맞아 입원까지 했다고 했다. 총회가 무산된 대신 노동조합에서는 현장 순회를 가려 했고, 구사대는 이를 막았다. 이들 사이 큰 충돌이 있었다. 일방적으로 노동조합 사람들이 당했다고 보는 것이 정확할 것이다. 복도를 양쪽에서 막아서고 조합원을 가두어둔 것이다. 구사대 직원 중에는 깡패나 다름없는 사람도 많았다. 덩치 좋은 이들이 노동조합 사람들을 위협했을 것이다. 크게 맞은 이는 언론사에서 취재를 온 기자라고 했다.

권기한은 집에 가서도 꺼림칙함을 떨치지 못했다. 나라도 순회를 함께했다면, 도움이 되지 않았을까. 한 명이라도 더 있었으면 다치는 사람이 적지 않았을까. 후회로 '만약에'를 되뇌었다. 일주일 후, 권기한은 한 번도 찾은 적 없는 노동조합 사무실 문을 두드렸다.
"저기, 제가 도울 일이 없을까요?"

그렇게 맡은 조직부장이었다. 마침 기존 노동조합 간부들이 퇴사를 한 참이었다. 병원은 대의원들을 공략했다. 대의원급 간부 한 명이 탈퇴를 한다는 것은 조합원 한 명의 탈퇴와 비할 것이 못 됐다. 간부가 책임지고 있던 평조합원들의 탈퇴까지 끌어낼 수 있기 때문이다. 간부급들이 사라지자, 이정미 지부장은 비대위를 꾸리고 새 사람들을 들였다. 새로 선출된 간부들은 권기한과 다를 바 없이 노동조합 활동을 이제 막 시작한 사람들이었다. 권기한이 간부가 되어 제일 먼저 한 것은 컴퓨터 타자 연습이었다. 선전물 쓰는 법도 몰랐다. 그런 그가 8월 임시총회 사전대회에서 사회를 보게 된 것이다.

이날 임시총회는 파업 전야제이기도 했다. 낮부터 살벌한 분위기였다. 병원 측은 병원 로비에 모여 있는 조합원들이 나가야 교섭을 하겠다고 했고, 노동조합은 병원을 믿을 수 없다며 버티었다. 그 사이 병원의 방해는 계속됐다. 사전대회가 시작된 지 얼마 되지도 않아 환자복 입은 남자가 무대에 쳐들어 왔다. 저 사람 누구야? 사람들이 웅성대는 사이, 환자복을 입은 남자는 고래고래 소리를 높였다.
"간호사면 환자나 돌봐!"

그 남자만이 아니었다. 몇몇 환자들이 합세했다.
"니년들 때문에 내가 치료를 못 받아! 당장 꺼져!"

환자복을 입었으니 억지로 무대에서 끌고 내려올 수도 없었다. 하지만 낯선 얼굴들이 많았다. 환자라면 눈에 익을만한데도, 생소하다는 점이 이상했다. 두 명의 얼굴은 익숙했다. 병원에 장기 입원한 환자들이었다. 병원에서 나가라고 할까 봐 걱정인 장기투숙 환자들은 병원의 지시에 따르기 쉬었다.

사원대표부 사람들은 고소하다는 듯 귀엣말을 주고받았다. 말이 귀엣말이지 뒤에 앉은 조합원들에게는 다 들릴 소리였다. 비웃고 깔보는 말들. 5병동 간호사 최윤경은 억울했다. 환자들이 하는 욕은 노동조합이 들을 것이 아니었다. 병원 업무를 마비시킨 것은 병원이었다. 정리해고 계획을 발표하고 희망퇴직을 받고 있었다. 이미 100명 가까이 퇴직서를 썼다. 사람 빠진 자리에 죽어나는 것은 역시 사람이었다. 늘어난 업무량에 몸 지치는 것이 문제가 아니었다. 몸은 하나인데 봐야할 병상이 많으니 환자에게 실수라도 할까 봐 신경이 곤두섰다. 그런데도 병원은 무엇이든 노동조합 탓을 했다. 환자들에게도 노동조합 때문에 피해를 보는 것이라고 이간질을 했다.

올 초, 최윤경은 노동조합 탈퇴를 하기로 마음먹었다. 독실한 기독교인인 최윤경에게 종교를 앞세운 수간호사의 말은 무심히 흘려 넘기기 힘들었다. 그래도 탈퇴서만 우편으로 달랑 보내는 것은 예의가 아닌 듯해, 노동조합 사무실을 찾았다. 처음이었다. 문을 여는데, 복도보다 더 어둡고 좁은 공간이 눈에 들어왔다. 사람들이 북적였다. 낯익은 얼굴은 이정미 지부장뿐이었다. 지부장은 웃으며 반겼다. 순회 때 종종 보았던 다정하고도 확신에 찬 웃음이었다. 사람들은 회의 중이라 했다. 회의하는데 탈퇴서를 내밀 수 없어 그냥 돌아갔다. 좁고 어둑한 사무실이 안

쓰럽고, 진지한 사람들의 표정이 마음에 걸렸다. 다들 애쓴다는 생각이 들었다.

한번 조합 사무실을 찾으니 다음엔 가기가 조금 더 수월했다. 탈퇴를 한다고 말을 꺼내며 이것저것 대화를 하게 되고, 조합 간부들과 안면을 익히다 보니 어느새 노동조합 행사에 참석하고 있었다. 처음에 사무실에 올라온 의도와는 정반대로, 그녀는 문화부장까지 맡아버렸다. 오늘 이 문화부장이 되어 준비한 첫 임시총회였다.

환자들의 횡포만이 아니었다. 몇 차례 정전이 있었고, 천장에서는 갑자기 구정물이 쏟아졌다. 아직 임시총회는 시작도 안했는데, 이래저래 일들이 많았다. 로비에 앉은 신동진은 집에 가고 싶었다. 무서웠다. 불쾌한 얼굴로 온갖 협박을 하는 남자 직원들, 팔짱을 낀 채 히죽거리는 수간호사들. 사방에서 찰칵 찰칵, 사진 찍는 소리가 들려왔다. 그 소리가 귀에 거슬리고 불편했다. 자신이 찍히고 있었다. 살아오며 한 번도 받아본 적 없는 대접이었다. 남에게 싫은 소리도 한 적 없고 누군가에게 해코지를 한 적도 없었다. 남에 비해 일이 뒤처지지 않았다. 크게 흠 잡을 데 없이 살아왔다고 생각했다. 그런데 노동조합에 가입되어 있다는 이유로 대놓고 욕을 듣고, 온갖 모욕적인 언사를 참아내야 했다. 이곳은 어쩌면 파업을 선포하는 자리가 될 텐데. 정말 파업을 하는 걸까. 과연 내가 할 수 있을까. 이 정도의 협박과 고성에도 가슴이 뛰고 머리가 아픈데, 내가 이곳을 몇 날 며칠을 지킬 수 있을까. 저 사람들과 맞설 수 있을까.

하지만 일어나지 못했다. 분만실 선후배들이 여기 있었다. 지부장인 이정미도 분만실 출신이었다. 이정미 선생님도 분명 겁이 날 거였다. 다만 티를 내지 못하는 거겠지. 우리 때문에. 우리가 불안해할까 봐. 우리가 하나둘 떠나면 그 선생님 혼자일 텐데. 이정미가 얼마나 애를 쓰는지 알기에 자리를 뜰 수가 없었다. 신동진은 다른 사람들을 따라 외쳤다.

"노동조합 인정하라" "상여금을 지급하라" "병원 재정을 공개하라" "고용을 보장하라"

제각기 이유로 떠나지 못한 사람들이 파업 전야제를 지켰다.
그 시각 8층 노동조합 사무실에서는 이정미를 비롯한 보건의료노조 간부들이 대책회의를 진행하고 있었다. 이정미의 얼굴은 굳어 있고, 회의에 참석한 다른 이들의 표정도 한껏 무거웠다. 한 시간 전, 소상식 총무부장과 병원관리자들이 로비에서 조합원들을 내보내지 않으면 더 할 말이 없다며 교섭장을 박차고 나가버렸다. 병원장 얼굴은 보지도 못했다. 노사관계가 더 이상은 다른 방식으로 풀릴 가능성이 없음이 확인된 것이다. 이제 파업 찬반투표 결과를 발표해야 했다. 당연히도 파

새벽 평화로운 임시 총회 전야제에서 조합원에게 소방호수로 물을 뿌리고 집기를 던지는 구사대(1998년 8월 7일)

업 찬성표가 월등히 많았다. 가결이었다. 남은 것은 파업을 선포하는 일이었다.

사용자 측은 노동자가 툭하면 파업이라는 무기로 협박을 한다고 하지만, 파업은 노동조합에게도 쉬운 결정이 아니다. 돈 있는 사장이야 업체 문을 닫고 임대료나 은행 이자로 몇 달 몇 년을 버틴다지만, 노동자들은 일이 끊기면 당장 생활 자체가 위협 당했다. 제 노동력을 팔아 벌이를 하는 이들에게 일하지 못한다는 것은 공포였다. 그럼에도 파업은, 일을 멈춘다는 것은 노동자들의 강력한 수단일 수밖에 없었다. 일을 멈춤으로 자신의 노동을 증명하는 순간이기 때문이다. 노동자가 제 힘을 증명하려 하기에, 병원은 이를 순순히 지켜보지는 않을 것이다. 병원은 대체인력을 투입할 것이다. 파업참가자를 해고하겠다 길길이 날뛸 것이다. 그들 앞에서 파업을, 노동조합을 지킬 수 있을까. 우리가 서로를 지킬 수 있을까.

이정미는 입을 굳게 다물고 회의 테이블 끝머리에 눈을 주었다. 이제 어떻게 조합원들이 다치는 일 없이 어떻게 파업을 승리로 가져가느냐, 그것만을 생각해야 한다. 시간은 12시를 넘어가고 있었다.

그때, 순간 앞이 깜깜했다. 정전이었다. 이어 들려오는 비명 소리. 로비에서 나는 것이 분명했다. 로비에서는 조합원들이 임시 총회를 진행하고 있었다. 누구 할 것 없이 일어나 1층 로비로 뛰어 내려갔다. 로비로 통하는 문이 잠겨 있었다. 비명과 악다구니 소리가 사정없이 귀를 때리는데 문은 열리지 않았다. 미칠 지경이었다. 사람들이 몸으로 밀어 간신히 문을 열었다. 조금씩 열리는 문을 보며 이정미는 어떤 모습이 눈앞에 펼쳐져도 당황하지 말자고 마음을 다잡았다. 하지만 그녀가 본 광경은 상상 이상이었다.

비명

"불 꺼!"

외침과 동시에 모든 로비 불이 꺼졌다. 악! 조합원들은 소리를 내질렀다. 몸에 이상한 액체가 달라붙은 것이었다. 비명부터 지르고 봤는데 구역질이 치밀어 올랐다. 지독한 냄새. 형광등 불이 다시 켜지는 듯 싶더니 깜박였다. 몸에 붙은 것은 휴지조각과 똥물이었다. 검은 비닐봉지에 쌓인 똥물이 조합원들을 향해 날아 왔다. 미처 더럽다 생각을 하기도 전에 이번에는 온갖 집기가 조합원들에게 쏟아졌다. 의자부터 우산

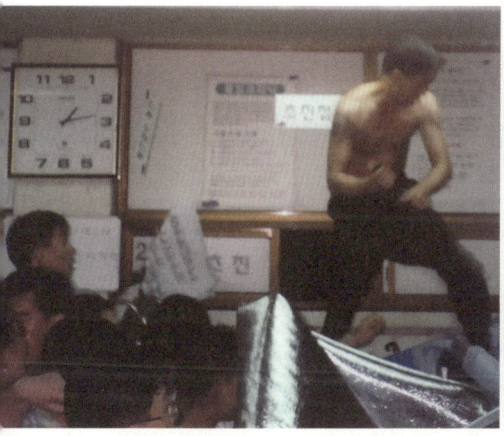

1998년 8월 7일 새벽 청구성심병원 영안실 소속 천진철이 원무과 접수대 위에서 우산대로 조합원들을 위협하고 있다.

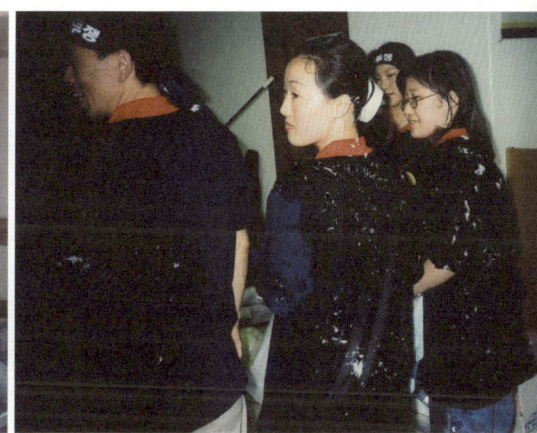

1998년 8월 6일 오후 11시경 조합원들에게 청구성심병원 구사대들의 똥물투척

까지 쏟아지는 물건들은 다양했다. 조합원들은 두 손으로 머리를 감싸며 물러섰다. 그때 비명 섞인 외침이 들려왔다.

"칼이야, 칼! 칼을 들고 있어!"

흔들리는 형광등 불빛 아래 안내데스크에 오른 한 사내가 문신 가득한 맨몸으로 팔을 휘둘렀다. 그가 팔을 휘두를 때마다 손에 무언가가 번쩍였다. 날카로웠다. 칼이야, 칼. 여기저기서 울음이 터져 나왔다. 버티려던 마음들이 마구 흐트러졌다. 구사대들에게 멱살이 잡히고 주먹질을 당한 사람들의 신음이 울음 사이로 섞였다. 울며불며 엉키고 뒤엉켜 구석으로 몰렸다. 패닉 상태였다. 그런 이들에 차가운 물이 쏟아졌다. "불 꺼." "소방호스 뿌려." 소란 속에서도 구사대들이 하는 말들이 귀를 파고들었다.

이정미가 본 것은 토끼몰이 당하듯 겁에 질려 구석에 몰린 조합원들이었다. 눈물범벅이 된 얼굴들이 눈에 박히듯 들어왔다. 심장이 뛰었다. 속이 아렸다. 수적으로도 현저히 밀릴뿐더러 이미 기세를 빼앗겨 상황은 돌이킬 수 없었다. 저 멀리서 소상식 총무부장이 화분을 집어 던지는 것이 보였다. 병원은 애초 교섭 따윈 할 마음이 없었던 것이다.

"경찰을 불러요."

"불렀어요! 아까 전에 불렀는데 안 와요."

그 시각 노동조합 사무실에도 사람들이 몰려들었다. 조합 사무실에 함부로 들어온 구사대 직원들은 컴퓨터를 내던지고 책상을 발로 차고, 집기들을 부수기 시작했다.

그 소란이 잠잠해질 즈음, 새벽 두시경 경찰이 도착했다. 경찰은 조합원들을 밖으로 밀어내더니 병원 앞을 막아섰다. 칼을 휘두른 남자는 저쪽으로 가더니 혼자 돌층계에 머리를 박으며 자해를 했다. 그리고 조합원에게 폭행을 당했다 주장하며 경찰차로 병원에 실려 갔다. 천진철이라는 그 남자는 병원 영안실 직원이었다. 말이 직원이지, 마약전과에 폭력전과만 13범이었다. 병원이 분명 의도한 바가 있어 입사를 시킨 사람이었다. 이쪽은 4명이 입원을 하고, 조합원과 연대대오 사람 10명이 머리와 팔에서 피를 흘려 응급처치를 받았다.

조합원들은 아직 저 안에 남은 조합원들이 있다며 경찰들 붙들고 울며불며 했지만 소용없었다. 엉엉 울다 제풀에 지친 조합원들은 주저앉아 쫓겨난 병원을 멍하니 바라봤다. 비가 내리고 있었다. 그 비를 맞으며 병원만 올려봤다. 저 안에 입원 환자들도 있었다. 그런 병원 한복판에서 70년대에나 있을 법한 통물 투척이 일어난 것이다. 믿을 수가 없었다.

손혜진 지부장은 정신이 혼미할 지경이었다. 두 손을 움켜 맞잡았다. 떨림이 멈추지 않았다. 자신도 청량리정신병원 지부장을 맡고 몇 해를 병원과 싸웠지만 이런 경우는 처음이었다. 아니 상상조차 하지 못했다. 이정미가 걱정되어 주위를 둘러봤다. 이정미는 여기저기 전화를 걸고 경찰을 붙잡고 상황 처리를 하느라 분주했다. 그러는 사이에도 조합원들을 챙겼다. 병원 밖으로 밀려 나올 때, 손혜진이 가장 먼저 들은 것은 이정미가 조합원들 하나하나의 상태를 묻는 소리였다. 사람들이 무사한지 다급히 확인하는 이정미의 목소리가 조합원들이 흐느끼며 부르는 투쟁가 사이로 아프게 들려왔다.

　손혜진은 이정미에게 다가갔다. 이정미는 "많이 놀랐지?" 물어왔다. 나까지 챙길 필요는 없어, 라는 눈으로 이정미를 보다가 손혜진은 그냥 끄덕였다. 자기는 사람 아닌가. 놀란 것을 티내도 괜찮을 텐데. 속이 까매졌을 것이다. 싸움을 앞장 서는 것도, 그 싸움에 책임을 지는 것도, 싸우다 받은 이들의 상처까지 마음에 두어야 하는 것도, 지부장의 몫이었다. 손혜진은 이정미의 손을 잡아주고 싶었지만, 미세한 떨림이 남은 손이라 걱정만 끼칠까 다가가지 못했다. 오히려 이정미가 손을 잡아왔다. 손혜진은 하, 웃었다. 이정미도 헛웃음을 쳤다. 답답한 속이었다.

반복될 일

　이정미는 조합원들을 이끌고 민주노총 보건의료노조 사무실로 갔다. 병원으로 다시 들어갈 수는 없었다. 파업 전야제도 치루지 못하고 생난리 끝에 병원에서 내몰렸다. 착잡했다. 하지만 가만있을 수는 없었다. 이미 병원에서 쫓겨난 것이고, 조합원들을 추슬러 다음 행보에 대한 의견도 나누어야 했다. 보건의료노조 본조에 와서도 분함과 놀람을 떨치지 못하는 조합원들을 옆방에 두고 이정미는 대책 회의에 들어갔다. 처참했다. 비상식적이라고는 해도 병원이 이 정도까지 나올 줄은 몰랐다. 방금 전 병원에서 당한 일을 생각하면 목이 메고, 가슴이 콱 막혔다. 한여름인데도 소름이 돋았다.

1998년 8월 7일 새벽 1시 50분경 청구성심병원밖으로 쫓겨나온 조합원들(청구성심병원 구사대가 소방호수와 식칼테러, 임시총회장 침탈을 하여 구호를 외치며 투쟁하고 있다. 그 앞을 전경들이 막고 있는 장면.)

    자신도 자신이었지만, 연대를 와서 험한 꼴을 당한 사람들에게 미안하고 죄스러웠다. 연거푸 상태를 묻고 고개를 숙였다. 하지만 많이 미안해하지는 않기로 했다. 병원을 자신의 사유물로, 직원은 부리는 이로만, 노동조합이라면 자신들의 돈줄을 갉아먹는 해충으로만 아는 병원 고용주들은 많았다. 이런 인식들이 바뀌지 않는 이상 오늘이고 내일이고 언젠가 어디선가 또 반복될 일이었다. 그러니까 이것은 청구성심병원 노동자들만의 문제가 아니었다.

    다음날 병원 문에 쇠고랑이 채워졌다. '본 병원은 파업으로 당분간 진료가 불가능합니다' 라는 공고 위로 "우리 병원은 우리가 지킨다"라는 글자가 붙었다. 직원들은 정문과 후문이 닫혀 응급실로 돌아갔다. 응급실로 들어가는 길목에 간호부장과 병원관리자 몇이 지키고 서 있었다. 조합원이 지나가려 하면 못 가게 길을 막았다. 오늘은 출근을 안 해도 되니 돌아가라는 것이었다. 임시 총회에 참석하지 않아 사정을 모

1998년 8월 7일 아침 8시 청구성심병원 출근 투쟁 중 이정미 지부장

른 채 근무를 할 생각으로 온 조합원들은 밖으로 쫓겨났다. 정형외과 소속 김선화 간호사는 동료들과 함께 정문으로 가 항의를 했다. 그러자 과장이 나왔다.

"다른 좋은 직장 알아봐."

어이없어 눈만 동그라니 뜬 김선화에게 과장은 덧붙였다.

"너희들이 바란 게 이런 거잖아. 병원 문 닫는 거!"

7병동의 박정선 간호사는 조합원이 아니기에 출근을 할 수 있었지만, 병원 분위기가 이상함을 느꼈다. 아니 험악했다. 영안실 직원들이 쇠파이프를 들고 돌아다니고 있었다. 아예 병원이 폐쇄될 거라 했다. 박정선은 도대체 일이 어찌 되어가는 것인지 알 수가 없었다. 사정은 모르지만 병원이 문을 닫을 거라는 두려움에 떨어야 했다.

조합원들은 병원 앞에서 출근 투쟁으로 하루를 시작했다. 분노하였으므로 더 부지런히 움직였다. 병원의 행위를 알리는 유인물들을 이곳 저곳에 날랐다. 식칼테러와 똥물투척 사건은 언론을 탔다. 청구성심병원은 부당노동행위 사업장으로 알려지기 시작했다. 노동자들의 항의를 받고나서야 노동위원회는 수습에 나섰다.

처음에는 노동위원회 회의에 불참하는 등 병원도 강하게 버티었다. 하지만 곧 여론에 밀려 일주일간의 폐업을 풀고 문을 다시 열었다. 조합원들은 병원으로 돌아올 수 있었다.

그러나 이것은 청구성심병원과 노동조합의 기나긴 싸움을 알리는 작은 시작일 뿐이었다.

1998년 조합원 편지

삶의 지침을 느끼는지 근무 중에 숨을 돌릴 수 있는 휴식처인 창가로 다가선 나는 블라인드 사이로 비춰지는 사람들을 보았습니다. 마치 어깨에 쇳덩이라도 짊어진 듯 힘겨운 발걸음과 언제부터인지 움직이는 사람들에게 미소가 아닌 슬픈 표정들이 시야에 들어오고 있습니다. 그런데 몇 분이 지났는지 눈부시게 번쩍이는 승용차에서 고급스럽고 단정하게 보이는 양복을 입고 내리는 사람이 목에 잔뜩 힘을 주고 어딘가로 갔습니다. 한눈에 돈이 없는 사람과 있는 사람의 차이점을 알 수 있었습니다. 대한민국에 살고 있는 노동자들은 비록 어깨는 무겁고 웃을 일은 없다지만 인정이 많아 서로 사랑할 줄 알고 서로 도울 수 있습니다. 그렇게 힘을 얻어 대기업이 만들어낸 IMF를 이겨내고 있는 저희에겐 그런 부유층의 부귀는 힘이 빠질 수밖에 없습니다.

얼마 전부터 IMF의 잔혹함이 저의 피부를 박박 긁어내는 아픔을 제가 근무하고 있는 직장의 경영주가 느끼게 해주더군요. 경영난에 의한 문제로 상여금 미지급의 일방적인 통보에 저희는 상여금을 받지 못하였습니다. 경영주의 일방적인 통보가 아니었다면 저희가 이렇게 얼굴이 붉어지진 않았을 것입니다. 월급날 2일 전 일방적인 종이 한 장의 통보로 우리는 황당하기 짝이 없었습니다. 이것뿐만 아니라 시간이 가면 갈수록 많아지는 말도 안 되고 성의 없는 통보에 대항해 보았으나 저희의 적은 인원의 힘으로는 벅차 이렇게 도움을 받으려고 편지를 띄웁니다.

경영주의 이기적인 생각이 고쳐지지 않는다면 저희는 언제까지나 경영주에게 봉사활동을 한 것과 다름없습니다. 저희가 경영주에게 바라는 것은 큰 것이 아닙니다. 당장 상여금을 지급하라가 아니라 기업의 수입과 지출을 공개하여 노동자와 경영자의 상의 하에 같이 힘을 합쳐 이 힘든 시기를 극복하자는 의도입니다. 경영자에게 여러 번 이야기 해 보았으나 '생각해 봅시다' 라는 한마디 성의도 보이지 않은 채 등 돌려 버리는 그 차가움에 저희 노동자들은 일할 맛이 붙지 않습니다. 언제나 경영자는 자기 멋대로 행동했죠. 굳이 무언가에 비교한다면….

"야, 내가 먹을 밥이 없으니 너희 한 끼 굶어라."

"야, 배고프지! 콩 하나 줄 테니까 감사하며 쪼개 먹어라"와 다를 바 없습니다. 과연 저희 노동자들이 많은 것을 바라고 있은 것일까요?

힘든 사회입니다. 제 아무리 경영자라 하더라도 노동자들이 없다면 기업은 클 수 없는 법입니다. 저희 청구성심병원 경영자에게 큰 소리로 알려 주십시오.

"이렇게 힘들 때 혼자만 산다고 해서 과연 행복할 수 있을까?"

해고 :

"안녕하십니까. 좋은 하루입니다!"

이른 아침, 청구성심병원 정문에 인사 소리가 울려 퍼진다.

"오늘도 최선을 다하겠습니다."

병원 직원들이 일렬로 마주 서 병원에 들어오는 환자와 보호자들에게 인사를 한다. 청명한 아침이다. 환자들 사이로 병원 직원들이 섞여 정문에 들어선다. 가벼운 목례로 답하거나 무심히 지나치는 사람들, 출근 발걸음을 서두르긴 매한가지다. 어깨를 수그리고 눈을 멀리 둔 채 지나치는 몇몇도 눈에 띈다.

청구성심병원의 아침 인사다.[24] 사원대표부가 앞장서 시작한 아침 인사였다. 자발적이라고 말은 하지만 부서장이 나와 인사를 하고 있는데,

---

[24] '청구성심병원의 고객만족을 위한 의지를 단적으로 보여주고 있는 사례다. 이와 함께 12년째 매일 오전 8시 20분에 실시하고 있는 지역주민에 대한 감사인사도 명물이 된지

2000년 6월 청구성심병원 아침인사 – 1998년부터 시작된 아침인사는 2016년 지금까지도 진행 중이다.

편히 업무 준비를 하고 있을 부서원들은 없다. 출근 시간보다 30분에서 1시간 정도 일찍 나와 치르는 이 일은, 그래서 아침 조회라 불린다.

인사가 오고 가는 사이로 작은 소란이 생기기도 한다.

"이 새끼야, 누가 남의 카드에 손을 대래."

"그냥 잘못 만진 거잖아요."

"어디서 말대꾸야!"

아침 인사를 하는 사원대표부의 줄은 병원 로비에 놓인 출근카드 기

오래다.'
(출처: 현 청구성심병원 소상식 원장과의 인터뷰 기사 〈거듭나는 청구성심병원, 지켜봐 주세요〉 2010년 8월 2일 쿠키메디뉴스)

아름다운 한 생이다

록대로 이어진다. 기록대 앞에 선 사원대표부와 출근 카드를 찍는 조합원 사이에 실랑이가 벌어지게 마련이다.

"일도 못하는 년이 출근카드는 왜 찍어."

"야, 너는 아직도 그만 안 뒀냐? 내가 너 여기 못 다니게 한댔지?"

조합원에게 욕설이 쏟아진다. 험한 말들은 정문에서 우렁차게 터지는 인사소리에 묻힌다. 그러나 바로 옆에 선 조합원의 귀에는 한 글자도 비껴가지 않고 고스란히 전해진다. 사원대표부 직원들은 나직이 귀엣말을 건네기도 한다.

"밤길 조심하랬지. 내 눈에 띄면 죽을 줄 알아라."

노동조합 사람들은 어느 날부터 지하철역에서부터 두엇이 짝을 지어 출근했다. 정문 앞에 선 사원대표부를 혼자 마주할 자신이 없기 때문이다. 여러모로 직원들의 단합에 도움이 되는 아침 조회다. 퇴근 후에는 집으로 안부 인사가 걸려오기도 한다.

"나 정말 무식한 놈이야. 알아들어? 내가 어떻게 살았는지 알아? 집회하고 그럴 때 나서지 마. 낯짝을 못 들고 다니게 하는 수가 있어. 평생 후회할 행동 하지 마."[25]

화를 내어 맞대응하기도 무시하며 끊어버리기도 하지만, 어차피 다음 날 출근해 얼굴을 마주해야 하는 사람들이다.

---

25) 1998년 8월 18일 sbs에서 방송된 〈뉴스추적〉의 일부 내용이다. 조합원은 사원대표부 직원들의 욕설과 협박을 녹음해 두었다.

 충성

조합원을 미워하는 이는 사원대표부만이 아니다. 아니 진짜 조합원을 미워하는 이가 있다. 98년 9월, 부서장 회의에 김학중 이사장이 심기 불편한 얼굴로 나타났다. 그는 20분간 세상 사람들이 아는 모든 욕을 했다. 요사이 회의 때마다 그랬다. 일주일간 잠적을 하다 나타난 이후로 더 했다. 욕을 하는 대상은 노동조합이었다.

"조합원년들이 미워 미치겠다."

김학중은 노동조합하는 인간들은 다 빨갱이에다가 병원을 말아먹으려고 혈안이 되어 있다고 했다. 그가 분개한 데는 이유가 있었다. 내쫓은 조합원들을 병원에 다시 들여놓을 수밖에 없었기 때문이었다. 식칼테러 이후, 김학중은 병원 문을 닫아걸었다. 이참에 조합원들을 내보내자 했다.

그런데 문제가 커졌다. 언론을 통해 병원 이름까지 들먹이며 식칼테러가 이야기 되었다. 노사정위원회가 개입했다. 언론사에서 취재를 왔다. 그 바람에 자신은 며칠 병원을 비우고 숨어있어야 했다. 자기 소유의 병원을 무단점거하고 있는 사람들을 내쫓았을 뿐인데 노사정위원회와 언론은 물론 지역사회 눈치까지 봐야 하는지. 이 상황을 이해할 수 없었다. 병원 문을 영원히 닫을 수는 없어, 그는 울며 겨자 먹기로 노사정위원회의 조정합의안을 받아들였다.

그러나 조정안을 이행할 생각은 없다. 악화된 여론이 삼삼해지기를 기다린 것뿐이었다. 노동조합을 인정할 생각은 더더욱 없다. 인정은커녕 노동조합만 생각하면 울화통이 터졌다. 그 울분을 부서장 회의에 와서 터트렸다.

부서장 회의 후, 이사장은 합의문을 이행하지 않겠다고 통보했다. 조합원 복귀 3일만이었

1998년 8월 7일부터 일주일간 청구성심병원지부 조합원 출근 투쟁

다. 식칼테러의 책임자로 노동조합이 지목한 소상식 총무부장도 건재했다. 소상식은 이사장을 대신해 언론사 인터뷰에 응했다. 그는 노동조합이 제3자를 끌어들여 병원 직원들에게 폭력을 가했다고 주장했다. 소상식이 나온 뉴스 영상을 보며 조합원들은 입술을 깨물었다.

그들이 말하는 제3자, 연대를 온 타병원 이들이 없었다면 자신들이 그날 얼마나 더 비참한 꼴을 당했을지 상상조차 하기 싫었다. 상처가 된 것은 식칼과 똥물, 야만적인 언행, 폭력이 아니었다. 몇 년, 몇 십 년을 일해 온 자신들을 병원이 그동안 얼마나 하찮게 봐왔는지 알게 된 것이 상처였다. 자신은 노동자였다. 고용되어 일을 할 뿐이었다. 하지만 병원 사용자들은 임금이라는 것을 내세워 자신들의 모든 것을 묶어두려 했다. 입과 귀, 자존심과 부당함에 대한 모든 저항을 묶어두려 했다. 찍소리 못하고 살아가는 존재라 생각했다. 찍소리를 냈다는 이유로 병원은 한밤중에 똥물을 퍼부었다.

1998년 8월 7일부터 일주일간 서울 은평구 연신내 일대에서 청구성심병원 노조탄압 똥물투척 식칼테러 폭력 만행 규탄 조합원들 거리투쟁

처음에는 사건이 언론에 알려지고, 그래 이사장이건 소상식이건 법의 쓴 맛을 보겠구나 했다. 사람들을 그리 폭행했으니 처벌을 안 받을 리 없다 생각했다. 그런데 소상식이건 이사장이건 경찰서 한 번 불려가지 않았다. 쌍방폭행이라며 병원 측 관리자도 아닌 영안실 깡패 하나, 보건의료노조 사람 하나가 서로 고소고발 되었을 뿐이었다. 참 세상 더럽구나. 돈 앞에서 법도 별 거 아니구나. 법이 힘없는 노동자 편은 아니구나.

자신의 처지를 절절하게 깨달은 조합원들은 더 이상 당하고 살지 않겠다고 다짐했다. 아침에는 청구성심병원 앞에서 출근 선전전, 점심에는 시민 선전전, 저녁에는 은평경찰서 앞에서 항의 방문. 그것으로 모자라 청구성심병원의 악행과 노동조합의 필요성을 적은 유인물을 들고 은평구 지역 집집마다 돌아다니며 신문배달을 하듯 돌렸다. 악에 받친 조합원들은 힘든지도 모르고 다녔다. 아니 아쉬워했다.

"일주일만 더 있다가 들어가면 좋겠어요. 좀 더 많이 배워서 단단해져 들어가고 싶어요."

병원으로 복귀하는 조합원들은 아쉽고도 뿌듯한 마음을 숨기지 못했다.

"힘들긴 했는데, 조합원 간의 믿음이 굳어진 것 같아 좋아요. 더 이상 우리를 배신하고 다치게 할 사람은 없다 그런 느낌요."

"다들 같이 지내는 게 재미있어서 신랑 얼굴도 생각이 안 났어요. 신혼인데 어쩌나."

웃고 떠들며 복귀를 받아들였다. 부러 더 웃었다. 겁나는 속내를 숨기기 위함이기도 했다. 자신에게 집기를 던지고 똥물을 퍼부은 사람들과 마주하는 것이 겁이 났다. 하지만 조합원들이 다 같이 보내온 시간이 있었다. 믿고 가야 했다. 병원도 반성을 하지 않았을까 하는 기대도 없지 않았다.

그러나 기대는 무너졌다. 번번이 믿고 번번이 실망했다. 조합원들을 기다리는 것은 마지못해 병원 문을 열어 울화통이 터진 김학중 이사장과 그의 비위에 맞추어 충성심을 키우고 있는 사원대표부였다. 10월 병원은 구조조정 계획을 발표했다. 병원은 노동조합을 무시하고 근로자대표까지 선출하기에 이르렀다.

사원대표부 소속 관리자들은 경쟁적으로 충성을 했다. 수간호사들도 자진해서 밤 순찰을 돌았다. 수간호사의 야간 순찰은 통상 밤 근무 중 한두 번 정도 있는 일이었다. 그런데 이제 두 시간에 한 번씩 순찰을 돌았다. 오는 시간도 정해진 것 없이 발소리를 죽이고 갑자기 방문해 조합원의 업무태도를 검사하고 갔다. 화장실을 가거나 야식을 먹는 짧은 휴식을 취할 때도 조합원들은 마음을 놓을 수가 없었다. 순회 횟수가 몇 배로 늘어나 피곤한 것은 조합원만이 아니었다. 감시를 하는 수간호사들도 피곤했다. 그럼에도 하루 몇 차례씩 조합원을 감시 순회하는 일은 그만두지 않았다. 그것도 모자라 하루 한 시간씩 일찍 출근해 아침 조회라 불리는 인사 행렬에 참석했다. 이런 관리직들의 노력에는 고용불안이라는 위기감이 깔려 있었다.

대규모 정리해고가 노동조합의 반발로 인해 무산되자, 병원은 희망퇴직을 실시했다. 높은 직급으로 평직원보다 높은 연봉을 받는 수간호사를 비롯한 중간관리자들은 긴장하지 않을 수 없었다. 그들은 자발적으로 자리에서 물러나느냐, 아니면 관리자로의 능력을 인정받아 병원에 남느냐 하는 기로에 섰다. 관리자가 보일 수 있는 능력에는 이사장이 눈엣가시처럼 여기는 노동조합을 없애는 일도 포함됐다. 아니 지금 같은 시기에는 그것이 가장 크나큰 능력이었다. 그래서 조합원을 탈퇴시키려고 혈안이 됐다. 탈퇴가 안 되면 퇴사도 좋다. 조합원 수만 줄어들면 되는 게였다.

병원은 관리자들과 사원대표부의 충성을 등에 업고, 폭주했다. 10월에 6병동 폐쇄가 있었다. 6병동은 임우숙 책임간호사를 비롯해 모든 간호사들이 조합원인 곳이었다. 6병동 간호사들은 뿔뿔이 흩어졌다. 임우숙을 비롯한 3명은 응급실로 발령이 났다. 임우숙은 응급실 근무를 한 번도 한 적 없었다. 생소한 근무지에, 그것도 책임간호사로 가게 되었다. 단 하루 인수인계 시간이 주어졌을 뿐이다. 경험도 없는 자신이 제대로 된 교육도 받지 못하고 책임간호사 자리에 서서 후배 간호사들을 감독해야 했다. 심지어 응급실이었다. 판단 오류는 환자의 생명과 직결됐다. 가슴 졸이는 생활이 시작됐다.

6병동 간호사들이 갑작스러운 부서 이동으로 곤혹을 치루고 있는 동안, 폐쇄된 병동에는 물리치료실만이 남았다. 폐쇄된 6층, 물리치료실 복도 앞에는 환자 침상을 켜켜이 쌓아 고립되었다. 사람이 다니지 않는 불 꺼진 복도에 집기들이 아무렇게나 쌓여 있어, 음침한 느낌을 주었다. 병동 한 층에 남은 이는 물리치료실 직원 세 명밖에 없었다. 물리치료실 김명희는 환자들 보기가 미안했다. 폐쇄된 병동에 물리치료실만이 홀로 남은 이유는 자기 때문이었다. 자신이 노동조합 간부이기 때문이다.

 노동조합

병실에서 갖은 구박과 부당한 대우를 받은 조합원들은 근무가 끝나면 노동조합 사무실로 올라왔다. 사정을 아는 사람들에게 흉이라도 봐야 마음에 응어리가 풀릴 것 같았다.

"솔직히 남자 직원들이 앞에서는 노동조합 욕하고 그래도 술 먹고 이럴 때는 저희들끼리 그래도 조합은 있어야 하는 거라 그런다면서요."

"조합 없었으면 자기네들 월급, 그 몇 푼 오른 것도 가능했겠어? 그대로지. 병원이 알아서 올려주겠어?"

"그럼 노동조합을 지켜야지. 말로만 구시렁대면 뭐한데."

일반 직원들에게 노동조합은 있으면 좋지만 병원 눈치를 보느라 함께 하기는 힘든 대상으로 여겨지고 있었다. 병원이 얼마나 극도로 노동조합을 싫어하는지 지켜봐왔기 때문이다.

하지만 노동조합은 있으면 좋고, 없으면 아쉽지만 어쩔 수 없는 존재가 아니었다. 노동조합의 반발로 정리해고를 성공시키지 못한 병원은 희망퇴직을 통해 상당수의 직원을 내보낸 후, 그 자리에 임시직을 들이기 시작했다. 98년 7월 25명이었던 임시직은 다음 해에는 76명으로 늘어났다. 일 년도 되지 않아 3배 가까운 증가였다. 실습생이 정규 노동자의 일을 대체했다. 기술과 경험이 미숙한 이가 환자의 목숨을 손에 쥔 것이었다. 그러나 병원은 모른 척 했다. 코앞의 인건비 생산비를 아끼는 데 급급했다. 임시직과 인턴직원들은 휴일, 야간, 연장 근무를 함에도 근로기준법에 명시된 법정수당이 아닌 20만 원의 수당만을 지급하며 저렴한 비용으로 부림당했다. 인력감축과 그로 인한 노동조건 악화는 이직률을 높여 99년 청구성심병원에는 1, 2년차의 신규간호사가 전체 수의 과반을 차지하게 된다. 기존 간호사가 신규간호사를 훈련시키기도 힘든 조건이 되었다. 그러니 사고가 잦을 수밖에 없었다.

게다가 수련의 병원을 포기함으로써 스무 명 가량이었던 레지던트 의사들이 사라지게 된다. 전문의는 수련의의 도움을 받아 수술 집도를 해야 하는데, 더는 가능치 않게 되었다. 전문적인 수술은 포기해야 했다. 간호사들은 수련의의 업무까지 맡아보느라 일이 과중됐다. 젊은 수련의들이 노동조합에 옹호적이라는 것, 수련의를 양성하는 데 돈이 든다는 것이 그 이유였다. 청구성심병원은 스스로 전문적 수술은 하지 못하는 동네 병원 수준으로 자신을 전락시키고 있었다. 값비싼 기계를 들이며 의료서비스의 질을 높인다고 홍보하지만, 실제로는 인력감축과 임시직 확대로 환자들을 의료사고에 노출시키고 있었다. 아침 조회 따위로 감출 수 있는 부실함이 아니었다.

어쩌면 병원도 살 길을 찾으려 하는 것일 게다. 인건비를 낮춘다. 걱정을 한다. 환자가 줄어들까 최첨단 설비를 사들이고 건물을 재단장 한다. 그 비용을 노동자에게 내놓으라 했다. 월급이 동결되고, 상여금과 휴가 반납이 이뤄진다. 해고가 빈번해진다. 경영진은 '병원을 살리기 위해 양보하라'며 당당하다. 그것이 같이 사는 길이라 한다. 악순환이었다.

노동자들은 양보를 한다. 그렇다고 중소병원의 위기가 끝나지 않는다. WTO를 체결하며 의료시장까지 개방했다. 기업들도 앞다투어 의료시장에 진출한다. 경쟁에 뛰어드는 병원 수는 늘어만 간다. 상대적으로 자본이 취약한 중소병원은 위기를 겪을 것이고, 위기를 극복하기 위해 의료시설을 확충하고, 병원을 휘황찬란하게 꾸밀 것이다. 그 손해분에 대해 노동자들의 양보를 요구할 것이다. 정규인원을 줄이고, 임시직을 쓸 것이다. 임금과 복지를 줄일 것이다. 노동자들은 또 양보한다.

오늘, 양보를 해 임금을 동결하고 노동조건을 악화시킨다. 그리고 내일, 병원의 위기가 찾아오고 모레, 다시금 양보를 해야 한다. 오늘보다 더 후퇴한 조건으로. 이 반복 속에 죽어나는 것은 노동자다. 그리고 이들에게 치료받는 환자들 또한 그 위험에 자유로울 수 없다. 양보는 모두 사는 길이 될 수 없다. 경쟁의 늪으로 빠져드는 병원을 멈춰 세워야 한다. 그것이 모두가 사는 길이다. 그 역할을 할 수 있는 것이 노동조합이다. 양보를 거부할 수 있는 이는 바로 양보를 요구받는 노동자들 자신이기 때문이다.

당연히도 병원은 양보할 수 없다 하는 노동조합을 곱게 보지 않았다. 중소병원은 노동조합에 대해 더 가혹했다. 노동자가 양보하지 않으면 병원 문을 닫는 일만 남았다 여기기 때문이다. 한국기독병원, 소화아동병원, 청량리정신병원, 방지거병원, 서울만 해도 어려움에 처한 중소병원들이 많았다. 단체협약이라도 체결하려면 싸움을 건너뛸 수 없었다. 순순히 노동조합을 인정하는 병원은 찾기 힘들었다.

보건의료노조 회의 때 만나면, 중소병원 지부장들은 비슷한 처지에 공감을 했다. 중소병원 회의가 따로 만들어져 손혜진(청량리정신병원), 정선숙(소화아동병원), 방영미(대구동산병원 해고자, 본조 조직부장), 황선이(서울의료원) 등이 자주 어울렸다. 서로의 어려움을 알기에 금세 마음을 나누었다. 함께 어울려 영화도 보고, 밥도 먹고, 수다를 떨며 그렇게 한풀이를 했다.

이 중에서도 청구성심병원은 악질 사업장으로 유명해, 다른 지부장에게 위로를 받는 처지

손혜진, 현정희, 정선숙, 최선임, 이정미

였다. 심지어 "병원이 너무 심하게 해서, 조합원들과 함께 오기가 민망할 지경"이라고 했다. 그래도 싸움 소식이 들리면 부랴부랴 오는 것은 그 폭력을 온전히 받고 있는 청구성심병원 조합원들이 생각나서였다.

이런 중소병원들을 보며 그 처지를 알아주는 이들도 있었다. 현정희, 최선임, 김형숙 등 몇몇 대병원 노조간부들이었다. 중소병원의 실상을 알지 못해 왔다. 그러나 중소병원 지부장들과 접촉하면서 그들의 토로를 들었다. 같은 병원이라도 대병원과 중소병원은 상황이 전혀 달랐다. 조합원이 많다보니 말도 많고 탈도 많아 그것대로 대형병원은 제 고민이 있었다. 그럼에도 사람이 많다는 것은 곧 힘을 가진다는 말이었다. 당시만 해도 대형병원은 대부분 대학병원이기에 겉으로 보이는 이미지를 많이 신경 써 그토록 험한 탄압을 하지 못하기도 했다. 그러는 사이 투쟁과 협상의 체계가 잡혔다. 하지만 아버지에서 아들로 동네 구멍가게처럼 이어지는 작은 병원들은 봉건적 지주처럼 사람을 부렸다. 그 부림에 중소병원 노동자들은 멍들어가고 있었다. 그 사정을 알던 현정희는 종종 중소병원 지부장들과 어울렸다. 맏언니처럼 그리 지냈다.

이정미는 보건의료노조 회의에 가서 매번 청구성심병원 노동자들이 받는 탄압을 이야기했다. 이야기할 수밖에 없었다. 탄압은 끊이지 않았다. 처음에는 충격적이었던 청구성심병원의 상황도 반복되니, 듣는 사람에게 더 이상 감흥을 주지 못하는 듯 했다. 하지만 당사자들에게는 그저 그런 일상이 아니었다. 어제 맞았다고, 오늘 맞은 매가 아프지 않을 리 없었다. 오히려 내일 맞을 매를 걱정하게 했다.

조합 간부들은 핸드폰, 녹취기, 카메라 이 세 개를 꼭 손에 쥐고 다녔다. 언제 어디서 어떤 욕설과 협박이 올지 몰랐다. 꼼꼼한 이정미는 그 때마다 증거를 남겨 놓으라 했다. 부당노동행위로 고발을 한다고 하여, 당하고만 있지는 않는다는 것을 보여줄 생각이었다. 하지만 병원은 웬만한 대응에는 꿈쩍도 안 했다.

이정미 또한 가방에 가스총을 넣고 다녔다. 집으로 괴전화가 오고 갖은 협박이 이어졌다. 보다 못한 남편이 호신용으로 가스총을 사다 주었다. 병원에서 집으로 가는 짧은 길목조차 안심할 수 없었다. 집이 괴한에 털린 일도 한 달간 3번이나 됐다. 도둑이 든 것처럼 서랍 속 물건이 다 꺼내 헤집어지고 난장판이 되었지만, 훔쳐간 것은 아무것도 없었다. 그 시간 아이들이 집에 있었다면… 소름이 돋았다. 병원 관리자들의 협박은 구체적이고 도를 넘었다. 그 중 가장 무서운 협박은 아이들에 관한 것이었다. 안 그래도, 김명희 조합원은 아이들에게 "너희 엄마가 김명희냐고 물으면 절대 아니라고 해"라며 당부한다고 했다.

보건의료노조 회의 때 가스총을 가져간 적이 있었다. 사람들이 뭐냐고 묻기에, 이정미는 "이제 나는 총도 쏠 수 있는 사람"이라고 농담을 했다. 가스총 쏘는 연습을 하다 진짜로 발사가 되어 회의실에 있던 사람들이 콧물 눈물을 다 흘리는 소동이 벌어지기도 했다. 울고 웃고 소란을 피웠지만 몇몇 이들은 이정미의 가스총을 아프게 바라봤다. 단지 노동조합 활동을 한다는 이유로 총을 몸에 지녀야 하는 처지를 알기 때문이었다.

이정미는 겁이 나기에 앞서 슬펐다. 자신이 하는 요구가 정당하지 않다고 생각해 본 적이 없었다. 그런데도 자신과 노동조합은 병원으로부터 혐오의 대상이 되었다. 한숨을 입에 달고 다니는 조합원들 생각하면 속이 쓰렸다.

그렇기에 이정미는 회의 때마다 지치는 기색 없이 말하고 또 말했다. 지원을 요구하고, 연대를 요청했다. 요구가 받아들여 지지 않을 경우, 언성을 높이는 것도 불사했다. 법인체계와 이사장 성향 등에 따라 노사관계는 물론 운영방식마저 제각각인 중소병원이었다. 대형병원에서는 이해할 수 없는 일들도 벌어졌다.

늘 도움, 아니 연대를 요청해야 하는 입장이었다. 조합원이 겨우 수십 명인 작은 병원. 개별 병원에서 일어나는 탄압을 막아줄 사회적 법도, 보호망도 부재했다. 청구성심병원 같이 작은 병원 노동자들이 믿을 수 있는 것은 오직, 같은 노동자들의 연대였다.

 조직

청구성심병원노동조합이 임금 체불과 구조조정 위협에 맞서느라 겨울 칼바람조차 느끼지 못했던 98년 2월, 전국보건의료산업노동조합(이하 보건의료노조)이 출범했다. 최초의 산별노조 전환이었다. 150여개의 개별 사업장이 기업 단위에서 벗어나, 공동의 산업으로 묶인 하나의 노동조합으로 태어난 것이다. 93개 노조가 우선 편입, 2만 5,704명이 보건의료노조의 조합원이 되었다. 보건의료노조에는 보건의료 계열에 종사하는 정규직 노동자와 계약직 노동자는 물론 임시/용역직 노동자

청구성심병원의 출입문 봉쇄로 아침 출근투쟁
(1998년 8월 7일)

청구성심병원 똥물투척 식칼테러 폭력 만행을 비호
하는 은평경찰서 규탄(1998년 8월 7일)

등 비정규직 노동자도 가입할 수 있었다.

　지부로 거듭난 청구성심병원노동조합도 산별노조 건설 소식을 조합원들에게 알렸다.

　'우리들의 새로운 조직에 모두 힘을 모으자.'

　청구성심의 고용안정 투쟁도 산별체계인 보건의료노조 산하에서 진행되었다. 외환위기 이후 고용불안을 앞세운 전체 자본의 총공세는 개별 단사 수준으로 막을 수 없는 것이었다. 노동자들도 이에 맞서 단일한 체계에 힘을 모아 단결력과 교섭력을 증대시켜야 한다.

　이정미는 산별노조 건설에 동의했다. 청구성심병원은 몇 십 명 속한 작은 조합이 아니라, 하나의 노동조합이 되는 것이다. 산별노조로 첫 전환을 한 보건의료노조의 책임도, 의지도 무거울 것이라 여겼다.

　식칼테러가 있던 날, 보건의료노조 본조와 서울본부 간부들은 청구성심병원 파업전야제를 지켰다. 파업에 들어가기 직전이었으니 엄호가 필요했다. 그날 폭력 사태가 일어나고, 폭행혐의로 이대병원지부 부지부장이 연행됐다. 식칼테러를 주도했던 구사대가 폭행으로 맞고소를 한 것이다. 연대 온 간부가 구속될 위기에 처했다. 부지부장의 가족들은 충격에 빠졌다. 대학병원인지라 사학연금공단 규정에 의해 구속된다면 파면될 수도 있었다. 부지부장 아내가 집회에 와 조속한 사면을 요청하는 발언을 했다.

걱정이긴 보건의료노조 서울본부도 마찬가지였다. 본조 간부들은 이대 부지부장 사면을 논의했다. 구속된 간부도 다치게 하지 않으면서, 청구성심병원노동조합도 일정 정도 만족할 수 있는 타결 수준이 무엇인지를 찾자는 취지였다. 이정미는 그 회의를 지켜보다 입을 열었다.

"정말 부지부장님이 그리 되신 것은 안타깝고 죄송하게 생각합니다. 하지만…"

검찰은 청구성심병원 노사 간에 원만한 합의가 되면, 병원도 고소를 취하할 것이라 했다. 부지부장 구속과 청구성심병원 투쟁을 맞바꾸자는 게였다. 병원이 노리는 바였다. 이정미는 그 원만한 합의라는 것이 무엇을 의미하는지 알았다. 그래서 그 원만한 합의를 할 수 없었다.

병원은 대화할 생각이 없다. 파업전야제 전부터 일관된 태도였다. 마지막 교섭 자리에 겨우 부장급 직원 보내놓고, 그것도 자리 박차고 나간 것이 병원이다. 그날 조합원에게 똥물을 뒤집어씌우고 식칼을 들이민 것도 병원이다. 이 모든 일을 저지르고 사과 한 번 없다. 이런 상황에서 합의를 이끌어내야 한다면, 그 양보의 주체는 청구성심병원노동조합이 될 수밖에 없다.

　이렇게 양보해 버리면 안 된다. 청구성심병원은 사회적 뭇매를 맞고 병원이 잠시 움츠러들었다. 병원이 약한 모습을 보인 것은 싸움을 시작한지 근 1년만의 일이었다. 조합원들이 똥물을 뒤집어쓰고 용역깡패들에게 맞선 결과였다. 그런데 이 순간 노동조합이 고개를 숙이고 들어간다면 더 이상 가망이 없다. 구조조정, 노동조합 탄압 어떤 문제도 해결하지 못하고 들어간다? 조합원들의 머리에는 우리가 또 졌다는 기억만 남을 것이다. 그 기억을 안고 다시 싸울 수 있을까.

　중소병원 노동조합이 큰 승리를 얻는 일은 요원했다. 그것이 현실이었다. 겨우 얻은 작은 성과들, 중재안 몇 개, 병원의 일시적인 양보들이 일시적인 승리라는 것은 싸우는 누구나 알았다. 사용자도 알고, 노동조합 간부들도 알고, 심지어 조합원 개개인도 알았다. 하지만 그 작은 승리라도 있어야, 하루 더 노동조합을 유지할 수 있다. 그런데 그 작은 승리마저 포기하라니. 똥물을 뒤집어쓴 조합원들에게 고개 숙이고 들어가자고 말해야 하나. 중소병원의 탄압은 모질었다. 양보할 것이 적으니 더 탄압이 거셌다. 병원장들은 자신의 모든 것이 노동조합에 의해 위협받는다고 생각했다. 신처럼 군림하던 자신의 왕국이 무너지는 꼴을 보지 못했다. 모진 탄압에 중소병원 노동조합은 하나둘 사라져 갔다. 청구성심병원을 합해, 대여섯 군데가 남아 있을 뿐이다. 청구성심병원도 사라지게 할 수는 없다. 수많은 싸움이 있지만, 한 번 지고 나면 노동조합 존립 자체가 어려워지는 싸움이 있다. 조합원과 매일 같이 얼굴 맞댄 노동조합 간부로서 그것이 언제인지 안다. 지금이다.

이정미는 고개를 저었다.

"정말 죄송합니다. 저도 부지부장님의 일은 가슴 아프게 생각합니다. 하지만 아무것도 해결되지 않은 채 병원에 머리를 숙이고 들어갈 수는 없습니다. 백기를 들고 가자는 거 아닙니까. 저희가 더 열심히 잘 싸워 꼭 승리해, 승리로써 석방을 시키도록 노력하겠습니다."

더 잘 싸워 승리해 석방시키겠다. 그 답을 답으로 보지 않는 이들도 있었다. 답이 보이지 않자, 회의에 온 지부장들과 본조 간부들은 서로에게 사나워졌다.

"그럼 애꿎은 사람을 구속시키라는 건가요?"

"아니 이거 무서워서 다음에는 어디 연대라도 가겠습니까? 이쯤에서 타결을 해야, 서로 좋은 거 아니겠어요."

애꿎은…. 이정미는 회의장을 낯설게 바라봤다. 지금 자신이 참여하는 이 회의는 어떻게 이대병원지부 부지부장의 구속을 막을 것인가에만 초점이 맞춰져 있었다. 매일같이 맞고 욕을 먹으며 싸운 작은 병원의 노동자들은 이 회의 석상에서 존재가 없다. 이정미는 화가 치밀어 올랐다.

"중소병원 조합 간부들은 해고를 당하고, 경찰에 불려가고, 구속을 각오하는 것이 일상입니다. 단 한 명이 아니라, 중소병원에 투쟁하고 있는 간부들이 매번 그러한 위험을 감수하고 싸웁니다. 노동조합 하나를 지키기 위해서요. 그것을 지킨다는 것이 어떤 의미인지 아니까요."

한 명의 인생이 소중하지 않다는 것이 아니다. 부지부장이 해직될 경우, 이대병원지부가 가질 타격이 크다는 것도 알았다. 하지만 서글픈 마음은 어쩔 수 없었다. 병원이 작아 대우가 낮고, 사람이 적어 힘이 없다. 그래서 매일 병원에서 무시당하며 싸운다. 병원주들이야 우리를 원래 하찮게 보아왔으니, 그런 것쯤은 괜찮았다. 하지만 이 자리에서도 작은 노동조합의 싸움이라, 대우받지 못하는 것은 아닌가. 이정미는 괜한 생각이 들어 서러웠다.

  속을 숨기지 못한 날도 있었다. 은평경찰서 앞에서 부지부장 구속 관련 논의를 위해 급하게 회의가 소집되었을 때, 이정미가 사라졌다. 사건 해결의 열쇠인 청구성심병원 지부장이 사라졌으니 회의가 진행될 수 없었다. 회의에 참석한 간부들이 발을 동동 굴렸지만, 이정미와 연락이 닿지 않았다.[26]

  그 시각 이정미는 연신내 거리를 무작정 걸었다. 아프고 복잡한 마음이었다. 미안했다. 부지부장에게 미안한 마음에 면회도 꾸준히 갔다. 면목 없다. 하지만 노동조합을 포기하겠습니다, 라고 말할 수는 없었

---

26) 〈나중에 전해들은 이정미 동지의 이야기인즉슨 이랬다. "중소병원 노동자들은 늘 이런 절박함 속에서 생활하고 있고, 그나마 어렵게 싸움에 나선다. 중소병원 노동자들이 지금 어떤 처지에 놓여 있고 그 사람들이 왜 싸움에 나섰는지, 지금 왜 싸우고 있는지는 생각하지 않고, 대병원 간부 한 사람 문제 해결만 급급한다"는 것이었다.
  그녀의 불만은 이번의 투쟁이 청구성심 100여 조합원들의 운명이 걸려 있는 투쟁이고, 그걸 자칫 제대로 마무리하지 못하면 탄압 속에 조직이 무너지는 상황으로 다시 돌아갈 수밖에 없는 상황인데, 그런 전반적인 상황은 보지 못하고 지금 돌출되어 있는 문제만 해결하는데 전전긍긍하는 중앙 간부에 대한 불만이었다. 그 속에는 중소병원 간부가 구속되었으면 어디 그러겠냐는 불만도 섞여 있었다. 보건의료노조가 산업노조가 되었지만 그녀의 눈에는 아직도 대병원 조합원과 중소병원 조합원의 지위 사이에는 넘을 수 없는 큰 벽이 존재하고 있었던 것이다. 더구나 산업노조를 제대로 이끌어 가야할 중앙 간부들의 관념 속에도 그것이 변하지 않고 남아 있는 것으로 보였으리라.〉
(출처 : 이정미열사 추모집에 실린 강영삼 국장 회고)

다.

사람 못 됐다, 이기적이다라는 소리를 들어도 어찌할 수 없는 일이다. 내 노동조합만 소중해서가 아니다. 조합원 50명인 작은 병원의 노동조합의 싸움이 무슨 전국적인 사안이며 노동자-자본 간의 최대전선이 되겠는가. 작은 투쟁이다. 그렇지만 이정미는 늘 자신했다. 청구성심병원노동조합과 같은 작은 민주노조를 지키는 일이 보건의료노조를 넘어 민주노조운동에 의미가 있다. 연대를 요청하는 것이 구걸이라 생각될 정도로 초라해질 때, 생각하고 또 생각했다.

산별노조는 기업별노조 형태에서는 보호받을 수 없던 작은 조직, 미조직, 개별 노동자들을 감싸 안을 것이라 믿어왔다. 기업에 갇히지 않는 연대정신이 산별노조의 길이라고, 그녀는 배웠다. 그것을 가르쳐 준 것은 보건의료노조였다. 배운 대로 행하였을 뿐이다. 그러니까 악바리 취급을 받아도 괜찮았다. 억지를 쓴다고 미운 털이 박혀도 좋았다.

그로부터 두 달 뒤인 9월, 청구성심병원과 노동조합의 싸움이 쉼표를 찍는다. 양측 모두 압박을 받고 있는 상황에서 이루어진 타결이었다. 병원의 사과도, 노동탄압에 앞장선 소상식 총무부장의 파면도 없었다. 이대병원 부지부장은 구속되지 않았다. 청구성심병원 조합원들은 병원에 돌아갔다. 복귀 3일 만에 병원은 협상안을 무로 돌린다.

어설픈 타결은 어떤 것도 해결해주지 못했다. 조합원들에게는 더 큰 탄압이 기다리고 있었다.

해고

길고 긴 98년이 지나가고 있었다. 그 겨울 이정미는 노무법인 〈참터〉의 고경섭과 잦은 통화를 했다.

"병원 움직임이 이상해요. 아무래도 일이 터질 것 같아요."

이정미와 고경섭 노무사가 예상한 일은 조합원 집단해고였다. 고경섭 노무사는 이미 이정미와 부당노동행위 고소고발을 몇 건이나 같이 해왔다. 청구성심병원은 그해 이미 부당노동행위로 판결을 받았다. 판결을 받은 해, 또다시 부당노동행위 문제를 일으키는 사업장은 흔하지 않았다. 설마 그 난리를 겪고 또 해고를 하여 노동조합을 도발할까. 그는 자료 하나 헛것으로 가져오지 않는 이정미의 꼼꼼함과 남다른 판단력을 믿었지만, 흔하지 않는 일이기에 설마 했다.

이정미의 예상과 달리 병원은 조용했다. 한 해도 얼마 남지 않아, 고경섭 노무사는 연말 인사를 할 겸 이정미와 통화를 했다.

"올해는 무사히 넘기는 것 같습니다. 어쨌든 올해라도 조용히 넘기니 다행이네요."

이렇게만이라도 지나가 준다면 다행이다. 노동조합도 숨 돌릴 시간이 필요했다. 그러나 불과 며칠 후 일이 터졌다. 크리스마스이브인 12월 24일, 병원은 직원 10명에게 해고 통보를 했다. 해고자 명단은 다음과 같았다.

권기한, 김미연, 김미은, 김명희, 김석남, 김태복, 박현선, 이선우, 이

종영, 황경애.

　해고 사유는 경영상의 어려움이었다. 이미 병원은 125명을 희망퇴직 시켰다. 그런데 경영상의 이유로 10명을 해고한 것이다. 그것도 모두 조합원으로. 이 중 반수가 조직부장, 교육부장 등 노동조합 간부였다. 병원이 원하는 것은 분명했다.

애틋함 :

"해복투위원장님, 조금만 천천히 가요."

김명희는 뒤를 돌아봤다. 이정미가 팔로 배를 감싸 안고 느린 걸음을 옮기고 있었다.

"아파? 또 아픈 거예요?"

"잠깐 쉬어가면 될 거 같아요."

한겨울이라 길가에 마땅히 앉을만한 곳이 없어 김명희는 난감했다. 이정미는 조심히 몇 발자국 떼더니 결국 배를 움켜잡고 주저앉았다. 요즘 들어 지부장의 배앓이가 잦았다. 해고되고 길거리 생활을 하느라 끼니도 거르고, 김밥이나 빵으로 때우기 일쑤라 다들 소화제를 달고 살았다. 그렇다 해도 이정미는 너무 자주 아팠다. 조합원들 있을 때야 티를 내지 않는다만, 이렇게 갑자기 아플 때는 방도가 없었다.

"병원을 가라니까요…."

병원에 근무하면서도 이정미는 정작 병원에 가는 것을 꺼려했다. 병원에 가려해도 일정을 빼기가 쉽지 않음을 알고 있었다.

며칠 뒤, 이정미는 병원에 가서 내시경 검사를 받았지만 이상을 찾을 수 없다고 했다.

"깨끗하대요."

위가 깨끗한 사람이 배를 붙잡고 뒹굴 정도로 아플까 싶었지만, 그저 스트레스 때문인가 보다 생각했다.

"스트레스 많아서 그래요. 몸 생각해요. 그러다 병들어요."

한편으로는 사람들 걱정할까봐 말을 안 하는 것인가 싶었다. 이렇든 저렇든 방도는 없었다. 입으로 쉬라고는 말해도 쉴 수 있게 해주지 못했다. 쉬란다고 쉴 사람도 아니었다. 이정미 지부장이 없으면 복직 투쟁은 물론 노동조합 자체가 막막했다. 병원이 10명의 해고자를 낸 뒤로는 매일 거리 싸움이었다. 하루 일정이 끝나고도 이정미는 밤 늦게까지 노동조합 사무실에 남아 컴퓨터 앞에 앉았다. 어느 날은 병원 고소장을 쓰고, 어느 날은 조합원들이 자필로 쓴 진술서를 옮겨 적었다. 선전물과 보도자료를 쓰고 제안서를 만들었다. 일이 많았다. 완벽을 추구하는 성격이라 자신이 직접 해야 직성이 풀렸다. 조합 일 시작한지도 얼마 안 되는 간부들을 데리고 복직투쟁까지 하려니 힘에 부칠 만도 했다.

지부장이라는 위치에 선지라 다른 조합원들처럼 편하게 힘들다 아프다 말할 수도 없었다. 원래부터 엄살 없는 성격이었다. 배가 아프다며 인상을 잔뜩 찌푸리다가도 조금만 나으면 헤헤 웃는 얼굴로 "김학중 이사장 때문에 내가 아픈 거니, 병원에 산재 신청 할 거야." 농을 했다. 남에게 좋은 모습, 밝은 모습만 보여주려 애썼다. 그 모습을 보고 있자면, 속으로 쌓여가진 않을까 걱정이 들었다. 낙천적인 사람이었지만, 동시에 속으로 표현 못할 고민들을 잔뜩 껴안고 가는 사람이었다.

조합원 수가 줄었다고 해도, 수십 명이었다. 이정미 한 사람이 그 수십 명 걱정을 했다.

조합원

이따금 김명희는 한밤중 걸려오는 이정미의 전화를 받았다. 어디냐고 물으면 노동조합 사무실이라고 했다. 시계를 보면, 새벽 한 두 시였다.

"집에 안 가요?"

"그냥 생각할 게 있어서요."

병원 측 관리자가 언제 쳐들어와 횡포를 부릴지 모르는 노동조합 사무실이었다. 한밤중 혼자 있다니. 걱정된 마음에 김명희는 병원으로 쫓아갔다. 사무실로 가면 이정미는 조합원들 사정부터 꺼내 놓았다. 낮에는 씩씩하게 잘 웃고, 조합원들에게 엄격한 말도 잘하던 사람이 밤에는 걱정에 잠들지 못했다.

어느 날은 한 조합원에게 돈을 빌려줘야겠다는 소리를 했다. 한두 푼도 아니었다.

"집안 형편이 안 좋데요. 차압도 들어오고. 그래서 퇴직해서 퇴직금이라도 받아야겠다고 하는데, 그냥 볼 수가 없어서요."

"그 생각하느라 집에도 안 가고 있는 거예요?"

"퇴직하면 조합 탈퇴도 탈퇴지만, 그 친구가 원치 않는 상황 때문에 퇴사까지 해야 한다는 게…. 실장님, 내가 그 돈 빌려주면 어떻겠어요?"

이미 이정미와 조합원들이 사비로 쓴 돈이 꽤 되었다. 조합원 수가 적으니 조합비로는 복직투쟁에 들어가는 비용을 감당할 수 없었다. 간부들이 해고되어 사정은 더 어려웠다. 조합원들 끼니 챙기는 것부터 버스 한 번 타는 것까지 다 돈이었다. 일정 부분 이정미 개인 돈으로 충당하고 있었다. 김명희는 더 이상은 말리고 싶었다. 하지만 반대할 수 없었다. 조합원이 돈 때문에 노동조합을 떠난다면 두고두고 아파할 사람이었다. 저 걱정들은 스쳐가는 것이 아니었다. 오래 아파했다.

어떨 때는 걱정이 심하다 싶기도 했다. 자신이 소개시켜준 사람과 결혼한 조합원의 부부 생활까지 걱정하곤 했다.

"내가 소개를 안 시켜 주었으면 그 선생님이 다른 사람을 만났겠죠? 그럼 남편 공부시키느라, 벌이를 책임지고 병원을 계속 다니지 않아도 됐을 텐데."

그것을 보고 김명희는 "아니, 지부장님이 언제 둘이 결혼 안 하면 때려죽이겠다고 그랬어요?" 혀를 찼다. 오지랖도 넓다고 면박을 주었다. 남들은 맛난 것을 먹으면 애인이나 가족을 떠올리는데, 이정미 지부장은 "다음에 조합원들하고 여기 와야겠어요." 이러는 사람이었다.

정이 남달랐다. 정을 주는 데 사람을 가리지도 않았다. 병원의 조리원, 간병인, 시설 관리 노동자들에게도 한결같이 굴었다. 노동조합에 가입한 이상 끝까지 책임지려고 했다. 조리원 노동자들이 해고됐을 때도 발 벗고 나섰다.

"우리는 해고한다고 절차라도 밟죠. 저 사람들은 그냥 나오지 마, 이걸로 끝이에요."

우리 상황도 힘든데 조리원 해고 문제까지 가지고 싸워야겠냐고 불만을 내비치는 조합원들도 있었다. 그들을 설득시키는 데도 꽤 애를 먹었다. 어렵게 싸움을 준비했다. 그런데 시작도 하기 전에 조리원 직원들이 견디지 못하고 스스로 병원을 떠났다.

조합원 중에는 잔망스럽게도 노동조합 탈퇴와 가입을 서너 번씩 반복하는 사람도 있었다. 해고가 될 것 같으면 조합에 가입했다가, 탄압이 심해지면 탈퇴를 했다. 그것을 몇 번이나 반복했다. 조합원들이 더 이상 그 사람들 가입 못하게 하자고 했다. 그때도 이정미는 고심하다 결국 이리 물었다.

"그 사람들 비밀 조합원으로라도 들어오게 할까요?"

그런 사람이었다. 이정미를 알기에, 퇴사를 막기 위해 조합원에게 돈을 꿔주는 일을 안 된다 말할 수 없었다. 얼마 후 그 조합원은 소리 소문 없이 회사를 퇴직하고 사라졌다.

번번이 당했다. 이정미 지부장은 바보 같이 사람만 좋은 이가 아니었다. 똑 부러지고 판단이 빠른 사람이었다. 아니라 생각되는 일은 시작도 하지 않았다. 융통성이 없다 할 만큼 원칙을 중시 여기는 사람이었다. 그런데도 조합원은 순순히 믿었다. 안 되는 일도 되게 하려 했다. 실망할 것을 알았다. 그럼에도 늘 조합원 편이었다. 그런 이정미가 해고된 조합원들을 보면 겉으로 드러내진 못해도 얼마나 속이 아팠을까. 심지어 자신이 직접 노동조합 간부 자리를 맡아 달라한 이들 대부분이 해고됐다.

복직 투쟁의 시작을 알리는 집회 날이었다. 이정미는 무대로 나갔다. 해고자들은 집회 대오 앞줄에 있었다. 싸움의 시작을 알리는 결의 발언을 마친 이정미는 큰절을 했다. 해고된 간부들을 향한 것이기도 했다. 애정도 크고 부채감도 컸다. 큰절을 올리며 이정미는 미안하다는 말을, 당당히 싸워달라는 말을 대신했다. 아니 그 무엇보다, 함께 견디는 이들에게 애틋한 마음을 전하고 싶었다.

정당함

복직 투쟁은 길었다. 크리스마스이브 날 이루어진 해고는 해를 넘기고, 계절이 바뀌도록 계속됐다. 어느덧 꽃샘추위가 이는 봄이었다. 청구성심병원 정문 앞에서 불법해고 규탄 집회가 있었다.

치위생사로 일하다 해고된 김태복이 마이크를 잡았다.

"제가 연약하고 힘도 없고 그랬는데, 매일 병원이랑 싸우다 보니까 부당한 것 못 지나치게 되고 목소리도 커지고. 이렇게 변한 게 저도 놀라워요. 병원은 우리가 강성이라서, 우리가 악질이라서, 지독하게 싸운다고 하는데요. 우리를 이렇게 만든 건 병원인 것 같아요. 억울해서라도 반드시 병원에 돌아가고 말겠습니다. 그런데 병원에 다시 돌아가게 되도 기뻐할 일은 아닌 거 같아요. … 들어가는 것은 당연한 일이니까요."

봄이라고는 하지만 다들 무릎까지 길게 오는 남색 롱 파카를 입고 있었다. 한겨울을 거리에서 보낸 몸은 추위를 쉽게 떨치지 못했다. '해고 철회하라' 는 문구가 적힌 몸자보(몸에 두른 대자보)를 두르고, 머리에는 붉은 띠를 맨 조합원들의 모습은 입사 초 화장을 곱게 하고 구두를 또각거리며 신입사원의 포부로 병원 문을 열던 그때와 달랐다. 바닥에 아무 때나 주저앉아야 하니 바지가 편하고 티셔츠가 편했다. 머리는 질끈 묶고, 바람을 막으려 몇 겹의 옷을 껴입었다. 모양은 안났지만, 재미는 있었다. 쭈뼛쭈뼛 머리부터 노동조합 사무실 문틈으로 밀어 넣던 처음 그때와 달랐다. 기나긴 싸움 덕에 사람들 앞에 나와도 어색하지 않게 한마디씩 할 수 있게 되었다. 병원 때문에 성격이 바뀌었다고 농담처럼 말하곤 했다. 매일 집회를 하고, 시민선전전을 하고, 병원 노동조합들을 순회 방문해 연대를 호소했다. 거리에서 한겨울 시린 바람부터 꽃샘추위까지 겪었다. 병원 창문을 올려다봤다. 관리자급 직원들이 창가에 서 이쪽을 바라보고 있었다. 오후 4시. 한창 교대를 하느라 분주할 시간. 하지만 저들은 창밖만 보고 있다. 수백 명의 환자들이 애타게 의료진을 찾고 사람 손을 찾는 병원에서, 우리를 감시하는 일이 그 어떤 것보다 저들에게 주요한 업무였다.

'나에게 일을 할 수 있는 힘이 있는 한 환자와 함께 하리라.' 다른 생각은 할 겨를도 없이 바쁘게 살아 온 40년 인생 중 절반의 세월인 17년을 보낸 직장에서 하루아침에 해고를 통보받았습니다. 해고자라는 꼬리표 아래 생활한 지도 꽤 되었습니다.

병원 창가에서 이쪽을 내다보고 있는 직원들을 바라보면, 저들은 어떤 생각으로 이곳을 바라보고 있을까... 과연 그들은 자신들과 협의해 결정한 10명의 정리해고가 잉여인력이 발생해서 실시한 합법적이고 형평성에 어긋나지 않는 떳떳한 행위였다고 생각할까...해고자들이 속해 있던 부서에서는 일손이 모자라 종종거리고 있는데, 근무시간에 창밖만 바라보고 있는 저들은 무슨 생각을 하고 있는지... 자신들의 지금까지의 행동이 떳떳하지 못하고 앞으로도 자신 없기 때문에 저렇게 눈치 보며 아부하는 데만 급급해 하고 있습니다. 하지만, 다들 고용불안을 느끼면서도 남아있기 위해서 저런 행동을 할 수밖에 없다는 사실을 압니다.

우리 해고자들은 원직복직도 물론 중요하지만, 더 이상의 해고를 막아내 전 직원이 고용불안에서 벗어나 인간다운 삶을 살아갈 수 있도록 노동조합과 더불어 노력하겠습니다."_어느 해고자의 글 중

이정미 지부장도 발언을 했다. 목소리가 큰 것도 아니고 말이 논리 정연한 것도 아니었지만, 조곤조곤 차분히 이야기를 풀어놓는 이정미의 말에는 힘이 있었다.

"이 싸움은 너무 정당합니다. 우리 사회가 항상 정당한 것이 이기는 사회는 아니지만… 우리는 청구에서만큼은 정당한 것이 이기는 싸움을 할 겁니다."

정당한 것이 이기는 싸움. 해고가 부당하다며 중앙노동위원회에 구제신청을 했다. 병원은 경영난으로 인한 해고라 주장하고 나섰다. 경영상의 이유라. 임상병리 한 부서에서만 6명을 해고했다. 남은 사람이 고

작 7명이었다. 소화아동병원 12명, 부평안병원 13명, 부천세종병원 21명, 보통 한 병원의 임상병리사 수가 이랬다. 그런데 병원은 7명으로 임상병리과를 유지하겠다고 버텼다. 이선우, 김미은 간호사 둘을 해고한 후에는 임시직 간호사를 10명이나 새로 채용했다. 그런데도 병원은 경영이 어려워 사람을 해고했다고 주장했다.

대체 그럼 이들이 해고된 기준이 무엇이냐 하니, 불성실해서 그렇다고 했다. 이들의 해고 선정 점수가 높다 하였다. 결근 지각 조퇴 한 번 해본 적 없는 조합원이 불성실 점수를 10점 만점을 받았다. 부양가족이 많을수록 점수가 낮게 나오는 부양가족 점수를 자녀 둘을 키우고 조부모에 부모님까지 부양하고 있는 조합원이 12점 만점을 받았다. 해고 선정 점수의 기준이 불명확하다 못해 황당무계했다.

이 말도 안 되는 병원 측의 변명을 들으면서도, 중앙노동위원회 위원들은 인상을 찌푸리고 앉아 짐짓 심각한 척을 했다.[27] 누가 억지를 부리는지 뻔히 알면서도. 앞에서는 점잖은 척 공정한 척 해도, 뒤로 가서는 누구에게 식사 대접을 받고 있을지 모르는 이들을 앞에 두고 이정미는 생각했다. '그래, 우리 사회가 항상 정당한 것이 이기는 것은 아니지만…꼭 이기고 말겠다' 고.

이정미는 말을 이었다.

---

27) 중앙노동위원회는 노동자위원, 사용자위원, 공익위원 3자로 구성되어 있다. 이 중 공익위원은 경총, 노동부, 민주노총 또는 한국노총이 각 1명씩 추천한 이가 배석한다. 보통 경총과 노동부의 입장이 동이하기에, 이러한 구성이 실제로는 노동자에게 불리한 판결이 도출된다는 비판이 있다.

"김학중 이사장이 그랬잖아요. '사용자들은 자기네끼리 연대한다고 해도 개별적인 싸움이다. 사용자 단체는 10원 한 장 안 도와주면서 자기한테 버티라고만 한다' 그런데 우리는 이렇게 애정을 갖고 함께하는 동지들이 물적 인적으로 지원을 해주니, 질 리가 없지요."

정당함을 믿고 사는 사람들이지만, 정당함이 늘 이기는 것이 아님을 안다. 주변에 눈 한 번 돌려보더라도 답은 나온다. 이정미는 정당해서 이긴다고 생각하지 않았다. 우리가 정당함을 위해 함께 싸우기에, 이긴다 생각했다.

함께 싸우기에 이긴다. 힘도 권력도 없는 우리가 믿을 것은 사람밖에 없다. 그러나 그 이유만은 아니었다. 결국은 사람이었다. 길바닥에 주저앉아 고개 떨구다가도 누군가 던진 농에 같이 웃어주는 사람들. 악다구니 쓰고 땅을 짚으며 울다가도 옆의 사람은 괜찮은지 주변을 둘러보는 사람들. 보고 있으면 울컥하는 이들이다. 상황이 어렵다는 말에 달려오는 사람들. 같이 비 맞고 같이 눈 맞으면서 길 한복판에 같이 서주는 이들. 많은 말도 필요 없었다. "여기 힘들어요. 상황이 좋지 못해요."라는 말이면 다들 고개를 끄덕이며 와주는 사람들이 있다. 결국 사람이 사람을 믿고 하는 일이었다.

 연대

이정미는 지역 연대를 중시했다. 은평구 주변 지역의 사업장과 사회/

노동단체들과의 관계를 돈독히 했다. 청구성심병원은 지역 내 유일한 중소병원이었다. 이윤에 눈 먼 병원이야 지역 주민이 그저 단골 고객으로 보이겠지만, 노동조합은 달라야 했다. 큰 병원에 갈 엄두를 못 내거나 익숙한 공간을 찾아 병원 문을 열고 들어오는 지역주민들에게 병원이 해야 할 의무가 있었다. 병원이 못한다면 노동조합이라도 지역에 파고들어야 한다.

더불어 이정미는 개별 사업장을 뛰어넘고 산업별을 넘어 지역 연대의 필요를 체감하고 있었다. 개별 업체/기업 틀 안에서 싸움이 가지는 한계가 있듯, 산별노조의 한계도 있었다. 하나의 병원 안에도 수많은 직종과 격차가 있다. 간호사, 약사, 물리치료사는 물론, 사무직 행정직원에 식당노동자까지, 이들이 모두 병원 노동자다. 또한 직업이 같다 하여도 일터의 규모와 지역에 따라 지내는 모습이 천차만별이다. 이런 차이는 때로 몰이해로 이어졌다. 소수의 상황이 이해되지 못하는 방식으로 갈 가능성이 컸다. 그 틈새를 메워주는 것이 가까운 지역의 노동/사회단체와 다른 노동조합이었다. 거리가 가깝다는 것은 정서적 공감대가 크다는 말이기도 했다.

더불어 지역은 직종도 다르고 규모도 다르지만 하나의 지역공동체를 이루는 이들이었다. 우리 동네에서 내가 이용하는 병원 노동자들이 내쫓기고 맞는 것을 본다. 지역 안에 생산자와 소비자가 공존한다. 누군가는 노동자이며, 노동자의 가족이고 동료이다. 노동자라는 것이 나의 삶과 동떨어진 대상이 아닌, 내 이웃이고 나 자신이라는 것을 알리기에 지역은 더 없이 좋은 공간이다.

청구성심병원지부 투쟁에 연대하는 서울지하철 차량지부 지축정비지회 동지들과 청구성심병원지부의 자매결연식(1998년 8월 19일)

지역 연대하면 빼놓을 수 없는 곳이 있었다. 서울지하철노동조합 차량지부 지축정비지회였다. 지축기지와 은평구가 거리상으로 가까운 데다가, 조합원들의 연령대도 비슷해 조합끼리 자매결연을 맺은 사이이기도 했다. 긴급한 순간이 발생하면 가장 빠르게 달려와준 이들도 지축차량정비지회 노동자들이었다.

특히 지축정비지회 노동자들이 두각을 보인 것은 후원물품 판매. 조합원이 40여 명인데, 해고자만 10명이었다. 조합비로 재정이 해결될 리없었다. 늘 밖에서 진행되는 복직 투쟁 일정. 집회나 연대 투쟁을 가려면 차비라도 있어야 했다. 라면이라도 사먹어야 했다. 재정이 바닥인 날은 노동조합 사무실에 A4용지조차 없어 유인물을 못 낼 지경이었다. 싸움을 본격적으로 시작한 이래로, 노동조합의 일과가 재정사업으로 시작해서 재정사업으로 끝난다고 해도 과언이 아니었다.

서울지하철 지축차량기지 후생관에서 청구성심병원지부 해고자 복직투쟁을 위한 후원물품 판매(1999년 2월 13일)

재정 마련을 위해 조합 간부들은 판매할 물품을 납품받고, 포장하고, 이송하는 것은 물론, 판매를 부탁할 사회단체나 노동조합 사무실을 일일이 찾아다니며 인사를 했다. 이렇게 손 많이 가는 방식을 택한 것은 이정미의 성격 때문이었다. 미안한 소리, 아쉬운 소리를 해야 하는데 얼굴도 보지 않고 물건만 맡기는 것은 예의가 아니라 했다. 자신이 직접 방문을 할 때는 비닐봉지에 과일이라도 담아가는 것을 잊지 않았다. 재정사업의 취지를 알리는 자보를 일일이 손으로 써 함께 가지고 갔다. 판매를 해주는 조합이나 단체가 신경을 쓸 일을 최대한 줄이자는 거였다.

이런 청구성심병원 지부의 처지와 이정미의 마음 씀을 알기에, 지축 정비지회는 후원물품 판매에 앞장섰다. 조합원들로부터 늘 판매량이 1등이라고 장난 섞인 칭찬을 받는 것도 나쁘지 않았다. 청구성심병원 노동자들도 이들에게 고마움을 갚을 기회가 온다. 서울지하철 노동조합이 파업에 들어간 것이다.[28] 지하철 노동자들이 서울대학교에서 농성을

---

[28] 99년 서울지하철노동조합은 공사가 발표한 '구조조정 혁신'에 맞선 단체행동에 돌입한다. 공사는 전체 수의 30%에 해당하는 3,447명의 감축과 임금삭감안을 발표했다. 재벌, 공공, 노동, 기업 4개 부문 개혁이라는 미명 아래 수많은 해고자들이 양산되던 때였다.

하던 때였다. 청구성심병원 조합원들이 음료수와 생필품을 들고 지축차량정비지회 노동자들을 찾아온 것이다.

 전경들이 정문을 가로막고, 붉은 조끼를 입은 노동자들이 가득한 서울대 노천극장에 올라가 수척해진 몰골의 지축기지 노동자들을 만났다. 붉은 깃발이 휘날리고 빨간 조끼들이 무리를 이룬, 살벌한 분위기에 긴장도 했지만 막상 익숙한 얼굴들을 보니 마음이 놓였다. 청구성심병원 조합원들은 음료수를 건넸다. 음료수 병마다 손으로 직접 쓴 응원메세지가 붙어있었다. 긴장으로 하루하루를 보내고 있던 지축기지 노동자들에게 반가운 선물이었다.

 지하철 조합원들이 총파업에 들어가기 이전부터 청구의 해고자들은 자매결연을 맺은 지축정비지회 조합원들에게 지지엽서와 대자보 쓰기를 진행하면서 우리가 어떻게 하면 조금이라도 힘이 되어줄 수 있을까 고민하면서 스스로가 큰 힘이 되어줄 수 없음에 안타까웠다. …
 서울대 학생회관에서 지하철 조합원들과 함께 먹었던 도시락, 파업일수가 더할수록 심해지던 땀 냄새, 서울대 노천극장에서 진행되었던 뜨거운 열기, 그 안에서 우리는 무엇이라도 우리가 원하는 것은 우리 힘으로 쟁취할 수 있으리라는 자신감

 마침 그해 3월, 10만 조합원이 참여한 공공연맹이 탄생했다. 이 기세를 몰아 지하철 노동자들은 4월 19일 명동성당과 서울대에 모여 총파업 결의를 한다. 하지만 사회보험노조와 함께 파업에 들어가기로 한 한국통신노조의 연대 파업이 철회되면서, 힘을 잃고 파업은 9일 만에 끝난다. 명동성당에서 이뤄진 지하철 복귀 선언은 6천여 명의 무더기 징계로 이어졌다. 비록 일정 정도 인원 감축을 막아냈으나, 이후 조합원들의 패배감을 기반으로 배일도(후에 한나라당 국회의원)가 위원장으로 당선되면서 서울시의 구조조정안은 그대로 수용된다.

도 가질 수 있었다. …

　지하철 조합원 동지들이 총파업을 준비하는 시기부터 총파업 기간 동안 가까이서 보고 확인할 수 있었던 우리는 함께 총파업 투쟁을 조직하지는 못했지만 지하철 조합원 동지들의 투쟁을 가장 가까이서 함께 할 수 있었다는 사실만으로도 누구에게나 자랑스럽게 이야기할 수 있다. …

〈지축을 움직이는 사람들(제 30호)〉에 이정미 지부장이 기고한 글

　음료수 병마다 붙은 응원메시지는 이정미의 아이디어였다. 그녀가 주도한 청구성심노동조합의 연대에는 아기자기함이 있었다. 작고 예쁜 것을 좋아했다. 학교 다닐 때부터 예쁜 길을 걷고 좋은 풍경을 보러 다니는 일을 즐겼다. 자신은 만날 청바지에 머리를 질끈 하나로 묶고 다니더라도, 조합원들이 꽃무늬 원피스라도 입고 오면 예쁘다며 연신 감탄을 했다. 아기자기한 것, 고운 것을 좋아했다. 투쟁 일정이 빡빡하게 적혀가는 수첩 사이로 남몰래 좋아하는 시를 써 넣는 것은, 거친 싸움의 연속에서 드러나는 이정미의 세심함이었다.

　한 날은 임우숙이 근로감독관을 만나러 가야 했다. 근로감독관에게 병원의 부당노동행위를 고발하는 진술을 하기 위해서였다. 이정미와 함께 가기로 하여 기다리는데, 저 멀리서 이정미가 노란 꽃을 한 아름 들고 오는 게 보였다.

　노란 프리지어 꽃이었다. 봄이구나 싶었다. 늘 갑갑한 병원에서 관리자들과 신경을 곤두세우고 살다보니, 계절이 바뀌는지 꽃이 피는지 낙엽이 지는지도 모를 지경이었다. 임우숙은 자신이 입은 옷을 훑어봤다.

요사이 계속 시무룩한 자신을 보여 주듯 몸에 덮은 것도 우중충했다. 봄 재킷이라도 꺼내 입어야지, 그런 생각을 하며 물었다.

"어디서 난 꽃이야?"

"산 거예요."

"샀어? 왜?"

"뇌물요."

이정미는 해죽 웃었다. 꽃의 주인은 근로감독관이었다. 이정미는 감독관에게 꽃을 건네며 말했다.

"선물, 아니 뇌물이에요. 여기 임우숙 선생님 일 좀 잘 처리해주시라고요."

이 생활 몇 년 동안 의뢰인에게 꽃을 받은 적은 처음이라며, 근로감독관조차 놀라워했다. 이정미는 사람 챙기는 데 남다른 사람이었다. 곧잘 십자수, 손편지 같이 작지만 정성이 드러나는 선물들로 연대대오에게 고마움을 표현했다.

그리하여 청구성심병원노동조합에는 유독 수상식이 많았다. 모범상이나 공로상 증정식을 열었다. 청구성심병원노동조합 싸움에 연대를 해준 공을 인정하는 상이었다. 받는 사람은 기분 좋고, 주는 사람은 고마움을 어색하지 않게 표현할 수 있는 방식이었다.

"공로상. 귀하는 청구성심병원노동조합에 진심을 다해 연대하였으므로 이 상을 드립니다."

공로상 내용이 낭독되면 집회 참석자들이 까르르 웃었다. 아기자기한 마음을 받은 사람들은 청구성심병원노동조합을 잘 잊지 못했다. 그러니 10명의 복직 싸움에도 지역과 단위사업장을 가리지 않고 사람들이 함께할 수 있었다.

그 공로상은 이정미의 남편, 윤창훈의 작품이었다. 광고회사에 다니는 그는 물품 디자인과 제작을 해주는 방식으로 아내를 지원했다. 남편이 걱정할까 봐, 이정미는 힘들고 어려운 일들은 잘 이야기 하지 않았다. 하지만 집이 청구성심병원 근처에 있었다. 윤창훈이 오며가며 병원을 보니, 분위기가 심상치 않았다. 덩치가 큰 남자들이 조합원들을 둘러싸고 있었다. 안 되겠어서 병원 앞 집회에 들르기 시작했다.

그러자 병원 관리자들이 소문을 냈다. 지부장 남편까지 와서 병원을 망하게 한다. 병원이 망하면 이정미가 사들일 작정이다. 그래서 가족을 동원해 병원 문을 닫게 하려는 거다. '노동조합이 개입하면 문을 닫겠다' 는 병원의 협박에 맞서 노동조합이 주장한 '병원 문을 닫아도 노동자들은 병원에서 내쫓기는 것이 아니라, 공공병원을 세워 고용을 유지하고 지역사회의 의료 공공화에 기여할 수 있다.' 이 말이 이사장의 귀에는 그리 들린 것이다.

병원은 윤창훈이 눈에 띄기만 하면 못 잡아먹어 안달이었다. 한번은 병원 직원이 계속 시비를 걸어 경찰서까지 다녀온 적도 있었다. 더는 병원의 말도 안 되는 선동에 이용될 수는 없기에 그는 다른 방식으로 아내를 지원하기로 했다. 명함, 상패, 현수막 같이 노동조합에 필요한 것들을 제작하는 방식이었다. 꼼꼼한 아내는 그가 만들어 준 물건을 두고 이리저리 품평을 했다. 글자가 너무 크다, 이런 내용이 들어갔으면 좋겠다, 색이 흐리지 않느냐. 말은 그래도, 고마워했다. 남편에게 조언을 구하는 일도 잦았다. 남편 윤창훈은 노동조합의 든든한 지원자였다.

그는 조력자를 넘어 조합원들과 가족같이 지냈다. 조합원들끼리 영화를 보거나 수련회를 하면 그도 따라나섰다. 두 아들 동현, 동민이도 함께였다. 얼굴을 알고, 말을 나눈 사이가 되니 조합원들의 어려움을 모른

1999년 해고복직투쟁 중인 조합원들과 이정미 지부장(맨 위 좌측부터 최윤경, 김태복, 권기한, 아래 좌측부터 김석남, 김미연, 이정미, 김명희)

척할 수가 없었다. 남들은 어떻게 지부장 활동을 하는 아내를 다 이해하냐고 했지만, 조합원들의 사정을 아니 조합원 걱정에 발을 동동 구르는 아내를 말릴 수도, 불평할 수도 없었다. 아내가 마음이라도 덜 쓰게 옆에서 도울 뿐이었다.

다른 가족들도 마찬가지였다. 병원과 싸움을 한다니 가족들은 불안해했다. 그냥 싸움도 아니었다. 이건 뉴스에 나오는 수준의 싸움이었다. 게다가 해고 투쟁을 한다며 노동조합에 붙어사는 터라 얼굴 볼 시간도 없었다. 섭섭하기까지 했다. 이십대 초중반들인지라, 한창 연애를 할 시기이기도 했다. 애인들도 불만투성이였다. 결국 안 되겠으니 농성장으로 찾아왔다. 그런 그들을 반갑게 맞는 것은 이정미였다.

이정미가 늘 강조해 온 것은 자신의 생활과 분리되지 않은 운동이었다. 노동조합 활동을 아무리 열심히 잘 해도, 집에서 제대로 된 모습을

보여주지 않으면 그 운동은 헛것이라고 했다. 가족구성원들에게 양해를 구하고 대화를 하고 인정받아야 한다고 했다. 평소에도 조합원들 가정 일에 관심이 많았다. 노동조합 간부 중 유일하게 남자였기에 권기한은 그 잔소리의 주 대상이 되고는 했다. "가사 분담을 잘 해야 한다" "아내와 대화를 많이 해야 한다" "남자가, 바깥 일이, 이런 생각은 버려야 한다" 귀에 못이 박히도록 듣곤 했다.

그래서 조합원들의 가족이 찾아오면 한없이 친근히 대했다. 이 싸움의 필요를 이야기하는데 공을 들였다. 가족들 또한 좋은 선배, 좋은 선생님이라며 이정미 지부장에 대한 이야기를 익히 들은 터라, 거부감이 없었다. 그러다보면 어느새 이정미와 친해진 조합원들의 가족이나 애인들이 운전도 하고 짐도 옮기고 있었다. 다들 그렇게 어울려 농성장을 지켜나갔다.

 ## 다시 조합원

노동조합이 조합원 수에 목을 매는 것 같지만 실제 사람 수에 예민한 반응을 보이는 것은 고용주였다. 조합원 수, 연대대오 수가 조금만 줄어도 병원의 탄압 정도가 달라졌다. 사람들이 청구성심병원노동조합을 한 번이라도 더 찾게 하기 위해 이정미가 얼마나 많은 발품을 팔았는지. 한 사람 한 사람 그냥 오는 것이 아니었다. 이정미 지부장과 조합원들의 얼굴을 보고 말을 섞고 사정을 알고 그 고민을 알기에, 그래서 못

청구성심병원지부 조합원들이 원자력병원지부 파업 전조합원에게 보낸 연대투쟁의 글(1999년 5월 12일)

본 척 할 수 없어 찾아오는 게였다. 그렇게 되기까지 이정미는 만나고 또 만났다. 이정미에게 연대란 이렇게, 서로 알아가고 정이 들어 서로의 처지를 모른 척 할 수 없는 것이었다.

이정미의 애씀을 알기에 조합원들은 병원을 떠나지 못했다. 사람들끼리 부대끼는 것이 재미있다고 해도, 솔직히 길바닥 생활이 즐겁기만 할 리 없었다. 어딘가 모자라서 직장에서 잘린 사람 취급을 받으며, 구사대들의 눈총을 받으며 자존심이 몇 번이고 상했다. 빤한 살림에 생활비 걱정도 만만치 않았다.

그래도 억울하고 오기가 나 그만둘 수가 없었다. 눈 한 번 꼭 감고 뒤돌아설까 해도, 자신들 때문에 찾아오는 사람들이 있어 그만두지 못했다. 저리 종종거리며 애쓰는 이정미 지부장이 보이고, 맨바닥에서 오들오들 떨면서도 웃는 동료들이 눈에 들어왔다.

중소병원은 다 고만고만했다. 어디 하나 나은 곳이 없었다. 잠시 어려움을 피하려, 함께 울고 웃던 동료들을 떠나서 간 곳도 청구성심병원과 다를 바 없을 것이다.

이정미 지부장은 말하곤 했다.

"여기서 포기하고 병원을 그만 두면, 다른 데 가서 똑같은 상황이 되어도 똑같이 할 수밖에 없어요. 그러니 여기서 이겨내야 해요."

병원을 소유했다는 이유로 모든 권한을 가진 채 직원들을 부리는 병원. 월급 몇 푼 더 받는다 해도 그것은 싫었다.

그래, 어떻게 다른 사람들하고 이만큼 정주고 살겠어. 똥물을 뒤집어 썼을 때도, 서러워 길바닥에 엎드려 눈물 흘릴 때도, 해고통보를 받은 그 순간에도 늘 같이 있던 사람들이었다.

한 명이 경찰 조사 받으러 가도 조합원들이 우르르 몰려가 다 같이 경찰서 밖에 진을 치고 기다렸다. 청구성심병원 문제로 이사장이 경찰 소환이 되었을 때, 조사를 마치고 나오니 어떤 직원도 남아 있지 않아 몹시 화를 냈다는 이야기를 들었다. 이사장이 부러울 게 없다며 모여 깔깔거렸다. 어느덧 서로에게 우리가 있는 것이 당연해졌다.

반복 :

100일 넘게 버텼다. 꽃샘추위마저 사라지고 벚꽃이 피던 4월, 병원은 복직을 통보했다. 조합원만 골라 해고를 시켰으니 노동위원회에서 부당해고 판정이 날 것이 뻔했다. 결과가 나오기 직전, 병원은 복직을 결정했다.

99년 4월 6일, 10명의 해고자들은 평소보다 더 신경 써 옷을 차려입었다. 회사에 돌아가는 첫날이니 예쁘게 꾸미고 가자고 했다. 거리에서 지내느라 면티에 청바지가 전부였던 조합원들이 곱게 하고 나타났다. 화장도 하고 머리도 정돈했다. 솔직히 복직이 기쁘지만은 않았다. 병원에 들어가 관리자들과 얼굴을 마주할 일이 걱정이었다. 멋을 낸 것은 당당하고 새롭게 시작하자는 스스로와의 다짐이었다. 노동조합은 병원에 선물할 시계 60여 개도 마련했다. 병원은 노동조합이 '강성'이라 갈등이 일어나는 것이라 주장을 했다. 그러니 화해의 손을 먼저 내밀겠다

99년 5월 청구성심병원지부 해고 복직된 조합원들이 1억 3천만 원 손배청구 규탄, 원직복직투쟁 아침 조출 항의피켓팅(왼쪽부터 김미연, 김태복)

는 뜻이었다.

　노동조합은 순진했다. 병원은 화해는커녕 해고된 이들을 받아들일 마음이 없었다. 노동조합이 선물한 시계는 모두 회수되어 노동조합 사무실에 쌓였다. 이사장은 시계를 병원에 거는 것을 반대했다. '빠른 쾌유를 빕니다'라는 문구 옆에 새겨진 '노동조합'이라는 글자에 비위가 상한 것이겠지만, 표면적인 이유는 이러했다. 흉기로 사용될 위험이 있다는 게였다.

　복직을 했으나, 출근카드도 발급받지 못했다. 복직은 했지만, 부서를 배정받지 못한 것이다. 대기발령이었다. 한껏 꾸미고 온 모습이 도리어 초라했다. 그 상태가 한 달도 지나기 전, 병원은 복직자들을 다시 해고했다. 대기발령 상태에서 해고를 시킨 것이다. 당연히 부당행위였고, 해고는 곧 철회됐다. 하지만 조합원들의 가슴에 생채기가 하나 더 그어졌다.

　갈 곳이 없는 복직자들은 노동조합 사무실로 출근할 수밖에 없었다. 이정미는 이들에게 자료집을 만들자고 제안했다. 어차피 기다려야 하는 시간, 자료집 작성을 통해 공부를 하자는 의미였다. 〈구조조정과 노동자〉라는 작은 소책자가 만들어졌다. 그렇게 버티었다. 버티고 싸우는 시간은 도무지 끝날 줄을 몰랐다.

　4개월 뒤에야 병원은 대기발령을 풀고 부서 배치를 했다. 대신 직책수당을 박탈했다. 사원번호도 신규번호로 바꾸고, 연차를 인정하지 않았다. 해고기간 임금을 지급하지 않았다. 그것까지는 참고 참아, 괜찮다 하였다. 그런데 발령을 엉뚱한 부서로 냈다. 간호사와 치위생사를 정문 경비직으로 발령냈다. 제 발로 나가라는 말이었다.

 벌레

　김태복은 해고 싸움에 참여한 치위생사였다. 치과 과장은 해고 전부터 김태복에게 사직서를 쓸 것을 강요해왔다. 치과가 곧 문을 닫을 거라고 했다. 김태복은 사직을 거부했다. 형편 좋지 못한 집에 6남매였다. 막내인 자신은 중학교 때부터 집과 떨어져 객지 생활하며 학업을 마쳤다. 서울에 직장을 잡은 지 겨우 1년이었다. 제 발로 그만둘 수 없었다.

　그녀가 해고가 된 후에도 치과는 문을 닫지 않았다. 오히려 내부 인테리어 공사까지 새로 했다. 외주 임대를 준 것이다. 복귀한 김태복에게 과장은 치과가 외주화되었으니, 너는 우리 직원이 아니라며 진료실에 발을 못 들이게 했다. 갈 곳 없는 김태복은 근 1년간 노동조합 사무실로 출근했다. 어렵게 공부한 치위생사 일도 하지 못했다. 김태복은 매일 울었다.

　노동조합에서 항의를 한 덕에 복직은 했지만, 이번에는 의자 하나가 달랑 주어졌다. 치과 과장은 "어떤 일도 시키지 않겠다. 치과 진료실에 앉아만 있어라"고 했다. 사람들은 종일 하는 일 없이 앉아만 있는 그녀를 힐끗거리며 지나갔다. 그것으로 성에 안찼는지 치과 과장은 의자마저 치워버렸다. 종일 서 있어야 했다. 병실에 있을 때는 이를 악물고 버티다가 노동조합에 올라와 아는 얼굴들만 보면 눈물부터 흘렸다. 말을 하다가도 밥을 먹다가도 김태복은 갑자기 울었다.

그녀는 자신의 하루하루를 이렇게 적었다.

9월 9일. 벌써 한 달이 넘었다. 하지만 아무것도 변한 것이 없다. 한숨만 나온다. 여전한 나의 모습에 속이 상한다.

9월 17일. 의자에 하루 종일 말 없이 있으니 머리가 무척 아팠다.

9월 27일. 의자에 있는데 치과 과장이 손님이 왔다며 자리를 비켜달라고 해서 갈 곳이 없었다.

10월 8일. 벌써 3달째 접어 듬. 나는 여전히 치과에서 아무 말 없이 하루를 보내야 하는 사람이다.

10월 13일. 오늘도 나의 자존심은 무너지고 있었다.

10월 17일. 치과 과장이 자꾸만 나를 피하는 느낌을 받았다. 사람들이 나를 보는 것이 벌레를 바라보는 느낌이다. 이렇게 계속 지내야 할지 정말 고민스럽다.

10월 20일. 노동자의 나약함. 돈도 빽도 없는 노동자 언제까지 당하고 살아야 하는 건지. 잘못 없이 당하는 내 자신이 싫다. 난 꼭 이겨낼 것이다.

12월 13일. 벌써 마지막 달. 가슴이 공허하다.

12월 22일. 조금씩 노동조합에 있는 것이 부담스럽고 짜증난다.

12월 31일. 기가 막히다. 99년의 마지막 날. 이런 상태로 00년을 맞아야 하다니.[29]

이정미 지부장은 부당노동행위로 김학중과 치과 과장 조현호를 고소했다. 한편으로 김태복에게 정신과 상담을 권했다. 그즈음 김태복의 상태는 우울증에 가까웠다. 치료를 받고 시간이 지난 후, 김태복은 그때 자신이 왜 그랬는지 모르겠다고 했다. 왜 당하고만 있었을까? 왜 병원을 그만두지 않았을까? 그녀는 무기력하고 나약했던 자신의 상태를 이해할 수 없었다. 그것은 지속적인 괴롭힘으로 인해 마음이 망가진 탓이었다. 일상적인 노동탄압이 한 인간을 좀먹어 갔다.

잔반 징계

병원은 새로운 방식의 탄압을 준비하고 있었다. 집단해고 같은 확연히 티가 나는 노동탄압은 위험하다는 것을 깨달았다. 노동조합의 처절한 저항으로부터 이 사실을 안 병원은, 이제 일상에서 노동조합을 압박해 왔다. 부서 내 왕따, 차별, 감시 등이 근무시간에 벌어졌다. 아주 조금씩 조합원들의 피를 말리는 방식으로 선회한 것이다. 병원은 조합원과 비조합원을 선을 그어 나누었다. 모든 불이익은 조합원의 몫이었다.

노동조합과 병원은 단체협약을 맺으며, 승진/징계/부서 이동과 같은

---

29) 이 글을 비롯, 이 장에서 나오는 조합원들의 목소리는 개인 다이어리 등의 기록과 관련 진술서를 참조하였다.

문제를 노동조합과 병원관리자급이 모두 참여한 인사위원회를 열어 결정하기로 약속했다. 하지만 이것이 지켜진 적은 없었다. 승진과 부서 이동에 있어 부당함과 차별이 조합원들에게 쏟아졌다. 징계의 수준은 치졸하기까지 했다. 권기한 조직부장은 조리사에게 경위서를 요구받았다. 구내식당에서 잔반을 남겼다는 이유다. 지각이나 언행, 업무처리에 있어 작은 실수만 해도 징계와 사유서 제출 요구가 마구잡이로 이뤄졌다. 조합원들은 흔한 실수라도 하게 될까 봐 신경이 곤두섰다. 한두 시간도 아니고 하루 여덟 시간 이상을 긴장한 상태로 지내야 했다.

부서장들은 비조합원에게는 더 관대하게 굴었다. 비조합원으로의 특권을 주기 위해서였다. 조합원은 잔반만 남겨도 요구되는 경위서가 비조합원은 무단결근을 해도 요구되지 않았다. 자신의 친척을 임의로 진료한 방사선사도, 경구투약을 잘못한 간호사도, 40명의 환자에게 식중독을 일으킨 영양사도 아무 일 없이 지나갔다. 그들이 모두 비조합원이었기에 가능한 일이었다.

그저 조합원 괴롭히려 경위서 쓰게 하고 시말서 내미는 것이라면 못 본 척 넘어갈 수 있었다. 하지만 승진과 부서 이동, 인력배치에서의 차별은 다른 문제였다.

1992년에 입사한 임우숙은 책임간호사 중 가장 연차가 높은 이였다. 이병숙 간호과장[30]과 입사년도가 1년밖에 차이 나지 않았다. 하지만 임

---

30) 98년 책임간호사였던 이병숙은 이정미 지부장과 이런 대화를 나누었다. 당시 이병숙도 어느 조합원들과 마찬가지로 조합 탈퇴를 강요받고 있었다.
　이병숙 : 나는 만약 노동조합 탈퇴를 한다면, 걱정되는 것이 '애들을 구워 삶으라는 명

우숙은 자신의 동기가 모두 수간호사가 되도록 책임간호사에 머물렀다. 5번이나 승진 기회를 놓쳤다. 노동조합에서 탈퇴를 한 이병숙 간호과장은 임우숙에게 말했다.

"네가 조합원이라 수간호사가 될 수 없다."

노동조합의 문제제기로, 병원은 어쩔 수 없이 임우숙을 수간호사로 승진시켰다. 하지만 간호부는 임우숙을 인정치 않았다. 수간호사들이 모여 간호부 일을 결정하는 회의 때는 형식적인 일만 처리하였다. 임우숙이 회의실을 떠나면 그제야 인사이동 같은 실질적인 문제를 논의했다. 간호부 회식을 알리지 않음은 당연했다. 한번은 임우숙이 남편과 병원 근처 식당에 갔다가, 자신을 뺀 모든 수간호사들이 모여 있는 것을 보았다. 자신은 모르는 간호부 회식이었다. 가족들 앞에서 부끄러웠다. 치사하다 하고 넘어가면 좋으련만 마음이 그렇지 않았다. 비참했다.

령이 나한테 떨어질까 봐 그것 때문에 나는 노동조합 탈퇴를 갈등하는 게 있어. 내가 마약조직에 끌려 들어갔다가 빼도 박도 못하고 심부름을 하게 되는 거지. 이러지도 못하고 저러지도 못하고... 그 생각을 하니까 너무 무섭고, 열도 나고. 어떻게 해야 할지?
이정미 : 저야 견뎌주시면 좋지만, 정말 힘들면 그냥 탈퇴를 하셔야지 어쩌겠어요.
이병숙 : 내가 힘들고 그런 게 중요한 문제가 아니라...우리 책임간호사 다섯 명이 탈퇴를 해가지고, 노조가 하는 간담회나 이런 것을 눈감아 주고... 그런 것이 더 좋은 방법인지도 모르겠어. 차라리 내가 해고 된다면 좋겠다는 생각도 들어. 내가 사표 쓰고 나가기에는 너무 져서 나가는 거 같고.
이정미 : 이번 주에 어떻게 한번 결판이 나게 만들 거니까요. 지금 며칠만 견뎌주세요. 죄송해요. 힘이 못 돼서.
후에 이병숙은 노동조합을 탈퇴하고, 사원대표부에 들어간다. 이후 간호과장으로 승진해, 노동조합을 탄압하는 데 앞장선다. (당시 노동조합의 녹취 기록 중)

수간호사들이 임우숙에게 회의내용을 공개하지 않고, 간호사들의 부서 이동 결정을 숨긴 것은 단지 따돌림을 하려는 의도만이 아니었다. 부서 이동이야 말로 조합원들에게 눈에 보이지 않은 차별을 가하는 수단이었다. 직원 부서 이동을 결정하는 데 임우숙이 있으면 반발을 할 것이 뻔했다. 보통 간호사들은 2년에 한번 꼴로 자신의 지망을 고려하여 부서에 배치되지만, 조합원들에게는 그런 기준이 적용되지 않았다. 일이 적응될만하면, 간호부에서 부서를 옮겨버렸다. 신생아실 간호사로 입사한 김희정 조합원은 99년도에 4개월마다 부서가 바뀌었다. 다른 조합원들도 한 해에 한두 차례의 부서 이동을 겪었다. 일부러 조합원을 노동조합에 적대적인 수간호사 하에 두는 일도 있었다. 한영자 수간호사가 있던 5병동은 조합원들의 고통이 유독 컸다. 외부에서 온 까닭에 그간의 노동조합의 행보를 알 리 없는 한영자 수간호사는 노동조합에 대한 반감이 강한 사람이었다.

임우숙이 수간호사로 있는 7병동도 차별받긴 마찬가지였다. 7병동에는 비조합원과 신입간호사를 보내지 않았다. 비조합원과 조합원의 접촉을 막기 위해서였다. 조합원만 있는 7병동은 인력 충원이나 시설 교환 등에 불이익을 당했다.

노동조합에서 정리한 조합원과 비조합원의 차별 사례는 다음과 같았다.

- 조합원에게 회식 일정을 알리지 않음

- 조합원에게 결혼 시 퇴직 강요
- 호봉을 차등 적용
- 예비군 공가 시간을 조합원에게 차별 적용
- 조합원이 많은 부서에는 야식 미지급
- 노동조합 일정을 공가 처리 해주지 않음
- 조합원은 병가를 인정하지 않음
- 조합원 근무복 미지급
- 징계 남발, 잦은 경위서 요구
- 축의금 등 경조사비 미지급
- 비조합원에게 조합원과 말하지 말 것을 지시
- 직원 직계가족이 누릴 수 있는 병원 이용 혜택을 조합원들에게 적용하지 않음
- 퇴사 시 조합원은 실업급여 대상에서 제외

비밀 회식, 야식비 미지급, 대화 차단 등 유치하지만 굉장히 일상적인 차별들이 벌어지고 있었다. 이 사소한 차별들은 청구성심병원노동조합을 뒤흔들 서곡이기도 했다.

공동대책위원회

부당노동행위는 끊일 줄 몰랐다. 제동을 걸 필요가 있었다. 이정미 지부장은 은평구지역의 사회단체, 노동조합들을 모아 〈청구성심병원 부당노동행위 근절과 김학중 이사장 처벌을 위한 공동대책위원회〉를 만들었다. 청구성심병원의 부당노동행위를 알리고, 이를 명령한 이사장 김학중의 처벌을 요구하는 내용이었다. 병원 의료 사업장을 넘어 지역

으로 연대를 확장한 것이다. 매주 연신내 역 앞에 가판을 설치하고 시민들의 혈압과 혈당을 체크하며 무료검진을 받기 위해 온 시민들에게 유인물을 나누어 주었다. 병원 안에서는 보호자들과 만나며 선전활동을 벌였다.

당시 청년진보당원이었던 이은영은 집행위원장을 맡으며 청구성심병원노동조합과 연을 맺게 되었다. 아침이면 청구성심병원노동조합으로 출근해, 함께 회의에 참석하기도 선전물을 쓰기도 했다.

이정미는 조합원들에게 늘 이은영을 보고 고마워해야 한다고 했다. "자기 일이 아닌데 우리 병원 사람도 아닌데, 이렇게 싸워 주고 있는 사람이다. 그러니 우리가 잘 싸워야 되지 않겠냐" 이리 말했다. 그럴 때면 이은영은 "남의 일은요, 다 우리 일이지요" 했다. 그래도 이정미는 손을 꼭 잡고 고맙다고 말했다. 그 진심이 느껴져, 이은영은 가만 그 고맙다는 말을 들을 수밖에 없었다.

대학을 갓 졸업한 이은영은 학생 신분으로 노동자들의 싸움에 연대하던 것을 넘어, 자신의 이후 진로를 고민하고 있었다. 갓 노동운동을 시작하던 이은영에게 이정미는 처음으로 가까이서 본 노동조합 간부였다. 현장에서 일하는 노동운동가라는 추상적인 이미지가 이정미 지부장에게 덧씌워졌다. 그러했기에, 이정미의 모든 행동을 눈여겨보게 됐다. 그런데 이정미는 좀 달랐다.

연대를 가면 마치 어린 후배를 대하듯 자신을 대하는 사람들이 있었다. 그러나 이정미는 반말 한 번 써본 적이 없었다. 늘 연대를 온 동지라며, 자신을 칭하고 존중했다. 원칙적이면서도 따뜻한 사람이었고, 타

명동성당 들머리에서 보건의료노조 깃발 아래 투쟁을 하고 있다.(99년 3월 27일)

협에 굴하지 않지만 정에 이끌리는 사람이었다.

생소하고도 많은 것을 생각하게 하는 태도였다. 운동의 시작점에 선 그녀는 그런 이정미를 표석으로 삼았다. 오히려 이정미가 자신에게 고마운 사람이었다. 그래서 더욱 청구성심병원노동조합의 싸움이 '우리 일'처럼 느껴졌다.

공동대책위를 만들어 노동조합이 활동을 확대하자, 병원도 대응을 해왔다. 어느 날은 병원이 알림 선전물을 부착했다. 어이없게도 이사장의 단식과 삭발을 알리는 내용이었다. 직원들이 수군거렸다.

노동조합 사람들도 모이면 그 이야기였다.

"이사장 삭발한다는데 노동조합도 뭐 해야 하는 거 아니에요? 지부장 삭발식 쯤 우리도 옆에서 해야 되지 않겠어요?"

이정미도 농으로 받아쳤다.

"난 뒤통수 안 예뻐서 삭발 못해요."

그래놓고 속은 답답하기 그지없었다. 우스꽝스러운 짓이었지만, 직

99년 9월경 청구성심병원 김학중 이사장의 삭발 단식 플랭카드

원들이 삭발식으로 알게 되는 것은 '이사장이 얼마나 노동조합을 끔찍하게 싫어하는지'였다. 고용주의 혐오를 뚫고 노동조합에 가입할 수 있는 직원이 누가 있을까. 커다란 대기업은 물론, 이런 작은 중소기업에서조차 사장이 어떨 때는 신과 같았다. 목줄 쥐고 있으니 그럴만하다. 그런 신 같은 이사장이 머리를 깎을 정도로 혐오하는 것이 노동조합이다. 제대로 된 반(反) 노동조합 홍보였다.

하지만 병원도 유리한 상황이 아니었다. 직원들 사이에서 소상식 총무부장에 대한 불만이 떠돌았다. 비조합원인 직원이 소상식 파면을 촉구하는 서명서를 돌렸다는 이야기가 들려왔다. 병원 주차장이 된 곳에 땅 한 뙈기 있다는 이유로 영안실 운영권을 얻더니, 이제는 이사장 수족처럼 개인 부동산을 사고파는 일을 맡으며 총무과장 자리까지 오른 소상식이 직원들 눈에 좋아 보일 리 없었다. 병원에 깡패를 들인 것도, 노동조합을 탄압하는 데 앞장선 것도 소상식이었다. 98년 식칼테러를 주도했던 인물이기도 하다. 그가 노사문제를 맡아 담당하자, 노동조합에 대한 횡포는 나날이 커져갔다.

3월에는 간호부 수간호사급들이 대부분 퇴사했다. 병원이 어렵다며 퇴사를 종용받은 것이다. 노동탄압에 앞장섰던 수간호사들에게 돌아온 것은 겨우 사직 강요였다. 직원들에게 병원 입맛대로 굴어도 별 것 없다는 생각이 심어지고 있었다.

이런 상황에서 김학중 이사장은 삭발까지 하는 강수를 두었다. 하지만 그는 민머리를 하고 노동조합 간부들과 마주해야 했다. 그가 그토록 원치 않던 동등한 자격으로.

7월 어느 날이었다. 일을 마치고 하나둘 노동조합 사무실을 찾은 조합원들에게 이정미가 말했다. 아무래도 오늘 병원에서 무슨 말이 있을 거라고. 몇 번이나 단체협약 체결이 무시되고 있던 상황이었다. 다들 집에 가지 못하고 기다렸다. 무슨 말이 나오려나 기대되기도 궁금하기도 두렵기도 해 갈 수가 없었다.

새벽녘 이정미의 전화가 울렸다. 이사장이었다. "네. 네. 알겠습니다. 그러죠." 이정미의 짧은 응답에 모두 귀를 기울였다. 이정미는 전화를 끊으며 말했다.

"보자네요. 이사장이 합의서 체결하재요."

다들 울컥 눈물이 나오려는 것을 붙잡았다. 이사장이 제 입으로 단체협약을 맺자고 해 온 것은 처음이었다. 이정미는 공동대책위장이던 이은영에게 같이 회의장에 가자고 했다. 이은영이 "제가요?"라고 되묻자 이정미는 끄덕였다.

"우리 싸움을 같이 해왔잖아요. 우리는 한배를 탄 사람들이니까 당연히 같이 가야지요."

99년 9월 23일 청구성심병원지부와 청구성심병원 (좌측 앞 삭발한) 김학중 이사장, 앞에 마주한 이상춘 보건 의료노조위원장 간의 조인식.

그들은 이사장이 기다리고 있다는 회의장으로 갔다.

이사장도 나름 오래 버텨온 셈이었다. 부당노동행위 판결로 벌금은 쌓여가고, 병원 이미지는 타격을 입었다. 단체협약 자리에 나온 이사장의 얼굴이 뭘 씹은 듯 굳어 있었다. 노동조합을 인정한다는 증거인 단체협약을 맺어야 하는 그에게 웃음을 기대할 수 없었다. 반면 이정미는 감정 없는 얼굴로 꼼꼼히 협약 문구를 검토했다. 마치 이렇게 될 줄 알았다는 듯 담담해 보였다.

그러나 그날 조합원들이 축하를 위해 마련한 술자리에서 말했다.

"실은 힘들었어요. 못 이길 줄 알았어요."

이정미는 울었다. 다 조합원 덕이고, 연대를 해주신 분들 덕이라는 말을 하다가 왈칵 울음을 쏟았다. 한참을, 정말 펑펑 울었다. 그날 모든 조합원들이 울었다.

그들 옆에서 이은영은 생각했다. '이렇게 이기는 싸움이 있구나. 정말 노랫말처럼 끈질기게 싸워 이기는 사람들이 있구나.'

그럼에도 싸움은 끝날 줄 몰랐다. 99년을 지나 2000년도까지 하루 멀다하고 사건들이 터졌다. 노동조합이 그토록 어렵게 얻어낸 단체협약서는 각 부서에서 종이 쪼가리와 다를 바 없었다. 아니, 그것은 노동조합의 생존을 보장하는 증거였다. 하지만 조합원들의 개별 생존을 담보해주진 않았다.

마침 연임을 했던 이정미 지부장의 임기가 끝나가고 있었다.

한 계단 :

    99년 가을 초입 맑은 날, 이선우는 여행 짐을 꾸렸다. 이정미 지부장이 부석사에 놀러가자고 제안을 해왔다. 원래 여행 가는 것을 좋아하는 이정미 지부장이었지만, 이번 여행은 평범한 것이 아닌 듯 했다. 긴장이 됐다. 바람이 차가워지고, 이정미 지부장의 임기 또한 끝나가고 있었다. 며칠 전 시간을 물어보고, 기차표를 예약하는 이정미를 보며 이선우는 생각했다. 여행을 가서 확답을 드려야 하는구나. 며칠을 고민했다. 못 하겠다고 할까?

    요새는 병원에 출근하는 것조차 힘들었다. 싸움을 한 지 벌써 3년째다. 지친다. 아침이면 화장도 하지 않은 채, 무표정한 얼굴로 출근을 한다. 바지런하고 깔끔하게 일을 처리한다고 칭찬받던 신입 간호사 이선우는 없다. 그저 간호부 사람들에게 지적을 받지 않기 위해 신경을 곤두세워 업무를 볼 뿐이다.

3년 전, 노동조합에 가입하여 활동했을 때는 얼마나 즐거웠던가. 매일 근무가 끝나면 노동조합 사무실에 올라가기 바빴다. 화장실이었던 곳을 고쳐 노동조합 사무실로 만든지라, 하수구 냄새가 올라왔다. 그런데도 좋았다. 해고 후에는 농성천막을 병원 앞에 세우고, 그 좁은 천막에서 밥도 같이 먹고 잠도 잤다. 함께 웃던 시절이었는데, 그만 지치고 말았다. 계속 노동조합에 있을 수 있을까. 나는 이정미 선생님처럼 싸울 수 있을까. 조합을 책임질 수 있을까. 이선우는 기차를 타는 그 순간까지 결정을 내리지 못했다.

부석사로 오르는 길은 아름다웠다. 단풍철이라 등산객들이 많았다. 오랜만에 병원을 벗어나 사람 구경을 하니, 마음이 한결 가벼워졌다. 저 사람들도 다들 힘든 일 한 가지씩 있을 텐데도 아무렇지 않게 이 시간을 만끽하고 있구나. 기운을 내야겠다는 생각이 들었다. 이래서 같이 오자고 한 건가. 이선우는 이정미 지부장을 돌아봤다. 성황당에 돌도 올리고, 냇가에 손도 담그며 시간을 보냈다.

부석사에서 내려오며, 여린 잎에 노란빛을 입힌 나무들이 즐비한 그 길에서 이정미 지부장은 물었다.

"생각은 좀 해봤어요?"

이선우는 나무에 두었던 눈을 가져왔다.

"다음 사람은 누가 되었으면 좋겠다고 생각해요?"

"…저도 많이 고민했어요."

이선우는 천천히 입을 뗐다. 그녀는 자신이 지부장을 맡을 수 없다고 말하지 못할 것을 알았다. 용기가 없었다. 책임을 맡지 않으면 노동조합에서 멀어지지 않을 자신이 없었다. 한 발 멀어진 자기를 용서할 자신도 없었다. 이선우는 자신을 책임으로 묶어두려 했다. 그래서 어렵고 힘든, 하지만 자신의 삶에서 더없이 중요해진 노동조합을 떠나지 못하게 하려 했다.

"제가 아닐까, 선생님이 그 말을 하지 않을까 생각했어요."

이정미는 물어왔다.

"잘할 수 있겠어요?"

이선우는 피식 웃었다.

"이게 그냥 여행이 아닐 줄 알았어요."

"나는 선우 샘이 잘 해낼 거라 생각해요. 더없이 잘할 거예요."

이정미는 믿는다 했지만, 무거운 속내를 숨길 수 없었다. 짐을 지우는 게였다. 하지만 자신이 계속 병원에 있을 수는 없다. 이미 연임을 한 차례 한 터였다. 후배들을 위해서도 자리를 넘기는 것이 맞았다. 그네들의 역량이 자신 때문에 발휘되지 못하는지도 모른다고 생각했다.

이정미는 다른 노동조합 간부들에게 절대 자리를 이탈하지 않는다는 약속을 받겠다고 했다. 이선우 혼자 남게 하지 않겠다고 약속했다. 그것이 임기를 마친 이정미가 해줄 수 있는 최선이었다.

 산별노조

지부장 임기가 끝나가고 있었다. 4년 동안, 정말 많은 일들을 겪은 이

정미의 마음은 청구성심병원을 떠나면서도 편치 않았다. 하지만 이정미는 새로운 곳을 향했다. 보건의료노조 선거가 기다리고 있었다.

"전국병원노동자들이 한데 뭉쳐 단일한 노동조합을 만든다면, 노동조합의 힘은 더 강해져 임금과 근로조건 개선, 고용안정 확보는 물론이고 의료제도개혁과 사회경제개혁, 복지제도 개선까지 우리 힘으로 해낼 수 있을 겁니다. 그 희망찬 미래를 향해 우리는 출발의 깃발을 높이 들었습니다."

산별노조, 그것을 희망으로 믿었다. 산별노동조합을 만들어 작은 사업장을 넘어 사회를 바꾸어 내는 싸움을 시작할 것이라 믿었다. 그 믿음이 이정미에게 상처를 주었다. 보건의료노조 본부 회의에 가서 청구성심병원노동조합 상황을 말하는 것조차 어려웠다.

중소병원 출신 노조 간부가 한두 명 있을까 말까 하는 보건의료노조 중앙 본조 회의 테이블에서, 이정미는 그네들이 겪어보지 못한 중소병원노조 상황을 설명하느라 애를 먹었다. 답답한 마음이었다.

"저희 상황에서 이렇게 기한을 크게 두어 집회 일정을 잡는 것은 무의미합니다. 매주 집중집회를 잡아야 병원에 압박이 되고요. 병원의 도발로 사건은 하루 멀다하고 터지는데, 이렇게는 안 됩니다. 힘드시겠지만 매주 집중집회 일정을 잡아주시면…."

애쓰다가, 주저리 말만 길어지는 것 같아 입을 다물었다. 이정미는 생각했다. 과연 여기에 현장의 고민이 스며들 공간이 있을까. 중앙 간부 회의는 보고와 지침 하달로 채워져 갔다. 정부 동향, 민주노총 상황, 보건의료계 상황, 이것들을 보고하는 시간이 회의의 반 이상을 채웠다.

나머지 시간에는 이미 짜둔 계획안을 각 지부에서 실행할 수 있는지 없는지, 한다면 언제까지 어떻게 할 수 있는지 돌아가며 말하는 것이 고작이었다. 그리고 각자 사업장에서 필요한 요청을 한다. 청구성심병원 노동조합 같은 작지만 언제나 투쟁인 지부는 사람, 물품 등 지원을 반복하게 되어 있었다. 어느새 보면 같이 논의하고 공유하고 결정하는 것이 아닌 자신은 부탁을 하기 위해 온 사람 같았다.

"청구성심병원 노조 투쟁은 우리만의 문제가 아닙니다."

집회 발언 때 흔히 하는 이 말을, 왜 회의석상에서는 꺼내기가 힘든 건지.

이정미는 논의와 토론이 사라진 회의를 지켜보았다. 조직의 방침이 제대로 결정되려면 왜 그것을 해야 하는지, 그것이 왜 사업의 우선순위인지, 이것이 조합원들의 정서와 요구에 어떻게 부합하는지 등이 토론되어야 한다. 하지만 이를 논의하자는 이가 없었다. 효율과 통일 앞에서, 본조에서 내놓은 세부계획안을 통과시키기에 바빴다. 효율을 따지니, 당연히 '쪽수' 많은 덩치 큰 노동조합 위주로 사업이 진행되게 되어 있다. 어떤 중소병원 노조 지부장이 이 자리에서 자신의 고민과 조합원들 속내를 털어놓을 수 있을까?

회의가 끝나면 마음 맞는 중소병원 간부들끼리 모여 한마디씩 했다. 앞에서 못하는 말을 뒤에서나 털어놓는 게였다. 말 못한 이유는 다양했다. "나만 말한다고 뭐 되나, 어차피 안 될 걸.""괜히 말했다가 불통 튈까 봐. 노동조합에 피해라도 가면…""지부가 작고 그래서 우리가 할 수 있는 것도 없는데 말하기가 그렇더라고.""책임도 질 수 없는데 말을 꺼내는 건 아닌 것 같아."

다들 체념했다. 누군가는 본조 간부와 통화하기도 두렵다 했다. 서로의 사정을 고려치 않고 정해진 지침들은 개별 병원으로 가면 제대로 이행될 수 없었다. 조합원들은 그것을 우리가 왜 해야 하냐는 눈으로 지부장을 바라봤다. 조합원과 본조 사이에서 제 역할을 찾지 못한 지부장들은 지쳐갔다.

막막함이야 처지가 비슷한 사람들끼리 커피를 마시고 수다를 떠는 것으로 풀었다. 하지만 이것으로 풀고 말아도 되는 것일까? 뒤에서 욕을 하는 것은 쉬웠다. 침묵하고 체념하는 것은 어려운 일이 아니었다. 다만 아무것도 바뀌지 않을 뿐이었다.

이정미는 회의석상에서 목소리를 내길 포기하지 않았다. 화를 내고, 설득을 했다. 집요해져야지, 지치지 말아야지. 이정미는 자신이 청구성심병원 노조위원장 자리에 앉고자 했을 때 결심한 두 가지를 떠올렸다. 적어도 조합원 수가 줄게는 하지 말자. 병원의 악착같은 탄압에 그것은 이미 지키지 못했다. 두 번째 다짐. 지치지 말자.

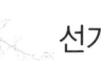 선거

그해 12월 전국보건의료노조 위원장 선거가 예정되어 있었다. 선거를 앞두고, 서울대병원 노조, 울산대병원 노조 등 지부 간부들과 몇몇 지역본부 활동가들이 모였다. 이들은 이전부터 모임을 가져 보건의료

노조 운동에 대한 고민을 나누곤 했다. 이정미도 참석하였다.

선거를 앞두고 있으니, 위원장 후보를 내는 문제가 논의되었다. 논의의 출발은 이대로 가면 안 된다는 위기의식이었다. 누군가는 현재의 상황을 이렇게 말했다.

"현장은 현장대로 죽어있고, 본부는 공백상태다."

개별 병원 노동조합이 움직이지 못하고 있다는 것. 특히 지방이나 중소병원들은 노동조합이 있다 하더라도 겨우 존재만 연명할 뿐이었다. 몇몇의 간부들이 죽어가는 노동조합을 붙들고 있기에도 바빴다. 현장이 왜 이토록 후퇴했는가에 대한 답이 필요한 시점이었다.

산별노조 건설 2년 만에 '무늬만 산별노조'라는 소리가 나오고 있었다. 그리고 보건의료노조 선거가 다가오고 있었다. 무언가를 해야 했다. 모인 이들은 답을 찾으려 했다. 그 답이 선거냐고 되묻는 이도 있었다. 여러 의견들이 오갔다.

'분열이 아니냐. 후보를 내 경선을 하는 것이 조합원들에게 조직 분열로 비치지 않겠느냐.'

'승산은 있느냐'

'당선이 된다면 실제 집행력을 발휘할 수 있겠냐'

'집행부가 문제가 아니라 노조 내 시스템 자체가 문제인 것 아니냐'

'당선이 되지 않는다면 패배감과 후폭풍을 어떻게 감당할 거냐'

'우리한테 선거 전략이 있느냐. 우리의 정치가 막연한 것이 아니냐'

'대체 누가 후보로 나오겠느냐'

실제 후보를 내기 어려운 상황을 '고양이 목에 방울 달기'라고 표현

하는 사람도 있었다. 누가 책임지고 후보로 나갈 것인가. 후보조차 어렵게 내는 조직력을 책망하기도 했다. 이것이 무슨 조직의 대안세력이냐고 한탄을 했다.

우려는 맞았다. 위원장, 부위원장, 사무국장이 러닝메이트로 출마하는 선거에 이 세 명의 후보를 세우려고 해도 사람이 없었다. 중소병원이나 지방 병원에서 활동하는 노동조합 간부들은 중앙 선거 후보로 나오는 것을 포기했다. 겨우 전임자 하나 둘 있는 현장을 두고 본부로 나오는 일은 쉽지 않았다. 중간층 활동가가 없었다. 오래 활동한 이들은 지쳤다. 엄청난 강도의 격무, 사측의 탄압 때문만이 아니었다. 노동조합이 전망을 보여주지 못한 까닭이다.

광범위한 대중의 참여, 스스로 조직을 만들어가는 능동성, 세상을 바꾼다는 자신감과 강력한 연대성, 87년 노동자들이 민주노조 사수를 외치며 보여주었던 모습은 퇴색했다. 병노협부터 산별노조까지 조직은 커졌으나 행동하는 사람은 줄었다. '자판기 노조'라는 말이 만들어진다. 동전을 넣으면 알아서 캔음료가 나오듯, 조합원들은 자신들이 행동하지 않아도 노동조합이 알아서 무엇을 내놓길 바랬다. 조합원들의 수동성을 탓할 문제가 아니다.

산별노조 중앙의 지침은 현장에서 기름처럼 분리됐다. 대정부 투쟁을 한다고 중앙으로 힘을 모아달라 해도, 그것에 동참할 결의는 현장에서 사라졌다. 파업과 쟁의행위는 어마어마한 행위이다. 돈을 벌지 않고 (또는 벌지 않을 것을 각오하고) 노동조합의 단체 행동에 동참하겠다는 동의가 이루어질 때 만들어진다. 그런 동의를 얻기 위해서는 상층 노동조합에서 안일하게 내려온 지침이나 입바른 소리로 가능치 않았다.
　간부들이 지침을 두고 치열하게 토론해야 한다. 현장의 목소리를 그 자리에서 전해야 한다. 교육과 토론이 노동조합 본조, 본부, 지부, 그리고 현장의 작은 소모임까지, 곳곳에서 이뤄져야 한다. 답은 언제나 현장에 있다. 그러나 이 또한 누가 조직한단 말인가? 중앙으로 올라가 자신의 경험을 살리지도, 지부에서 물러나지도 못한 채 중소병원 활동가들은 하루하루 투쟁의 현장에서 소모됐다. 활동가를 키워내겠다는 중앙의 계획도, 교육도 부재했다. 그러니 사람과 역량이 없다는 하소연만 상층으로 올라오고, 결국 투쟁 계획이라고는 하루짜리 서울 상경 집회, 청원운동 등 손쉬운 정부 압박 방식이 전부가 된다. 현장 조합원들의 관심에서 멀어진다. 게다가 대정부 투쟁, 중앙집권적 교섭은 정보와 결정권을 상층 노동조합 간부에게 몰아준다. 조합원은 더 수동화된다.
　현장은 가라앉았고, 노동조합 선거는 주류 정당의 정치 놀음보다 더 조합원들의 이목을 끌지 못했다. 선거가 모든 것을 해결해 줄 수 없다. 현장 조직력이 망가지고 중간 간부층이 구멍 났는데, 집행부 몇이 할 수 있는 것은 없다.
　그러나 대체 조직 내 전망에 대해 열어두고 토의한 적은 언제인가.
　"선거를 통해 대의원들에게 우리의 고민과 보건의료노조의 정체성에 대해 알리는 계기가 되어야 합니다."
　선거는 정치활동의 장이다. 아무것도 하지 못하고 불만세력으로만 존재를 할 것인가? 선거를 해야 한다는 결론에 도달했다.
　"이 체제에 안주한다면, 욕을 하면서도 금세 익숙해질 거예요. 보건의료노조에 살아 움직이는 사람들이 있다는 것을 알리지 않는다면, 현실은 바뀌지 않을 겁니다. 선거가 당선의 유무를 떠나 선거라는 계기를 통해, 가능한 희망을 조합원들이 대의원이 볼 수 있었으면 합니다."

패배하는 싸움, 배제된 싸움에서 지치고 무관심해지는 조합원들의 시선을 끌어보자. 그해 12월, 보건의료노조 2대 위원장 선거에 이상춘(위원장 후보), 양희숙(부위원장 후보), 최경숙(사무처장 후보)[31]이 출마한다. 그러나 당선은 이들 것이 아니었다. 차수련, 송보순, 정해선 후보가 55%의 득표율로 당선됐다.

 ## 부위원장 선거

보건의료노조 위원장 선거가 끝나고 이정미는 부위원장 후보를 제안받는다. 다음해 1월, 2명의 보건의료노조 부위원장을 선출하는 선거가 예정되어 있었다. 집행부 선거는 실패했지만, 부위원장 선거에 다시 후보를 내기로 했다.

처음 후보 제안을 받고, 이정미는 망설였다. 임기를 마쳤다고는 하지만, 청구성심병원노동조합에서 마음이 떠나질 않았다. 이선우 지부장과 다른 간부들이 잘 해줄 것이라 믿으면서도, 물가에 아이를 두고 온

---

31) 위원장 후보 이상춘(대경 동산의료원지부 보건의료노조 위원장) · 수석부위원장 후보 양희숙(경기 성빈센트지부 보건의료노조 사무처장) · 사무처장 후보 최경숙(보건의료노조 정책국장)

것처럼 불안한 마음은 어쩔 수 없었다.

게다가 당선될 가능성도 크지 않았다. 위원장이 조직 살림을 잘할 수 있도록, 위원장 당선자가 추천하는 인물이 부위원장으로 선출되는 것이 관례였다. 중앙에는 중소병원 노조 출신 간부 또한 거의 없었다. 사업장이 작고 대의원 수가 적으니, 표가 적었다. 팔은 안으로 굽는다고, 자신의 사업장에서 나온 후보에게 투표를 하기 마련이었고 그 대부분이 대병원 간부였다.

더구나 중소병원 노동조합은 대병원처럼 노조 전임자 지위를 유지하도록 보장하는 단체협약도 맺을 수 없다. 근무를 하지 않는다는 이유로 전임자의 임금조차 내놓지 않는 중소병원에서 중앙으로 올라가는 간부의 임금을 지급할리가 없었다. 그렇기에 중소병원 노조 출신 간부가 본조나 본부 간부로 올 경우, 활동비는 온전히 보건의료노조의 부담이었다. 재정 부담을 반기는 이는 없었다. 물론, 중소병원 노동조합에는 중앙으로 올라갈 간부 수도 현저히 부족했다. 여러 이유들이 겹쳐 중소병원 노조 간부들은 본부 간부로 자기 역할을 찾을 생각을 못했다.

산별노조 중앙에 중소병원 간부가 없다. 중소병원 노조 상황을 세밀히 아는 사람이 없다. 그러니 중소병원 노동조합에 관한 전망과 구체적인 계획은 나오지 않는다. 이것은 비정규직 노동자나 병원 내 비의료 종사자(청소, 주차, 식당 노동자 등)들에 대한 문제에서도 마찬가지이다. 그들의 이해를 대변해주는 사람이 노동조합 내에 없다.

이정미는 곧잘 고민을 나누던 보건의료노조 최경숙 정책국장에게 이런 말을 했다.

"중소병원 노동자들은 어디 가 하소연 할 곳도 없어요."

권리를 지키고, 싸우고, 조직하고, 이기기는커녕, 그냥 속 시원히 하소연할 곳조차 없다. 그때 그 말을 자신이 얼마나 아프게 이야기했던가. 노동자 중에서도 밑바닥 더 힘없고 조직 없는 노동자들은 자기 목소리 한번 내지 못하는 것이 현실이었다. 대변해 줄 사람이, 중소병원-비정규직의 현실을 알릴 사람이 중앙에 필요하다.

이정미는 결심했다. 자신이 중소병원 노동자들이 하소연할 곳이 되자 했다. 더 아래로, 더 낮은 곳으로 가자. 전체 병원 노동자의 80% 이상을 차지하는 것이 중소병원, 개별 의원 노동자들이었다. 대형병원에조차 비정규직 노동자가 30% 가까이 존재했다. 그런데 이들은 어떤 조직도 없이, 무방비 상태이다. 단사로 찢어지고, 개인으로 홀로 남아 사업주의 모진 탄압에 노동조합의 깃발을 접는 일이 반복된다.

중소병원 노동조합이 약해서 지켜주는 게 아니다. 87년의 노동자들의 역동이 그립다면, 그때 우리에게 무엇이 있었는지를 기억해야 한다. 투쟁이 있었다. 상층교섭이 아닌 연대가 있었다. 중소병원들이 민주노조를 지키기 위해 고군분투하고 있다. 연대를 기다리고 있다. 도와주는 것이 아니다. 지금 싸우지 않는다면, 싸우는 이들과 함께하지 않는다면 결국 싸우는 법을 잊게 될 것이다.

건강보험은 축소되고 민간의료보험은 확대된다. 보건의료산업에 금융자본이 들어오며 시장의 상업적 성격이 더 커진다. 그러나 공급은 주춤할 줄 모른다. 5년도 되지 않은 사이 병원은 9,000여 개가 늘어났다. 전문의는 매년 3천 명씩 배출된다.[32] 의료법인으로 묶여 있는 민간병원들은 정부에 요구한다. 민간병원의 규제를 풀어줄 것. 병원 구조조정을 할 수 있는 법적 허가를 얻게 되는 것이다. 구조조정은 노동자의 희생을 요구한다. 그 희생을 거부하고 싸울 수 있겠는가? 대병원도 예전처럼 양보하지 않을 것이다. 양보할 것이 많지 않다. 전력 다해 싸워야 한다. 그러나 그제서야 싸우려고 한다면, 이미 자신들의 문제가 아니라고 외면해버린 다른 병원들이 무너진 뒤다. 고립되고 약해진 투쟁력으로 자본은 절대 양보하지 않는 싸움에서 승리할 수 있을까. 보건의료노조의 운동이 빤히 보이는 불구덩이 길을 걸어가고 있다.

이정미는 부위원장 선거 출마를 받아들였다. 청구성심병원노동조합은 마음의 짐처럼 따라올 것이다. 그러나 부담스럽게 가보자 했다. 부위원장 후보로 이정미와 현정희 서울대병원 지도위원이 등록을 했다. 시간이 촉박한 탓에 매일같이 밤샘 회의가 이뤄졌다.

앞서 위원장 선거를 함께 준비한 서울대병원 최선임 지부장은 이정미의 모습을 눈여겨보았다. 밤늦게까지 회의를 하고 새벽이 되면 현장 순회를 돌아야 한다며 회의장을 나서는 이정미가 놀라웠다. 지치지도 않나. 지독하다고도 생각했다. 저리 독해지지 않으면 노동조합을 지켜내는 것조차 어렵겠구나. 모진 환경이었다. 청구성심병원노동조합 집회 때 발언을 하던 이정미는 늘 절절했다. 기껏해야 수십 명 모아놓고 하는 집회인데도 매번 절절하면서도 고민 하나하나가 묻어나는 발언을 했다. 보기 드물게 치열한 사람이었다.

---
32) 1997년 이후 2001년까지 종합병원은 14개, 병원은 257개, 의원은 8,703개가 늘었다.

최선임은 중소병원 투쟁 사업장에 부채의식을 가지고 있었다. 대병원도 나름의 고충이 있었다. 조합원이 많은 만큼 각양각색이었고, 투쟁을 늘 선두에서 앞장서 이끌어야 한다는 부담도 컸다. 그러나 매일 직접적인 폭력에 노출되는 중소병원 노동자들에 비할 것이 못 된다 생각했다.

안쓰러워 마음을 써주고 싶은데, 사람을 세세하게 챙기는 것은 이정미를 따라갈 수가 없었다. 오히려 받기만 했다. 바쁜 와중에도 선거단은 물론 조합원, 연대 온 사람 생일을 하나하나 다 챙겼다. 가족 챙기는 것도 남달라 한밤중에 회의가 끝나도 꼭 집에 들어가 아이들과 남편 얼굴 보고 다시 새벽에 집을 나왔다. 항상 자기 남편이 제일 멋있다고, 자기는 너무 남편 좋아한다고 말하는 사람. 같이 선거운동 하던 사람들이 "저 아줌마, 별난 아줌마"라고 우스갯소리를 할 정도였다.

선거가 끝난 다음해, 서울대는 파업에 들어가고 구속영장이 떨어진 최선임은 명동성당으로 들어가 농성을 하게 된다. 그때 이정미가 명동성당으로 찾아왔다. 그녀 손에 천하장사 소시지가 들려 있었다. 최선임이 지나가듯이 소시지 간식을 좋아한다고 말한 것을 기억한 것이다.

부위원장 이정미

선거 결과는 낙관적이지 않았다. 부위원장 후보에 나온 이정미와 현정희가 현 위원장과 동일한 입장을 지닌 후보가 아니라는 것은 알 만한 사람은 다 알았다. 대의원들이 조직 분열로 보고 표를 주지 않을 가능성도 컸다. 위원장은 이미 자신이 추천한 후보에 대해 지지 표명을 분명히 하고 있었다. 게다가 유권자 중에는 당연히 대병원 노조 대의원들이 많았다. 중소병원 노동조합을 아우르는 연대와 전투적 투쟁이라는 입장을 내세운 선거 후보에 공감할 것인가. 회의 때마다 계속 지원 요청을 하는 중소병원 노동조합의 요구가 대병원 간부들에게는 부담이기도 했다. 누군가가 끊임없이 도와 달라 하는 말을 듣는 일은 쉽지 않았다. 공동의 문제로 인식하지 않으면 부담스러운 일이었다.

시간은 다가오고 10월, 마지막 선거 유세를 대의원들 앞에서 해야 하는 시간이었다. 이정미가 할 수 있는 말은 이것 뿐이었다.

"힘들고 어렵게 싸우면서도 조직으로부터 소외된 중소병원 노동조합의 투쟁을 힘이 닿는 한 지원하고 싶습니다."

그것은 그녀가 부위원장 선거 후보로 나온 단 하나의 이유였다. 진심은 전해졌다. 이정미, 현정희는 보건의료산업 노동조합 제2기 부위원장으로 선출된다. 그것도 상대 후보와 꽤 많은 격차를 내고 당선되었다. 많은 수의 대의원들이 동의해 준 것이다. 의외이면서 또 한편 당연한 결과다. 힘들고 소외된 곳을 향한 연대와 공동의 투쟁, 그것이 민주노조 운동의 기본임은 노동운동에 발 담근 이라면 동의할 수밖에 없다.

2부

오늘 나는 살아 있고, 혼자서 숨 쉴 수 있고
걸을 수 있고 볼 수 있고 들을 수 있고 말할 수 있고 생각할 수 있다.
살아 있어 참 감사한 오늘이다.

손
투병
아픔
마음의 병
이유
산 자를 위해 목숨을 걸고 싸워라
죽은 자를 위해 기도하고
살아 숨 쉬는 한 희망은 있다

손 :

수술실로 들어가기 직전, 이정미는 김형숙의 손을 붙잡고 활짝 웃었다.

"왜 이렇게 아무렇지도 않죠?"

이정미는 감기에 걸려 병원을 찾는 환자처럼 담담히 말했다. 남편 윤창훈은 이동침대에 누워 수술실로 들어가는 아내를 배웅했다.

"씩씩하게 잘하고 와요. 여기서 기다릴게."

이정미는 수술실 저편으로 사라졌다. 김형숙이 본 것은 문이 닫힘과 동시에 오열하는 윤창훈이었다.

남편이 오죽 못났으면 이렇게 병이 들 정도로 속이 썩었는데도 몰랐을까. 윤창훈은 울었다. 아내 앞에서 애써 괜찮은 척하던 것이 무너져 버렸다.

수술실 안 저편, 이정미도 괜찮은 척 버티던 무언가를 내려놓았을까.

투병 :

"제가 노래 하나를 준비해 왔는데요. 참 좋은 노래라, 같이 불러보고 싶어서요. 다음 강좌 진행하기 전에 이 곡 한번 같이 배워보고 시작했으면 합니다."

이정미는 앞으로 나와 녹음기를 틀었다. 집에서 노래를 녹음해 온 게였다. 수목원 근처 민박집에 자리를 잡고 앉은 사람들이 이정미를 올려다봤다. 이정미는 가사를 적어온 종이를 사람들에게 나눠주고는 녹음기 버튼을 눌렀다. 시작부터 경쾌한 음이 흘러나왔다.

[이 세상 어디에나 태양이 비추듯이 누구나 행복할 권리가 있다는 것을 길을 걷다 차이는 돌멩이라 하여도 그것 없인 어떤 집도 지을 수 없다는 걸~]

스무 명 남짓한 사람들이 하나둘 노래에 맞추어 고갯짓을 했다. 중소 병원 노조 간부들 수련회 자리였다. 바로 옆에는 유명 수목원이 자리잡

중소병원 합동 간부수련회에서 청구성심병원, 소화아동병원, 지방공사강남병원, 청량리정신병원 등 서울지역 중소병원노동조합(2000년 5월 13일)

고 있었지만 비싸 가지 못하고, 인근 민박집에 자리를 잡았다. 방석도 없이 장판 바닥에 옹기종기 모여 앉은 이들은 그래도 즐거이 박수를 치며 종이에 적힌 가사를 따라 읽었다.

[너무 빨리 혼자서 앞서가지 마세요. 그렇게 혼자가면 당신도 외로울 거예요. 저 뒤에 앉아서 한숨 돌리는 사람. 바로 그 한 사람이 정말 소중한 사람이죠. 잊어서는 정말 안 돼요, 소중한 사람들을.][33]

"바로 그 한 사람이 정말 소중한 사람이죠. 잊어서는 정말 안 돼요. 소중한 사람들을~. 노래 정말 좋죠? …우리가 서로한테 참 소중한 사람들인 거 같습니다. 오늘 중소병원 간부들이 모여 서로 생각을 나누고, 우리 운동의 전망을 그릴 이 시간도 참 소중합니다."

---

33) 〈바로 그 한 사람이〉 꽃다지 노래

 소중한 사람

　이정미가 주관하는 수련회였다. 부위원장에 당선된 이정미는 자신이 원하던 대로 중소병원 노조 지원 사업을 담당했다. 이날 작은 민박집에서 열린 이 수련회는 중소병원 노조 간부들이 주 성원이었다. '중소병원대책위'라는 이름으로 보건의료노조 내에서 중소병원 노조 간부들끼리 모여 고민을 나누곤 했다. 이러저러한 한계로 인해 제대로 이루어지지 않던 차에, 타개할 방안을 마련하자 모인 수련회이기도 했다. 청량리정신병원, 지방공사 강남병원, 청구성심병원, 소화아동병원, 방지거병원 등 중소병원 노동자들이 모였다.

　공동체 놀이를 하며 낮 시간을 보내고, 오후에는 교육을 들었다. 늦은 밤이 되자, 중소병원 간부들은 그간의 노동조합 활동을 평가하는 시간을 가졌다. 중소병원 위기는 전체 노동조합의 위기이기도 했다. 이를 어떻게 타개해 나갈 것인가 의견을 모으자고 했다.

　정부는 중소병원 활성화 대책이라며, 중소병원 개설 기준을 완화하고 임대시설을 허용하는 등의 방안을 내놓았다. 개설 기준을 완화한다는 것은 병원을 보다 쉽게 차릴 수 있게 하는 것인데, 이미 병원은 차고 넘쳤다. 1997년 이후 거의 2배에 가까운 증가율을 보였다. 삼성과 현대 등 재벌 기업이 3차 병원을 늘리고 있음을 말하는 것은 입만 아프다. 이런 상황에서 병원은 살겠다고 밖으로는 시설을 임대하거나 외주화하여 돈 되는 진료만 가져가려 했다. 내부로는 돈 나갈 구멍을 막았다. 돈 나갈 구멍에는 노동조합도 포함되어 있었다. 임금과 복지의 정당한 대우를 말하는 노동조합은 병원에게 있어 큰 구멍이었다. 노동조합 탄압에 앞장섰다. 각 병원 노동조합들은, 특히 작은 노동조합은 대응하기 버거웠다.

"개인 오너 체계로 되어 있고 친인척이 경영진인 경우가 많아요. 노동조합과 감정적 대립이 발생 시 극한 상황까지 갈 수 있는 거지요. 파업같이 노동조합이 강한 모습을 보이면 폐업까지도 할 수 있다는 논리가 지배적이라 노동자들은 꼼짝을 못 해요."

중소병원은 원장이나 이사장 개인이 소유하는 개인 병원이 대부분이었다. 이것이 노동조합의 활동을 발목 잡았다. 친인척, 학연, 지연으로 맺어진 것은 단지 경영진만이 아니었다.

"직원들 뽑을 때도 공채보다 학연, 지연 등 소개 채용이 대부분이고요. 나중에 이것이 노동조합 활동에 영향을 줍니다. 학교 선배가 탈퇴서를 쓰게 하는 등의 일도 많고요."

늘 이야기 되는 것이지만 이직률이 높다는 것도 안정적인 노동조합 활동을 가능케 하지 않는다.

"거쳐 가는 병원으로 생각하는 경우가 많기 때문에 2~3년 후에 이직하는 경우가 대다수예요. 친절 교육 등 현장 통제를 위한 방법은 대병원 못지않게 하면서 그에 따른 대우는 절반 수준에 미치지 못하는 것이 이직의 원인인데요. 병원 사정을 알고, 몇 년간 근무한 사람이 없으니, 노조 간부 육성이 어렵지요."

실제로 중소병원의 경영이 어려운 것 자체도 문제라 하는 이도 있었다.

"신규 채용 자체가 없어요. 그러니 새롭게 일할 간부가 육성되겠어요?"

그러니 어떻게 해결해야 하는가? 모인 이들은 말했다.

"중소병원 노조가 가지는 조직적 어려움, 간부 육성의 어려움이 깊이 논의되지 못하고 있어요. 그 특성에 맞는 교육이 필요합니다. 그런데 보건의료노조가 중소병원 노조에 대한 계획이 없어요."

하소연만 할 수는 없었다. 방안들을 말했다.

"병원이 인력 축소 및 외래진료과 등을 폐지할 때 노사합의를 거쳐야 한다."

"중소병원의 투명성을 확보해야 한다. 이사장 독단으로 운영되는 재정이 아니어야 한다."

"노동조합과 지역주민의 경영 참여가 보장되어야 한다."

"2차 의료기관의 필요성을 여론화 시키고 지역주민과의 협력체계를 구축해야 한다."

"3차 기관 및 재벌 병원의 횡포로 왜곡되고 하청화 되어있는 1.2.3차 기관간 협력체계를 올바로 정립해야 한다."

"중소병원 노동자 싸움의 걸림돌인 폐업 협박을 막을 수 있는 법 개정 요구가 필요하다."

중소병원의 위기는 의료체계 전반이 비틀어진 문제다. 중소병원 노동조합 문제도 개별 사업장 지부가 해결할 수 있는 문제가 아니다.

병원의 사회적 기능을 보자면, 단지 환자를 진료하고 수입을 내는 곳이 아니다. 교육 및 연구를 통해 국가보건의료체계를 뒷받침하는 역할을 수행해야 한다. 이러한 역할을 조율하고 조정하는 것이 정부이다. 유럽이나 미국은 1차 의원은 외래, 그 이상 규모의 병원은 입원으로 기능 분담이 뚜렷함에 비해, 한국은 1,2,3차 의원이 모두 경쟁적 관계이다. 그러니 자본이 적을수록 경쟁에서 밀릴 수밖에 없다. 그러면 다음 순서는 몸집 불리기가 된다. 이런 와중에서 90년대 초반 병상 제한 규정이 철폐되며, 삼성 등 대기업이 의료시장에 진출, 기존 대학병원도 따라가지 못할 정도의 대형화를 추구했다. 이는 공공병원 증설 등 의료의 공공성을 강화시키는 방안을 배제한 채, 당장의 수요 충족을 민간병원 증설로 해결해 온 정부의 정책에 책임이 있다.

오히려 정부에 의해 공공의료기관은 구조조정을 당했다. 보건소와 특수병원(보훈병원, 원자력병원 등) 같이 공공보건의 성격을 띤 기관은 축소, 폐지되거나 민간으로 이양되었다. 경영상태가 부실하다는 이유로 군산, 이천, 마산 등 14개 지역의료원을 경영합리화라는 이름으로 민간위탁을 시도했다. 공공병원들이 이윤을 내지 못하고 적자 운영을 해 지방재정의 부담을 가중시키고 있다는 것이다. 하지만 공공의료기관은 그 공공재가 가진 특성상 흑자운영을 기대하기 힘들었다. 정부가 효율의 잣대를 댈 곳이 아니었다. 공공의료에 대한 정부의 전망 부재를 고스란히 보여준다. 보건의료노조는 병원노련 시절부터 의료개혁을 요구하며, 의료제도 개선 투쟁을 해왔다.

병원 경영의 투명성부터 공공보건의료 사업 예산 확대(정부의 보건의료 예산 전체 0.2%), 관리부처 일원화는 물론 의약분업, 의보통합, 건강보험제도 개혁, 공공보건의료기관의 위탁경영 등에 대한 문제까지

의료개혁의 내용을 대정부 투쟁 요구안으로 매년 제시해왔다.

대정부 투쟁 요구안을 가지고 제도 개선 투쟁을 펼친다. 그러나 동시에 의료민주화는 정부 투쟁만으로 해결되지 않는다. 병원 내부에 만연한 권위와 권력. 보건의료서비스 시장에서는 공급자가 판매할 상품의 종류와 수량 등을 전적으로 결정한다. 전문가의 영역이라 구분되기에 소비자/수요자가 개입할 여지가 몹시 적다. '의료'가 상품이 된 순간 의사와 같은 의료진에게 선택권과 권위가 집중된다. 이러한 의료 상품의 성격 때문에 소비자는 약자가 될 수밖에 없다.

이를 어떻게 제어할 것인가. 비슷한 의학적 정보와 권위를 가지고 있는 사람들이 돈벌이로 치달릴 수 있는 권력의 관계를 제어해야 한다. 같은 병원 의료 종사자들의 역할일 수밖에 없다. 병원 노동자들. 병원 내부에서 편법과 비민주성을 막아야 한다. 노동조합은 주장할 수 있다. 병원 직원은 물론 주민의 참여가 보장되는 의료기관을.

전국에 산재되어 중소도시, 농어촌 지역을 도심과 이어 대국민 의료서비스의 균형적 발전에 중추적 역할을 담당해야 할 중소병원이, 경쟁에서 살아남기 위한 돈벌이에 환자를 희생시키고 있는 현실. 이를 변화시키는 작업은 위와 아래, 그리고 안팎에서 이루어져야 한다. 이 안팎이 만나는 지점은 무엇이 되어야 할까. 이정미의 고민이 구체화되고 현실화된 것은, 몇 년 뒤 폐업 상태에서 병원의 기능과 성격을 다시금 고민하게 된 노동조합을 마주한 후이다.

이때까지 이정미는 고민했다. 그리고 변화를 주도할 역량과 의지에 대한 문제도 함께 생각했다. 그 역량을 의심하던 때, 그럼에도 지치고 바쁜 지부 활동에도 시간을 내어 이곳에서 하루를 같이 보내는 이들이 힘이고 의지이지 않을까 싶었다. 이정미는 부위원장 역할을 정말 잘해 보고 싶었다. 몸도 몸이지만 마음이 더 분주했다. 그런 탓일까. 끼니 제때 못 챙겨먹는 거야 하루 이틀 일도 아닌데, 요사이 위의 통증이 더 잦아졌다. 이렇게 바쁜 때 하필…. 병원에 검사를 받으러 가야겠다고 생각하며 이정미는 얼굴을 찡그렸다.

위암 초기

위암 1기라 했다. 설마 죽는 건가? 이정미는 멍하니 앉아 생각할 때가 있었다. 그러다 고개를 저었다. 아니야. 자리에서 벌떡 일어서 집을 나섰다. 아침 5시면 동네 목욕탕을 갔다. 틈만 있으면 몸을 움직였다. "누워만 있으면 더 아프대요. 기운 빠진대요." 부지런히 움직였다. 기수련도 찾아다니고, 효과가 좋다는 한의원도 찾았다.

바쁘게 움직여야 덜 무서웠다. 다른 생각을 하지 못하도록 자신을 붙들었다. 그동안도 잘해 왔잖아. 이것보다 더 무서울 때도 많았잖아. 괜찮아. 그녀는 정말 괜찮은 듯 웃었다. 자신의 병을 이야기할 때도 그랬다.

그날은 청구성심병원노동조합에 새로운 간부가 들어오는 날이었다. 이제 조합원 수는 줄고 줄어 30명이 되지 않았다. 사람 귀한 곳에 새로 들어왔으니 환영회를 하는 것은 당연했다. 새로 들어온 간부는 이명이었다. 동그랗고 귀여운 인상인 간호사였는데, 첫 인상과 달리 대학에서 학생운동을 했고, 청구성심병원노동조합의 투쟁을 익히 알고 있었다고 했다.

이명은 간호대학을 졸업하며, 당연히 병원에 입사해서도 노동조합 활동을 할 것이라 생각했다. 작은 병원에 취업을 했으나, 노동조합 활동은커녕 1년도 되지 않아 병원이 문을 닫아 버렸다. 중소병원들 처지가 그랬다. 운영이 어찌 될지 일개 노동자들은 알 수가 없었다. 병원 운영에서 얻어지는 이윤보다 건물세가 더 돈이 된다면 문을 닫는 거였다. 개인 병원장들에 의해 병원이 그리 운영되고 있었다.

이명은 일자리를 잃은 후, 청구성심병원으로 눈을 돌렸다. 청구성심병원의 지독하고도 가열찬 싸움은 간호대 시절부터 익히 들어온 바였다. 이정미 지부장에 대한 이야기도 물론이었다. 실제 본 일은 없었다. 투쟁 영상 속에서만 보았다. 이명에게 이정미는 열의에 차고 전투적인 투사였다. 드디어 이정미 지부장을 처음 본 날 이명은 그 눈빛에 주눅이 들었다. 긴장한 까닭도 있었다. 말도 못 걸었다. 자신에게 무어라 한 것도 아닌데, 익히 들어온 명성에 눌려버렸다. 게다가 눈이 맑고도 매서워, 이 사람 앞에서는 뭐든 솔직해야 할 것만 같았다.

이정미는 평소처럼 웃고 농담을 했다. 안 그래도 보건의료노조 본조로 이적을 한 뒤로 조합원들을 잘 챙기지 못해 마음에 걸리던 참이었다. 특히 자신이 직접 제안을 하여 간부직을 받아들이고, 지금까지 그 자리에 남아 있는 이선우, 권기한, 김미연… 이들이 눈에 밟히었다. 도와주고도 싶고, 때로는 잘하나 못하나 일일이 챙겨주고도 싶고, 못하는 게 있으면 충고도 조언도 하고 싶은데, 이제는 자기 몸이 그러질 못했다.

다들 힘들어 보였다. 속사정이 눈에 빤히 보이는데, 이런 소식까지 전해야 하다니. 그동안 쌓아둔 병원 흉, 이사장 욕으로 맺힌 속을 푸는 조합원들을 보며 어떻게 입을 열어야 하나 이정미는 망설였다. 웃는 사이사이 머리가 복잡했다. 그러다 아무 일도 아니라는 듯 툭 말을 던졌다.

"병원에 가서 검사를 받았는데, 결과가 그리 좋지 않네요."

"검사 받았어요?"

"위 내시경 받은 거예요? 뭐래요?"

이정미는 감정을 다스리며 말했다.

"위암 초기래요. 초기니까 별 거는 아니에요."

"아…"

다들 말을 못 했다. 어머, 입소리만 나왔다. 병원에 근무하는 이들인지라, 그 병이 무엇을 의미하는지, 어떤 과정을 거쳐야 하는지 빤히 알았다. 그동안 얼마나 스트레스를 받았어. 얼마나 바빴고, 식사도 잘 못 챙기고. 안 아픈 게 이상한 거였지. 생각이 맴만 돌 뿐, 입이 떼이지 않았다.

그리고 안타깝게도 두려움이 올라왔다. 이정미 지부장이 없으면, 이정미 선배가, 이정미 선생님이 없으면 어떻게 하지? 어떻게 우리끼리 노동조합 활동을 할 수 있을까? 기댈 곳이 사라진 마당에 험난한 병원 생활을 계속 할 수 있을까? 어떻게 버티지? 이정미의 병보다 그녀의 부재가 앞서 걱정되는 이도 있었다. 평생을 두고 회한으로 남을 생각들이었다. 암에 걸렸다는 사람을 앞에 두고, 제 걱정을 할 수밖에 없는 자신이 싫있다. 하지만 그럴 수밖에 없는 현실이었다.

많이 다치고 많이 지쳤다. 너무 길게 싸웠다. 평범한 사람들이었다. 노동조합이 무엇인지도 모르고 병원에 들어왔다. 병원이 부당하게 굴기에 싸웠다. 그런데 이렇게 긴 싸움이 될 지 몰랐다. 병원이 자신의 소유이면, 그 안의 고용된 이들 또한 자신의 소유처럼 굴어도 되는 건가. 하루에도 몇 번씩 화가 치밀어 올랐다. 부당노동행위 판결을 수차례 받고도 청구성심병원은 끄덕 안 했다. 싸움이 일면 경찰들은 사유재산 보호하기 급급했다. 법도 공권력도 가진 것 없는 사람들에게 잔인했다.

지쳤다. 미움이 커졌다. 마음이 아프고, 몸이 아팠다. 그래서 다른 곳에 눈을 돌리지 못했다. 저리 웃으며, 병에 걸렸다고 말하는 이정미조차 챙기질 못했다.

 **요양**

이정미는 부위원장 자리를 내려놓았다. 2개월도 하지 못하고 떠나야 했다. 위의 3분의 1을 잘라냈다. 암세포가 퍼진 위를 잘라낸 것이다. 이정미는 찬찬히 몸을 회복하기 위한 생활을 해나갔다. 남편 윤창훈은 회사를 그만두고, 아내의 병간호에 집중했다. 서로가 바빴기에 아내와 함께한 추억이 많지 않았다. 여행을 좋아하는 아내는 우리나라 섬을 다 다녀봤으면 좋겠다고 했다. 아내를 이끌고 조심조심 울릉도, 백련도 등 섬을 찾아 다녔다.

이 섬 저 섬으로 이동을 하며 차 안, 원래도 대화 나누는 것을 좋아하는 이정미는 가만가만 이야기를 풀어내었다.

"대화를 많이 좀 해요. 대화를 하면 건강해 진다잖아요. 노후에 남는 건 우리 둘밖에 없어요. 동현이 동민이 크면 우리끼리 노후를 보내야 하잖아요. 그러니까 나중에 푸대접 안 받으려면 지금 잘 해요."

병에 언제 걸렸냐는 듯 이정미는 그리 말을 꺼냈다. 자꾸 뒤를 돌아보게 되니, 오히려 더 미래를 말했다.

"그거 알아요? 내가 여름에 당신 시원하게 입으라고 메리야스를 미리 냉장고에 넣어둔다 그러면, 다들 나보고 이상하다 그러는 거? 당신은 복을 너무 많이 받은 거 같아."

윤창훈은 안다고, 당신이 그만큼 나를 아끼는 것 안다고 말을 하려다, 어색하여 그만 웃고 말았다. 어떤 아내인지 알았다. 그래서 오래 같이 있자 하고 싶었다.

나중을 위해 부부는 요양에 전념했다. 아이들을 데리고 마라톤 대회에 나가기도 했다. 처음에는 뜀박질을 통해 꾸준히 운동해 체력을 기르자는 생각이었는데, 악착같은 면이 있는 아내는 대회에서 트로피까지 받아왔다.

"몸이 약한 엄마도 상을 타는데, 너희는 더 열심히 해야지."

오랜만에 동민, 동현이와 함께 보내는 시간들이었다. 늘 아이들에게 미안했다. 바쁜 엄마를 둔 탓에 부족하고 아쉬운 것이 많았다. 동현이가 어릴 적에 하루는 식당에서 시켜주는 돈가스도 떡볶이도 싫고, 엄마가 해준 음식이 먹고 싶다고 했다. 노동조합 일로 무척 바쁜 때였다. 동현이 앞에서는 돈가스가 얼마나 맛있는 건데, 라고 했지만 돌아서 마음이 쓰렸다. 혹시 어른 손 못 탄 아이 티가 날까 봐 더 애를 썼다. 옷 하나도, 도시락 하나도 챙기려 했다. 엄마가 바빠 제대로 가르치지 못했다는 소리를 아이가 듣지 않게 하기 위해, 두 아들에게 엄격했다. 예의를 아는 사람이 되어야 한다고 늘 입에 달았다. 그래도 안쓰럽기만 한 아이들이었다. 엄마랑 같이 다니는 것만으로 저리 좋아하는 아이들을 보니 더 마음이 짠했다. 남편에게 대화를 많이 하자고 했던 것처럼, 다 나으면 가족과 보다 함께 하는 시간을 만들겠다고 약속했다.

살고 싶었다. 눈에 밟히는 아이들. 아픈 몸을 이끌고 108배를 했다. 이정미가 절을 하고 있으면 막내 동현이 하나, 둘, 그 숫자를 셌다. 이 몸이 나을 수 있으면 뭐든지 할 거다 다짐했다. 투병 또한 고지식할 정도로 성실했다.

하지만 아픈 몸으로도 자기만 생각하질 못 했다. 대학 후배 지연이가 어느덧 결혼을 한다고 했다. 어린 줄만 알았던 지연이가 결혼을 한다니 세월이 놀랍고 뿌듯했다. 이정미를 유독 따랐던 지연이는 데이트를 할 때도 쫓아와 함께 자리한 적이 많아, 남편도 잘 아는 후배였다. 남편은 지연이의 소식을 듣고, "처제 결혼하는데 뭐라도 해야 되지 않을까?"라고 했다. 이정미도 같은 생각이었다.

한여름이었다. 이정미는 최지연을 불러냈다.

"형부가 너 결혼하는데, 텔레비전 한 대라도 해줘야 하는 게 아닌가 하더라."

위암 절제 수술 후 비쩍 마른 몸으로 천천히 지하철역 계단을 오르며 이정미는 말했다. 최지연은 이정미의 작아진 등을 보며 따라 올라갔다.

이정미는 그날 불편한 몸으로 그릇 하나, 쟁반 하나, 수저 하나, 꼼꼼히 골랐다. 친동생의 혼수를 마련하듯 하나하나 따져보며 선택했다.

"언니 정말 잘 쓸게요."

"남편 될 사람한테 잘해줘. 가족한테 잘하고."

이정미의 사람 챙김은 멈출 줄 몰랐다. 공대위 활동을 함께 한 이은영의 결혼식에 찾아오기도 했다. 병환이 깊다 하여 결혼식 이야기를 전하지 않았는데, 알음알음 소식을 듣고 찾아온 것이다.

"위원장님, 어떻게 오셨어요?"

놀라는 이은영에게 이정미는 마른 얼굴로 웃어 보였다.

"나 몰래 결혼을 하려고요? 내가 둘이 연애하는 것도 제일 먼저 알아챘는데."

공대위 시절부터 지금의 남편과 연애를 해왔었는데, 아무에게도 사실을 알리지 않았다. 같은 당원끼리 하는 연애라 사람들 눈이 많이 닿을까 우려한 터였다. 그런데 언젠가 이정미가 물어왔다.

"둘이 연애하죠?"

"어… 아셨어요?"

"내 눈을 속이려고요? 둘이 참 좋아하는 게 다 보이는데."

싸우고 마음 다치고 바쁜 일정들 사이에도 언제 그리 사람들은 다 챙겨보았는지. 미안한 마음에 초대조차 하지 못한 결혼식에 와서 이정미는 신부를 챙기고 신랑을 챙겼다. 늘 칭찬을 입에 달고 다니던 그때처럼 축하의 말을 마르고 갈라진 입술로 전하고 갔다.

요양 차 떠난 경주 작은 산내에서도 이정미는 사람 걱정을 잊지 못했다. 고운 편지지 한 장을 찾아 노동조합 사람들에게 편지를 썼다.

사랑하는 나의 동지들에게

그냥 그렇게 부른 건데, 울컥 마음이 아팠다. 저들 곁에 내가 없다는 사실이 절실히 느껴졌다. 선우는 여전히 노동조합 상황이 안 좋을 텐데, 얼마나 걱정이 많을까.

조합원이 탈퇴를 하겠다고 찾아오면 정말 힘들지요. 노동조합 지부장을 하면서 가장 힘들었던 일이 탈퇴하겠다는 조합원을 면담하는 일이었습니다. 간부들도 힘들지만 당장 조합원을 설득해야 하는 전임자는 온몸에 기운이 다 빠지는 느낌일 겁니다. 최선을 다해 설득해 보고 안 되더라도 너무 힘들어 하지 말라고 이야기 하고 싶었습니다.

탈퇴서를 볼 때마다 살점이 떼어지는 그 느낌이 이제는 선우 몫이겠구나. 너무 무거운 짐을 이고 있어. 괜히 내가 쓴 글이 무게를 더 얹어 주는 것은 아닐까. 노파심이 부담이 되는 것은 아닐까.

권기한 조직부장은 신혼인데 부인과는 잘 지내는지. 유일한 남자 조합원이라 자꾸 병원에 치이는데 그 스트레스가 집에 미치는 것은 아닌지. 그 부인이 참 다부지고 좋은 사람이었지. 잘 해주겠지. 태복이는 아직도 치과를 잘 다니고 있나? 이제는 원장이 괴롭히지 않는지, 눈에 보이지 않으니 걱정이 더 커졌다. 만날 허리가 아프다 하는 김명희 부지

연신내 인근에서 청구성심병원 부당노동행위 척결 및 민주노조 사수를 위한 공동대책위원회 활동. 마이크 잡은 이가 이은영 공대위 위원장

부장은 치료는 좀 받고 있는지. 물리치료가 힘이 많이 들어가는 작업인데…. 다들 잘 지내고 있는지.

막상 요양한다고 멀리 있으니, 눈에 밟히는 사람도 아쉬운 일도 많았다. 아프니 그동안 하지 못했던 것들이 생각났다. 병원에 누워, 느리게 걸으며, 얼마 먹지도 못하는 밥을 오래 씹으며, '어서 나아서 뭐할까?' 그 생각을 했다.

몸이 점차 나아지는 기색을 보였다. 암을 초기에 발견해서 그런 거라며 주변에서도 안심을 했다. 건강을 어느 정도 회복한 이정미는 다들 마음 아프게 기억할 일을 했다. 보건의료노조 본조로 복귀한 것이다.

아픔 :

　2002년, 이선우 지부장은 교섭장에 들어온 소상식을 보고 파르르 떨었다. 98년 식칼테러 후, 노동조합은 소상식이 노사문제에 개입을 하지 않는 것을 전제로 병원과 합의를 했다. 그런데 그 소상식이 부원장이 되어 임금단체협상을 맺는 교섭장에 나타난 것이다. 식칼테러 날, 병원에 깡패를 부른 사람, 구사대에게 폭력을 지휘하던 사람, 조합원들을 향해 집기를 던지고 주먹을 휘두른 사람.
　단지 노동조합을 탄압한 것만이 문제가 아니었다. 그가 부원장으로 있은 후, 병원의 운영은 한층 더 파행적으로 이루어졌다. 무조건 돈이었다. 돈이 되지 않는 진료는 폐쇄되고 외주화 됐다. 사람은 값싼 임시직으로 대체되었다. 응급실에 수련의 대신 아르바이트 의사가 채용되었다. 치과는 임대운영으로 넘겨지고, 안과와 가정의학과는 아예 폐쇄되었다. 비뇨기과는 과장이 퇴사 한 후 후임 채용조차 되고 있지 않았다.

'노조탄압박살 2002 임단투승리를 위한 전조합원 철야농성 3일째', '임산부간호사까지 밤근무를' 3교대 근무개선 대자보

2002년 임단투승리를 위한 성실교섭촉구 전조합원 현장 순회

이선우, 권기한, 김명희, 이명 등 노동조합 간부들은 교섭장을 떠났다. 교섭을 할 수 없다고 했다. 그 후 수십 차례의 교섭이 있었다. 병원은 입장 변화가 없었고, 교섭은 번번히 무산되었다.

교섭이 길어질수록 부서마다 분란이 생겼다. 단체교섭 협의를 위해 가야 하니 근무를 바꿔달라는 조합원과 그럴 수 없다고 버티는 부서장들 사이에서 신경전이 벌어졌다.

"못 빼죠. 왜 노동조합 일로 다른 사람한테 피해를 줘? 나는 교섭하는 거 찬성한 적도 없고 그 혜택 받은 적도 없어. 교섭 가고 싶으면 월차 쓰고 가요."

며칠 전부터 일정을 이야기하고 대체 근무를 신청해도, 당일 날이 되면 이런 일이 벌어졌다. 비조합원들도 대체 근무를 해주는 것을 꺼려했다. 수간호사 눈치가 보이기도 했고, 근무 시간이 자꾸 바뀌는 것에 대해 짜증을 내는 이들도 있었다.

"선생님 때문에 제가 이날 나와야겠어요?"

"대신 내가 선생님 쉬는 날 근무할게요."

"아, 정말. 저도 제 스케줄이 있다고요. 선생님 그거 꼭 들어가야겠어요?"

뒤돌아 투덜거리는 소리가 들렸다.

"정말 민폐다."

미안한 소리를 하는 처지라 큰소리 내지 못하지만 조합원들은 답답함에 가슴을 쳤다. 3교대 사업장. 24시간이 맞물려 돌아가는 일터에서 월차조차 옆 동료 미안해서 쓰지 못하는 공간이다. 그 공간에서 교섭을 위해 수십 차례 근무 중 빠져나오는 일이 쉬운 것은 절대 아니었다. 그러나 조합원 몇 사람 월급 올리기 위해서 하는 협상이 아니었다.

신규 입사자들이 한 달이 넘도록 상여금을 받지 못하고 있었다. 노동조합이 생긴 이후, 입사 3개월 6개월 기준을 정하지 않고, 청구성심병원 직원이라면 누구나 상여금을 적용받도록 하였다. 그러나 이것이 요사이 지켜지지 않고 있다. 상여금만이 아니었다. 단체협약은 맺어지지 않고, 이전에 약속한 것들조차 지켜지지 않았다.

외부에서 인력을 들여오며 계약직으로 취업시켰다. 퇴사를 종용한

2002년 임단투승리를 위한 식당 앞 중식 선전전.

후 계약직으로 다시 채용하는 행동까지 벌였다. 석고실장, 기관장, 방사선과 실장 등이 퇴사나 정년퇴임 이후 계약직으로 일하고 있었다. 영양사 같은 직종은 물론이고, 간호사들마저 올해만 새로이 5명이 계약직으로 들어왔다.

수간호사들조차 연봉제라는 이름으로 계약직 근무를 했다. 이들이 조합원에게 탈퇴서를 받는 데 신경이 곤두선 까닭은 연봉제에 있었다. 조합원 탈퇴라는 성과를 높여야 다음 해에도 계약을 유지할 수 있다. 노동조합은 이런 수간호사들의 처지마저 개선하라고 병원에 요구했다. 노동조합 탄압에 앞장서는 외부 간호사들조차 정규직 채용을 하라 요구했다. 그 사람들이 밉긴 했지만, 성과를 따져 일시적인 계약을 가져가는 연봉제를 노동조합이 찬성할 수 없었다. 연봉제 아래서 개인이 할 수 있는 것은 성과를 내기 위해 동료를 짓밟고 올라서는 것뿐이다.

청구성심병원만이 아니었다. 이미 방지거병원 같은 경우 95년부터 일찍이 병원장이 한국형 연봉제를 도입하겠다 하여 노동조합과 크게 갈등을 빚은 적도 있었다. 연봉제 도입은 병원 구조조정의 일환이었다. 월급제를 연봉제로 전환하고, 계약직 인력을 늘린다. 진료과를 임대하거나 외주화한다. 노동유연화라 불리는 비정규직 양산이 병원 안팎 어

디든지 화두였다.[34]

병원이 일상적으로 구조조정을 하고 있는 상황에서 방어선은 노동조합의 단체협약이다. 2002년 청구성심병원노동조합의 단체협약 요구안은 다음과 같았다.

3교대 근무 개선 / 산재 직업병 근절 / 임대 도입 저지 / 병원의 공공성 확립

단체협약이 정하는 바는 직원들의 임금과 고용만이 아니었다.

 위법과 편법

노동조합 죽이기로 일관하던 청구성심병원은 이정미가 꿈꾸었던 문턱 낮은 지역병원과 멀어져만 갔다. 2003년 청구성심병원 노동자들과 지역 시민사회-노동단체는 설문조사를 실시했다. 청구성심병원에 대한 지역주민들의 인식을 알아보기 위해서였다.

은평구 내 유일한 종합병원이었다. 그러나 응답한 지역주민의 반 이상이 "시설과 장비가 낡고 불결하다"라고 답했다. 이어 "진료수준이 낮다" 등의 답들을 쏟아냈다. 이런 불편을 감안하고 청구성심병원에서 진료를 받는 까닭은 오직 하나. 가깝다. 90%에 가까운 이들이 이리 답했다.

당연한 결과다. 청구성심병원의 원장을 소상식이 맡고 있었다. 98년

---

34) 2002년 1월 보건복지부가 발표한 〈병원활성화 대책〉은 연봉제 등의 방식을 권장하고 있다.

이전 영안실 운영업자였던 이가(그리고 청구성심병원 노동탄압에 최정점에 섰던 인물이) 병원의 총책임자가 됐다. 소상식은 2001년 부원장 자리에 오른 이래로 병원에 대한 운영권을 가지고 흔들었다. 의료사고가 발생하자 항의하는 보호자에게 소상식 원장이 "요즘 장사가 안 된다"고 표현한 일이 병원 내에서 화제가 되기도 했다. 환자가 아니었다. 고객이고, 돈이었다. 물론 사람 하나 때문에 벌어진 일이 아니다. 돈이 있는 자가 병원을 세우고, 어떤 수단과 방법을 통해서라도 대를 이어 병원을 사유하는, 그러니까 그저 일반 기업과 다를 바 없이 의료기관이 자본으로 기능하는 것. 이것이 모든 비극의 시작이다.

돈벌이 중심의 경영방식은 수익을 따져 일부 진료과를 폐쇄하거나 축소하는 결과로 나타났다. 의료진은 자주 교체되고, 병원 인력은 날이 갈수록 감소했다. 의료를 총책임질 과장조차 뽑지 않았다. 비뇨기과 과장 자리는 아예 공석으로 두었다. 노동조합은 병원 환경 전반을 검토하기로 했다. 이미 직원들 사이에서는 널리 알려진 것들이었다.

- ◆ 정식 자격증도 없는 보조원이 물리치료실에 근무하는 것은 물론, 의사 처방에도 없는 수 치료를 시행함
- ◆ 수술환자 소독 등 의사가 해야 하는 업무를 간호조무사가 함
- ◆ 교통사고 환자의 경우 보험회사에서 돈이 나온다는 이유로 환자가 거부한 주사와 약이 처방된 것으로 기록할 것을 간호사에게 지시함
- ◆ 보험급여가 가능한 치료를 비급여로 신청함
- ◆ 산부인과 환자를 일반외과에서 수술함
- ◆ 응급실에 당직 의사가 없어, 공보의가 저녁과 주말에 진료 함

의료 행위에 편법이 만연했다. 마지막 사례 같은 경우는 놀라울 지경이다. 응급실에 당직 의사가 없어 공중보건의가 저녁과 주말에는 진료를 하였다. 공중보건의면 임상경험이 적다. 이들이 생사가 오가는 환자에게 빠르고 적합한 조치를 취할 것이라 안심해도 될 것인가. 안 그래도 응급실에서 적절한 조치를 받지 못하고 수술 지시를 기다리다 목숨을 잃은 응급환자 이야기가 뉴스에서 종종 들려오곤 했다. 응급실 사망환자 수가 한 해 3만 명을 웃돌았다.[35]

한 조사에서 3대 응급질환 중 하나인 심근경색 환자가 응급실에 도착하는 평균 소요시간은 2시간. 또한 3대 응급질환 환자가 도착해 치료를 받기 전 대기한 시간은 기본 2시간이라는 조사가 나왔다. 미국심장협회 권고 기준에 따르면 심장혈관이 막힌 급성심근경색 환자에게는 응급실 도착 후 30분 이내에 혈전용해제를 투여해야 한다. 이토록 응급처치 과정이 더딘 까닭은 단순하다. 응급실을 찾는 환자는 많고, 응급실 병상과 당직 의료진은 적다. 민간병원들은 수지 타산에서 맞지 않는다며 응급실에 대한 지원과 인력충원을 꺼림칙해 한다. 그렇다면 국가가 사회 안전망의 일환으로 응급의료체계를 관리해야 하는데, 이 또한 이뤄지지 못한다. 응급환자 중증도 분류체계, 이송병원 선정 기준 등이 부재하다. 환자는 이 병원, 저 병원을 돌다 치료 적기를 놓친다.

환자들의 건강과 질병에 직결되는 것이 병원의 환경이다. 위협받는 것은 환자만이 아니다. 병원에서 일하는 노동자, 의료행위를 한다는 이

---

[35] 2000년 국정감사에 제출된 보건복지부 통계 수치이다.

들조차 위협받았다. 한 예로, 병원은 주사바늘을 비닐로 된 쓰레기봉투에 버리곤 했다. 쓰레기를 치우는 간호사들과 환경미화 노동자들은 봉투를 뚫고 나온 주사바늘에 찔렸다. 어떤 환자의 몸속에 들어갔을지 모르는 주사바늘이다. 감염 위험이 있다. 환자의 고름, 피가 묻은 붕대와 침대 시트 등이 소각되지 않고 일반 쓰레기로 버려졌다. 심지어 감염 우려가 있는 피고름이 묻은 환자복을 일반 환자복과 분리하지 않고 세탁했다. 전염성 균을 가진 환자를 격리시킬 때 환자가 쓰던 침대만을 알코올로 소독했다. 기존 매뉴얼에 따르면 병실 전부를 소독해야 했다.

이런 작업환경에서 3병동 간호사가 환자와 접촉하다 결핵에 감염됐다. 하지만 산업재해로 신청하지도 못했다. 의학지식이 있는 간호사도 이럴지인데, 병실에서 온 종일을 보내는 간병인과 보호자들이 어떤 균에 노출될지 알 수 없는 일이었다. 조합원이었기에 감염 간호사의 문제가 알려졌지, 아니면 숨겨지는 게였다.

노동조합은 산업안보건법에 관한 사항들을 취합해 서울서부지방노동사무소 산업안전과에 제출했다. 그 결과 청구성심병원이 안전보건교육 실시, 항암치료실, 임상병리실과 공급실에 방독마스크 지급, 항암치료실 국소배기장치 설치 등에 관해 허위보고를 하고, 산업안전법을 위반한 사실을 밝혀낸다.

2001년에 있었던 결핵 감염 간호사의 산재 발생을 보고하지 않은 것(산업안전보건법 제 10조 불이행), 방사선 현상액, 메틸알콜, 수술실 이소프로란, 중앙공급실 EO 가스 등 유해물질에 위험 경고 표지를 부착하지 않은 것(12조), 국소배기장치 등 환기시설 미비(제 24조), 감염위험이 있는 액체 및 잔재물 처리를 매뉴얼에 따르지 않은 것(24조) 등에 기본적인 방독마스크 등 보호구 미지급, 안전교육 미실시 등이 산업안전과로부터 위법이라 밝혀졌다.

노동조합의 조사로 이러한 사실이 밝혀지고, 환경부로부터 벌금형을 받은 뒤에야 병원은 위의 환경들을 개선시켜 나가기 시작했다. 청구성심병원은 하나둘 바뀌었다. 물론 처음에는 시정기간을 미루거나 눈에 보이는 곳만 손을 본 후 보고하는 등 편법을 썼다. 그러나 결국 바꿀 수밖에 없었다.

작은 조치들이 취해졌다. 구내식당의 바닥을 미끄러지지 않는 타일로 변경했다. 폐수처리장의 노동자에게 보호앞치마와 장갑이 지급됐다. 물리치료실에는 환자의 상태에 따라 높이를 선택할 수 있는 작업대가 배치됐다. 치과 X-선 발생장치는 지정된 내부에서만 사용토록 했다. 치과의 수은 보관 용기도 지정 장소에서만 보관했다. 임상병리실에 국소배기장치를 설치했다. 에틸알콜 등에 대한 물질에 MSDS(화학물질정보)를 비치하고 관련 교육을 실시하고, 원무과 작업자에게 높낮이 조절이 가능한 의자가 주어졌다.

이삼 년에 걸친 변화였다. 그리하여 나아진 것은 물이 가득한 구내식당에서 일하는 이가 바닥에 넘어져 허리를 다치는 일이, 임상병리실에서 일하는 누군가가 환기시설 부재로 인해 정체를 알 수 없는 미생물에 노출되는 일, 원무과 작업자가 불편한 자세에서 장시간 같은 근육을 사용해 근골격계 질환이 올 가능성이 줄었다. 노동자가 건강할 권리를 지킨 것이다. 수년 동안 노동조합이 숱한 작업환경을 조사하고 설문하고, 서부지방노동사무소를 쫓아다닌 결과였다.

병원으로서는 비용이 드는 번거로운 일을 노동조합이 자꾸 만들고 있었다. 월급이 인상되는, 직접적인 이득이 아니니 비조합원들은 관심이 없었다. 간호부 과장과 수간호사들이 내는 소문에 직원들은 고개를 끄덕이기까지 했다.

"노동조합 때문에 병원 이미지가 나빠진다. 숨겨도 될 일을 자꾸 노동조합이 꺼내드니 환자들이 우리 병원에 안 오려 한다."

병원장은 아예 교섭에 나오지 않았다. 책임자가 나오지 않은 교섭장에서 얼굴을 붉히고 싸워야 하는 이는 고용된 관리직 직원들과 조합원들이었다. 싸움이 계속 될수록 상처는 쌓여갔다. 상처를 기억하니, 서로 날카로워졌다. 등을 돌리고, 화를 내고, 이제 이사장이 내뱉었던 "조합원 년들이 미워 죽겠다"가 대다수의 관리직 직원들에게 퍼져갔다. 그리하여 비조합원들의 반응이 한결 차가워졌다.

교섭만 60여 차례였다. 늘 반복이었다. 미움이 반복됐다. 고통도 반복됐다.

"나 이번만 교섭위원에서 빠지면 안 될까?"

"많이 힘드시지요?"

"아니다… 다들 그렇지 뭐. 내가 어떻게든 교섭 날에 업무를 빼 볼게."

교섭은 늘 감정만 다친 채 성과 없이 끝났다. 호칭을 제대로 불러주세요. 그게 무슨 의미입니까? 저희가 아랫사람입니까? 왜 그렇게 말을 하세요? 앵무새 같은 말이 반복되는 교섭에 조합원들도 지쳐갔다. 그럼에도 단체협상을 포기하지 못했다. 단체협약을 맺는 일은 노동조합이 살아있다는 증거였다. 겨우 6년 전, 노동조합은 단체협약서 1장 1조의 "정상적인 노사관계"라는 문구를 "대등한 노사관계"로 바꾸었다. 병원과 마주앉아, 병원의 한 주체로, 대등한 자리에서 병원의 살림을 같이 논의할 것이다. 그것이 노동조합의 역할이자 위상이다.

 **1년 후**

"실장님, 나랑 어디 좀 같이 가요."
이정미는 억지 미소를 지으며 말했다.
"어딜 가요?"
영문을 모르는 김명희는 이정미를 빤히 바라봤다.
"병원 좀 같이 가요."
"…나 안 가요."
"아니에요. 실장님만 가는 거 아니에요. 사람들 같이 가는 거예요."
"나 많이 안 좋아요? 내가 너무 귀찮게 했어요?"
"아니에요. 그냥 검사를 하면 좋을 것 같아서요. 의사선생님이 다 알아서 해주실 거예요."
김명희는 마지못해 짐을 꾸려 이정미를 따라 나섰다. 이정미는 이선우에게도 같은 말을 했다.
"선우야, 선생님하고 병원에 좀 가보자."

"…네?"

"아무래도 검사를 받는 게 좋을 것 같아."

이선우는 가만 이정미를 바라보다 끄덕였다. 반박할 기운이 없었다. 어디냐고도 묻질 않았다. 이선우, 김명희, 권기한, 임우숙, 김미연, 그리고 새로 들어온 간호사 이명까지 조합원들이 이정미를 따라 나섰다. 신경질환 검사가 그들을 기다리고 있었다.

"자, 여기 테스트지 입니다. 단어가 있죠. 이 단어를 가지고 문장을 완성하시면 됩니다."

이선우 지부장은 자신 앞에 놓인 테스트지를 무심히 바라봤다. 내가 이걸 왜 해야 하지? 쉬고 싶어. 아무것도 하기 싫어. 의사의 질문에 건성으로 대답하는 자신을 알면서도 이선우는 피로감을 이길 수 없었.

그저 쉬고 싶었다. 힘들었다. 지부장이 된 후부터 마음 편히 잠든 적이 없었다. 전임자가 하나밖에 없는 노동조합 일도 버거웠지만, 정작 힘에 부치는 것은 매일같이 눈물바람으로 사무실로 들어오는 조합원들이었다. 지부장으로서 적절한 방안들을 마련해야 하는데, 각 병동마다 우후죽순으로 터져 나오는 사건들을 감당하기가 벅찼다. 해줄 수 있는 말이 없었다. 내가 부족해서 저 사람들을 더 힘들게 하는 건가. 자책이 늘었다. 감당할 수 없을 만큼 많은 시한폭탄을 끌어안고 있는 기분이었다. 언제 터질지 모르는 시한폭탄들이 무섭고 불안했다. 주변에 아무것도 보이지 않았다. 결정해야 할 것이 너무 많고, 결정에 대한 책임은 너무 무거웠다.

그 결정에 있어 작은 실수라도 있으면 병원은 물어뜯을 듯 덤벼들었다. 무서웠다. 어떤 작은 결정조차 내리질 못하게 되어버렸다. 어떤 선택도 할 수 없었다. 작은 선택도 할 수 없어, 몇 날 며칠 같은 메뉴의 식사만 한 적도 있었다. 힘들었고, 무서웠고, 불안했고, 그리고 어느 순간 너무 피로했다. 아무것도 할 수가 없었다.

질문지를 앞에 두고 자책에 시달리는 이는 이선우만이 아니었다. 누구든 그러했다. 조합원들은 면담 도중 울었다. 생각조차 하기 싫다. 가슴이 두근거린다. 머리가 아프다. 병원 이야기만 나오면 그런 반응을 보였다. 얼굴이 벌겋게 달아오르며 숨조차 쉬기 힘들다는 조합원도 있었다.

그 모습을 다 지켜보고도 노동환경건강연구소의 전문가들은 반신반의했다. 설마 이 많은 사람들이 한꺼번에 정신질환에 걸렸을까? 그런 일이 가능할까? 아직 국내에 사례가 없었다. 한두 명의 사람이 노사관계로 인해 정신질환에 걸린 일은 있어도 이렇게 조합원 대다수가 우울증과 같은 질환을 겪었다는 사례는 본 적이 없었다. MNPI(다면적 인성검사)를 시행했다.

결과는 충격적이었다. 검사를 받은 조합원 18명 중 11명이 우울과 불안을 동반한 적응장애 질환 판정을 받았다. 2003년 5월, 청구성심병원 싸움 6년째였다.

♣ 김명희(물리치료사, 82년 청구성심 입사)

"당신 뭐 하는 사람이야. 컵을 왜 함부로 둬. 여기가 당신 집이야?"

김명희는 수화기를 든 채 멍하니 책상을 바라봤다. 책상에는 컵 하나가 올려져 있었다. 물을 마시다가 환자가 왔고, 마시던 컵을 내려놓고 치료실로 들어간 지 1분도 되지 않았다. 진료지원부장이 전화를 걸어와 컵을 치우라 한 것이다. 진료지원부는 지하 1층에 있었다. 이곳은 6층이었다. 김명희는 CCTV를 바라봤다. 물리치료실에 설치된 카메라, 저것으로 언제부터 보고 있었을까. 소름이 끼쳤다.

감시는 그것으로 그치지 않았다. 2002년 김명희는 우연히 접수대에 펼쳐진 공책을 보게 된다. 거기에는 자신과 물리치료실 직원 김종란 조합원의 이름이 있었다. 필체를 보니 한중희 진료부장의 것이었다. 이게 뭐지? 김명희는 공책을 들었다. 그곳에는 물리치료실을 들고 난 시간까지, 자신과 김종란의 일거수일투족이 적혀 있었다. 아무래도 감시 기록인 듯했다. 그때 박능순 보조가 그녀를 향해 달려들었다.

"이리 내놔!"

너무 당황하여 순간 공책을 움켜쥐었다. 그러자 공책을 빼앗겠다며 박능순 보조는 그녀의 손과 등을 마구잡이로 할퀴었다. 봉변을 당한 김명희는 어지럽고 혈압이 올라 서 있을 수가 없었다.

폭력은 이번만이 아니었다. 아무 때고 자신에게 달려들었다. 어느 날은 김명희의 가운을 잡고 밖으로 끌고 나갔다. 무슨 영문인지도 모른 채, 김명희는 힘을 못 이겨 질질 끌려갔다. 그 모습이 너무나 비참했다. 심지어 물리치료실 환자들도 다 보고 있었다. 창피하고 화가 났다. 종일 심장이 뛰었다.

박능순 보조가 온 것은 2002년 물리치료실이 새로 만들어진 이후였다. 2002년 7월 김명희는 모친상을 치렀다. 청구성심병원 장례식장에 차려진 빈소에는 조합원을 제외하고는 병원 직원 누구도 오지 않았다. 사정을 모르는 가족과 친지들 얼굴 보기가 부끄러웠다. 업무 복귀를 하니 더 큰 일이 기다리고 있었다. 자신이 일하던 물리치료실이 폐쇄된 것이다. 다른 층에 새로이 확장된 물리치료실이 세워졌다.

물리치료실 실장이었던 김명희는 졸지에 새로운 물리치료실의 팀장으로 배정된 사람 밑에서 일하게 되었다. 그 팀장은 김명희보다 10살이나 어린 후배였다. 자신을 나가라고 하는 일이었다. 하지만 김명희는 나갈 수 없었다. 노동조합이 만들어지고 10년이 넘는 세월 동안, 무수한 간부들이 지쳐서 병원을 나가는 것을 보아왔다. 자신은 이 병원에서 정년퇴직을 하는 노동조합 간부가 되리라, 다짐을 한 터였다.

대리라는 직함을 달고 자신보다 한참 어린 팀장이 있는 새로운 물리치료실로 출근을 했다. 그곳에 박능순 보조라는 사람도 있었다. 박능순은 사사건건 김명희에게 폭언을 남발했다. 환자들 앞에서도 막말을 서슴지 않았다.

"이 여자가 무슨 실장은 실장이야. 대리라고 불러요. 실력이 없어서 20년 동안 대리밖에 못한 여자니까."

보조라고 하지만, 그녀는 일을 하지 않았다. 오히려 수간호사들과 어울려 다니며, 물리치료실이 수간호사들의 마실 장소가 되었다. 그녀의 실질적인 업무는 김명희와 김종란을 감시하는 것이었다.

계속된 폭력에 지치다 못해, 아팠다. 김명희는 부축을 받으며 응급실로 갔다. 그곳에서 진정제를 맞고 물리치료실로 올라오니 진료지원부장이 있었다. 그는 대뜸 "근무 중에 어딜 갔다 와!"라고 윽박을 질렀다. 늘 CCTV로 감시를 하니 아까의 사정을 뻔히 알 텐데도 그는 김명희를 몰아붙였다.

그날의 폭력이 각인돼, 김명희는 박능순 보조를 볼 때마다 가슴이 두근거리고 몸이 움찔거렸다.

그러던 와중에 허리 통증이 극심해졌다. 98년 이후, 김명희는 인력충원을 받지 못한 채 일했다. 인력을 보내 달라 요청하면 간호조무사를 보내오는 것이 병원이었다. 물리치료는 손목과 어깨 힘을 쓰는 일도 많았지만, 거동이 불편한 환자를 들어 침대에 옮기고 몸을 움직여야 하기 때문에 허리에 부담이 큰 직업이었다. 그런데 사람이 부족해 업무량까지 많아지니 허리가 버티지 못한 것이다. 결국 허리를 못 쓸 지경이 되었다.

출근을 할 수 없는 지경이 되어, 그녀는 병가를 내었다. 병가를 내는 것 또한 한참 실랑이가 있었다. 무슨 일을 했다고 몸이 아프냐는 병원을 상대로 싸운 끝에 얻은 병가였다. 병문안 따위를 기대하지 않았다. 그러나 그녀는 병실 환자들로부터 이상한 이야기를 들었다. 그녀가 자리를 비운 새에 병원에서 찾아왔다는 것이다. 왜 자신에게는 연락도 하지 않고? 환자들은 병원 직원이 그녀에 대해 꼬치꼬치 묻고 간 일을 말해주었다. "진짜 아픈 거 맞냐?" "혹시 꾀병 같진 않냐?" 이런 질문을 하고 갔다고 했다. 김명희는 허무했다. 자신이 뭐하러 이 병원에 다니고 있는 걸까.

김학중 이사장의 아들이 꼬마아이였을 때부터 자신은 병원에서 일했다. 그 아이와 놀아주던 때도 있었다. 그만큼 오랜 시간 병원을 위해 일했다. 하지만 이사장은 자기 혼자 만든 병원이라 생각하겠지. 그래서 이러는 거겠지. 그러니 노동자도 좀 사람처럼 살겠다는데 못 잡아먹어 안달이겠지. 그녀는 눈물만 났다.

88년 노동조합을 처음 만들 때도 그랬다. 빨갱이라고 했다. 구사대 직원들이 못과 망치를 들고 와 물리치료실 문을 막아버렸다. 빨갱이는 더 이상 이 병원에서 일할 필요가 없다고 했다. 13년 뒤, 물리치료실 문을 폐쇄하는 데 앞장섰던 한 과장이 사직 압박을 받아 병원을 떠날 때, 김명희를 찾아왔었다. 인사 끝에 그는 말했다. "여기는 사실 노동조합이 필요합니다." 그 말을 하려 일부러 찾아온 것이다. 그때 김명희는 이렇게 한명 한명에게 노동조합의 존재가 인정받는구나, 기뻤다.

하지만 희망을 가져도 버티기가 버거웠다. 그녀는 아파도 병원에 가지 않았다. 청구성심병원만이 아니었다. 병원이라면 다 무서웠다. 병원에서 일하는 노동자가 병원이 무서웠다. 병원만 가면, 맞고 당했던 기억이 나 불편하고 숨이 막혔다. 길을 나설 때도 청구성심병원이 보이지 않게 멀찍이 떨어져 다녔다. 병원을 보는 것만으로도 심장이 뛰고 아팠다.

출구 없는 나날들 속에 그녀는 생각했다.

'내가 투신을 하면 이 상황이 알려지지 않을까.'

♣ 김희정(5병동 간호사, 92년 입사)

"선생님, 제발 이번 한 번만 근무 바꿔주세요."

"안 된다니까. 비번이 안 나온다고 하잖아."

"며칠 전부터 부탁드린 거잖아요. 29일 하루만 사정을 봐 주세요."

"아니 내가 뭘 어떻게 해야 해? 안 나온다는 사람을 억지로 끌고 와? 뭐 내가 대신 근무라도 해야겠어?"

"…그럼 오후 근무를 오전 근무로만 바꿔주시는 것도 안 되나요? 제발요."

김희정의 애원은 통하지 않았다. 한영자 수간호사는 모르쇠로 일관했다. 김희정은 가슴이 타들어갔다. 나오지 않겠다고 한 비번인 간호사는 그날 영화관에 갔다. 비조합원들끼리 단체로 영화관람을 하는 날이었다.

결국 김희정은 1월 29일 오후 근무를 했다. 근무 중 틈틈이 어머니에게 전화를 걸었다. "아버지는?" 어머니와 통화를 끊고, 김희정은 탈의실로 몰래 들어갔다.

잠시 후, 탈의실에서 나온 김희정의 눈이 빨갰다. 그날 김희정의 아버지는 위암 수술을 받았다. 그 수술에 가지 못한 것이다. 엄마는 아침 7시에 수술실에 들어간

아버지가 오후가 다 지나도록 나오지 않는다고 했다. 아버지가 걱정되고, 혼자 수술실 앞을 지킬 엄마에게 미안해, 김희정은 울었다.

비조합원들이 영화 관람을 할 동안, 그녀는 빨개진 눈으로 근무를 했다. 그것은 가슴에 켜켜이 쌓였다.

더 자존심이 상하는 일은 한영자 수간호사의 자리에 실은 자신이 있어야 한다는 것이었다. 92년에 입사하여 10년째 근무였다. 간호과장이라는 사람이 91년 병원에 들어왔다. 자신과 1년 차이였다. 그럼에도 자신은 책임간호사에 머물 뿐이었다. 권위도 권한도 없는 허수아비 책임 간호사.

병원은 자신을 두고도 외부에서 수간호사를 들여왔다. 그 수간호사가 한영자였다. 한동안 간호과장과 감독은 한영자 수간호사와 함께 일하게 된 자신에게 "일하긴 괜찮냐?" "수간호사랑 잘 지내냐?" 물어왔다. 자신이 불편할 것이 진심으로 걱정되면 부서를 달리 배정하면 되는 문제였다. 일부러 저리 묻는 것이었다. 옆에 있는 후배 간호사들이 약 올리는 거냐고 화난다고 더 파르르 떨었다. 하지만 체면이 있었다. 자존심이 상해 화를 같이 낼 수가 없었다. 괜찮다고 말은 했지만, 실은 병원 이야기만 들어도 속이 미식거리고 화가 났다.

♣ 이명(5병동 간호사, 2000년 입사)

이명은 애교가 많고 똘똘해 병동에서 귀여움을 받았던 막내 간호사였다. 하지만 그녀가 노동조합에 가입했다는 사실이 알려지자 대우는 하루아침에 달라졌다. 작은 실수 하나에도 선배 간호사들은 화를 냈다. 자신이 하루아침에 무능력하고 예의 없고 같이 일하지 못할 사람으로 변한 것이 아닐 텐데, 그랬다. 병원 생활이 지옥 같이 변했다.

이명은 이제 조합원용으로 따로 배정된 근무표를 받았다. 잦은 밤 근무가 주어졌다. 3명이 해야 하는 근무를 조합원은 2명이 해야 했다. 10시간의 밤 근무 동안 짬을 내어 야식을 먹거나 휴식을 취하는 것은 꿈도 못 꿀 일이었다. 꼬박 밤을 새워도 업무를 다 마치지 못하는 날이 많았다. 출근을 한 수간호사에게 질타를 들어야 했다. 탈의실에 불려가 "노조 탈퇴하면 밤 근무 3명을 주겠다"는 요지의 일장연설을 듣고서야 퇴근을 할 수 있었다.

모든 것을 자신의 잘못이라 보는 간호사들 사이에서 근무하려니 몸도 마음도 움츠려 들었다. 아무리 조심해도 사건은 터졌다. 하루는 환자가 고맙다고 화분을 선물로 주었다. 2개를 주었기에, 하나는 간호사실에 놓고 다른 한 개는 집에 가져갔다. 다음 날 수간호사는 동료들이 다 있는 앞에서 그 화분의 행방을 물었다. 집에 가져갔다고 하니, 도둑질을 한 거냐고 했다.

"화분 가져가기 전에 부서장 허락 받았어? 완전 도둑질이네. 뭔들 못 훔쳐가겠어? 뭘 믿고 일을 맡기겠어? 노조에서 그렇게 배웠니? 부모님한테 그렇게 배웠니?"

폭언이 쏟아졌다. 환자와 보호자들도 지나가고 있었다. 그 앞에서 도둑이라는 소리를 마구 했다. 영문을 모르는 환자들이 자신을 어떻게 생각할지 걱정이 앞섰다. 그날 이명은 가슴이 쪼여오고 양손이 떨려 일을 할 수가 없었다.

그 후로 동료 간호사들은 이명이 나타나면 "아, 요즘 도둑 있지? 얼른 캐비닛에 넣어야겠네"라며 비아냥거렸다. 그런 일을 겪고 나면 하루 종일 머리가 아프고 손이 떨려 집중을 할 수가 없었다. 꿈에도 수간호사가 나타나 자신을 혼냈다. 그런 악몽을 꾸다 깨어난 날이면 출근조차 하기 싫었다.

하루는 입원한 환자가 "이명 선생은 왜 만날 말단이야?"라고 물어왔다. 네? 하고 되물으니 "왜 밤 근무만 해?"라고 했다. 매번 막내 간호사들이 하는 액팅(주로 연차가 낮은 간호사들이 하는 주사, 수액 확인 등의 기술적인 일을 말한다)을 하고, 밤 근무 당번이 자주 오니 그렇게 묻는 듯 했다. 그냥 웃어넘기려는데, 환자는 말을 이었다.

"난 그 이유를 알지. 이명 선생 노조지?"

얼굴이 화끈거렸다. 몸 둘 바를 몰라 병실을 서둘러 빠져나왔다. 환자들도 조합원과 비조합원의 차별을 눈치채고 있었다. 노동조합이 무슨 대역죄인이라고 이런 대우를 받아야 하나.

수간호사는 매번 자신에게 "너는 사람들에게 악영향을 끼치는 애잖아"라고 했다. 자신이 조합원이기 때문이었다. 그래서 신입 간호사와는 잠시도 같이 있지 못하게 했다. 화장실에서 몇 분, 식당에서 몇 분 있었는지까지 보고해야 했다. 수간호사들은 후배 간호사들이 수다를 떨고 있는 것을 보면서도 자신에게 일을 시켰다. 그것도 린넨실 청소나 대소변을 치우는 잡일을 시켰다.

비조합원인 동료들도 "선생님이랑 일하기 싫어요. 선생님 때문에 창피해서 병원 다니기 싫어요"라며 자신을 배척했다. 노동조합 때문에 병원이 나쁜 이미지가 된다는 게였다. 이야기를 하다가도 자기가 나타나면 흩어졌다. 업무에 관해 물어도, 대답을 하지 않거나 마지못해 "했다니까요"라며 퉁명스럽게 굴었다. 병원에서 눈치를 보지 않고 말을 걸 수 있는 사람은 같은 조합원인 김희정, 기정현 간호사밖에 없었다.

이명은 점점 말수가 줄고 표정이 사라졌다. 늘 머리가 아프고 소화가 되지 않았다. 괜히 위축되는 마음에 그녀는 친구들과 만나면 늘 자신의 존재를 확인했다. "나 그렇게 못난 사람 아니지? 나 나쁜 애가 아니지?" 물었다. 친구들은 그런 그녀를 보고 성격이 변했다고 했다.

그러던 중 이명을 병원에 다닐 수 없는 지경으로 몰고 간 사건이 있었다. 담당했던 환자가 사망을 한 것이다. 신경외과 중환자실에 있다가 일반병동으로 옮겨온 사람이었다. 상태가 호전되어 온 것이 아니라 신경외과 과장이 공석인 상태라 일반병동으로 옮겨온 것이다. 일반병동은 특수병동보다 담당해야 할 환자 수가 많아 집중 간호를 하기 어려운 조건이었다. 애초에 옮겨오면 안 되는 환자였다.

가뜩이나 간호사 3명이 7-8명의 환자를 돌봐야 했다. 손이 부족했다. 환자를 일일이 챙기지 못하니 가래를 빼는 등의 기초적인 간호는 보호자에게 부탁했다. 한두 번 배우면 할 수 있는 일이었다. 그런데 그 환자의 보호자는 교육을 받지 않겠다 했다. 보호자가 하기 어렵다면 간병인을 두는 것은 어떻겠냐는 말을 이명은 넌지시 했다. 환자의 가족들은 그 말에 화를 냈다. 환자 돌보는 게 귀찮냐는 게였다. 아니라고 수습은 하였지만, 마음은 좋지 못했다.

그런데 그 환자가 사망하게 된 것이다. 가족들은 간병인 얘기를 한 것을 들먹이며 이명에게 분노를 폭발시켰다. 매일 간호실로 찾아와 폭언을 퍼붓고 갔다.

"속이 시원해? 너도 우리 아버지랑 똑같이 만들 거야. 가만 안 두겠어. 너 준비하고 있어!"

이명은 식사조차 할 수 없었다. 점심때는 물론 환자를 보고 있는 와중에도 환자 가족들이 찾아왔다. 간호실을 엎어놓고 갔다. 이명은 눈물밖에 나오지 않았다. 병원은 보호자의 횡포를 방관했다. 오히려 병원이 보호자들에게 통상적으로 기초 간호를 교육하는 일을 이명이 개인적으로 판단하여 한 것이라 발뺌했다.

이명은 견디다 못해 공개사과문을 1층 로비에 붙이고, 보호자에게 무릎을 꿇었다. 자신이 어떤 잘못을 했는지 알 수 없으나 사과를 해야 했다. 그때는 정말 죽고 싶은 심정이었다. 치욕이 잊히질 않았다. 사람들을 마주하는 것도 말을 섞는 것도 무서웠다. 사람이란 존재가 힘들고 버거웠다. 아무도 보고 싶지 않았다.

♣ 임우숙(7병동 수간호사, 92년 입사)

곽영선 간호감독이 또 호출을 했다. 일주일 동안 하루에 한 번씩 면담을 하러 불려갔다. 간호감독은 새로 부임하자마자 직원들 면담을 잡았다. 면담을 하는 족족 조합원들이 탈퇴서를 보내왔다. 자신도 면담에 끌려가 수간호사 자리를 지키고 싶으면 탈퇴를 해야 한다는 말을 들었다.

"임 선생 병동에 왜 인원이 충원 안 되는지 알잖아? 임 선생님 고집으로 아래 부하직원들까지 피곤하게 만들면 되겠어? 사람이 그렇게 이기적이면 안 되지."

자신이 있는 7병동은 인원 충원이 이뤄지지 않았다. 7병동 간호사들은 보통 다른 이들이 한 달에 7번 하는 밤 근무를 12번 정도 했다. 자신 또한 수간호사의 직책임에도 평간호사가 하는 일들을 해야 했다. 일할 사람이 없었다. 주말에 혼자 근무를 하는 날도 많았다. 대부분이 조합원인 7병동 간호사들은 그런 그녀를 이해해 주었다. 그럼에도 미안한 마음이 적지 않았다. 간호감독은 그런 부분을 콕콕 건드렸다. 매일같이 자신을 불렀다. 면담 내용은 늘 같았다. 노동조합 탈퇴서에 서명을 하라는 게였다. 면담은 정말 탈퇴서를 쓸 때까지 계속 될 거 같았다. 곤혹스러웠다.

결국 이정미 지부장과 상의를 했고, 부당노동행위이니 증거를 잡자는 말이 나왔다. 면담 내용을 녹취를 하자는 게였다. 녹음은 어렵지 않았다. 곽영선 간호감독을 부당노동행위로 신고했다. 간호부가 발칵 뒤집어졌다. 임우숙을 가만두지 않겠다고 간호감독은 내놓고 말하고 다녔다.

한 달 후, 간호감독과 간호과장을 비롯해 간호부 사람들이 모두 모인 방으로 임우숙은 불려갔다. 임우숙 앞에 흰 종이를 내놓았다.

"여기 사직서 써."

"너는 수간호사 자격이 없는 애야."

"그만 두기 싫으면 니가 거짓말한 거라고 진술서를 새로 쓰던가."

"난 거짓말 한 적이 없는데요."

간호부 이들은 사직서를 쓰기 전까지는 한 발짝도 이 방에서 못 나갈 줄 알라며 협박을 했다. 몇 겹으로 둘러싼 수간호사를 밀치고 저 문으로 나갈 방도가 없었다. 못 쓴다고 버티는 임우숙에게 온갖 인신공격이 쏟아졌다. 자기편은 아무도 없었다. 어서 이 방을 나가야겠다는 생각만이 강해졌다. 사직서를 썼다.

그러자 아무 일도 없었다는 듯 간호감독이 회식을 권했다. "송별회 해야지. 밥이나 같이 먹어요." 소름이 끼쳤다. 어서 이곳을 벗어나 노동조합 사무실로 가야 한다는 생각에 갖은 이유를 대며 자리를 벗어났다. 화가 나는 동시에 비참했다. 이정미 지부장에게 이 일을 말하니, 강요에 의한 사직이니 무로 돌릴 수 있다면서, 서둘러 내용증명을 보내자고 했다. 그렇게 퇴사는 취소되었다. 그러나 그날의 기억마저 지워지지는 않았다. 병원은 물의를 일으켰다며 임우숙에게 한 달 대기발령이라는 징계를 내렸다. 그 한 달 동안 임우숙은 교육상담실에 곽영선 감독과 함께 지내야 했다. 돌이켜 떠올리기도 끔찍한 시간이었다.

그 사건으로 간호부에 완전히 찍혀 버렸다. 보고를 하러 가면, 별 것도 아닌 것에 하나하나 꼬투리를 잡았다. 당신 때문에 간호부가 안 돌아간다. 당신 하나만 없어지면 모두가 평온하다. 궁지에 몰리니 남는 것은 분노였다. 사람이 이래서 화병으로 죽는구나 싶었다. 이제는 위아래가 보이지 않았다. 후배간호사들과 환자들이 가득한 로비 한가운데서 "너" "야" 소리를 듣는 것도 한두 번이 아니었다. 이제는 간호과장과 수간호사들 얼굴만 봐도 화부터 났다. 같이 맞서 악을 써댔다.

"그래, 나 미쳤다! 당신이 간호과장이야? 그딴 식으로 할 거면 당신도 간호과장 자리 내놔! 당신이 먼저 그만두나 내가 먼저 그만두나 보자고. 난 너보다 오래 다닐 거니, 걱정 마세요."

내 입에서 나오는 소리가 맞나 싶을 정도로 악다구니들이 쏟아져 나왔다. 싸움이 끝나고 나면 후회와 자괴감, 그리고 풀리지 않는 분노가 잔류해 자신을 괴롭혔다.

자신이 맡은 7병동 직원들도 멀리 간호과장과 감독이 오는 모습만 봐도 가슴이 두근두근 거린다 했다. 오늘은 또 무슨 트집을 잡을까. 그 모습을 선배로서 지켜보기 힘들었다. 수간호사에게 당한 이야기를 하며 울고 있는 후배들을 보면 못나고 무능력한 자신이 한탄스러웠다. 수간호사로서 자신이 할 수 있는 것이 없었다. 그녀가 말할 수 있는 것은 미안하다는 말뿐이었다.

"너네 불쌍해서 어쩌니. 내가 너희들 바람막이가 돼야 하는데… 나도 너무 힘들어"

♣ **권기한**(임사병리실 근무, 96년 입사)

지하철 연신내역 계단을 오르는 권기한의 눈에 청구성심병원 건물이 들어왔다. 한숨이 나왔다. 그는 뒤를 돌아봤다. 병원이 아닌 어디로든 가고 싶었다. 도망치고 싶었다. 병원에 출근을 해 제일 먼저 해야 할 일은 직원들과의 몸싸움이었다.

출근 시간 30분 전만 되면 임상병리과는 소란이 일었다. 아침 조회에 참석하지 않겠나는 조합원과 끌고라도 가겠다는 관리자들 사이에 벌이지는 실랑이 때문이다. 권기한은 관리자들을 피해 화장실까지 들어가 봤지만, 그들은 그곳까지 쫓아와 끌고 나갔다.

아침 조회는 출근 전 시간에 이루어지는 업무였다. 그렇다고 그 시간만큼 시간 외 근무수당이 나오는 것도 아니었다. 사원대표부의 충성이 만들어낸 추가 근무일 뿐이었다. 처음에는 원하는 사람만 참여하면 되었는데, 소상식 총무부장, 이병숙 실장, 김정훈 행정부장 등 사원대표부의 중심인물들이 승승장구하자 어느새 의무처럼 되어버렸다. 아침 조회에 나오지 않은 사람들을 체크하고, 그것이 조합원일 경우에는 경고를 하거나 사유서 제출을 요구했다. 임상병리과만이 아닌 각 병동에서 아침마다 조합원들과 관리자 간의 다툼이 벌어졌다.

조합원 중 유일한 남자였던 권기한은 폭력의 주요 대상이 되었다. 아침 조회 때만이 아니었다. 어디서 어떤 일이 벌어질지 늘 긴장을 해야 했다. 사원대표부 사람들이 시비를 거는 일이 잦았다.

2000년 12월 남기광 총무과장이 전 직원들이 보는 로비에서 그에게 주먹질을 했다. 이유조차 없이 막무가내였다. 그 사건이 있은 6개월 뒤, 이번에는 가는 길목을 막고 비키지 않았다. 아침부터 응급 검사가 많아 분주한 날이었다. 뭐하는 짓이냐 했지만 상대는 들은 척도 하지 않았다. 할 수 없이 권기한은 총무과장을 피해 몸을 비켜 통로를 지났다. 그런데 갑자기 총무과장이 바닥에 드러누웠다. 넘어진 것이 아니라 반듯하게 뒤로 누웠다. 권기한은 어리둥절했다. 넘어진 것이 아니기에 주변 사람들도 총무과장을 일으켜 세울 생각을 하지 않았다.

그런데 그 사건으로 권기한은 고소당했다. 폭력 혐의였다. 총무과장은 1천만 원의 손해배상을 요구했다. 병원은 조합원이 총무과장을 폭행했다는 게시물을 붙였다. 고소 건은 당연히 무혐의 처리가 되었다. 하지만 당사자에게는 충격이었다. 병원 사람들에 대한 실망은 끝을 모르고 깊어지고 있었다.

임상병리과에 속했던 조합원들은 견디다 못해 떠났다. 임상병리과 과장은 여자 직원을 채용하지 않았다. 가정 있는 남자가 노동조합에 가입하기 더 힘들다는 사실을 염두에 둔 인사였다. 새로운 직원들은 '권기한과 말하지 마라', '권기한 말은 들을 필요가 없다' 같은 말을 들었다.

갓 신입에게 맡기는 채혈 업무가 권기한에게 배정되었다. 그것도 두 사람이 하던 일을 혼자 하였다. 평가나 인사의 불이익은 당연했다. 다른 직원들 눈에 자신이 얼마나 우습게 보일까. 입술을 물을 뿐이었다.

원래 이런 곳이 아니었다. 권기한은 입사 초를 떠올렸다. 임상병리과는 젊은 남자 직원이 많은 탓에 회식도 잦았다. 퇴근하는 길에 맥주 한잔 하는 것을 잊지 않는 사이들이었다. 그 동료들은 사라졌다. 노동조합 탄압에 떠나고, 정리해고 위협에 사직을 했다. 노동조합을 탈퇴하고 관리직 자리에 올라 조합을 탄압하는 이도 있었다.

그는 밤이면 집으로 가, 아내를 붙잡고 울었다. 그러면서 생각했다. 이러다 내가 미치겠구나.

최상*(응급실 간호사)

　2001년 토요일 오전 근무를 하던 중에 수간호사가 저에게 장부 하나를 보여주었습니다. 그러면서 "이게 뭔지 알아?"라고 했습니다. 제가 모른다고 하니, 수간호사는 "최상* 선생처럼 지각하는 사람 적는 일지야"라고 말했습니다. 순간 소름이 끼쳤습니다. 그동안 수간호사가 나를 감시하고 있었구나 하는 생각에 배신감이 들었습니다. 근무 태도, 실수한 일이 모두 적혀 있을 거라는 상상이 들었습니다. 화기애애한 분위기 속에서 근무하고 싶은 제 마음과 달리 수간호사는 나를 감시의 대상으로밖에 보지 않는다고 생각하니 병원에 정이 뚝 떨어졌습니다.

신은*(5병동 간호사)

　저는 밤 근무가 너무 힘들어 근무 중에 엘리베이터 안에서 눈물을 흘린 적이 한두 번이 아닙니다. 인원 충원을 간곡히 부탁하면 수간호사는 "너네에게는 인원 못 줘. 난 너희들이 부하직원으로 안 보여. 노조로만 보여"라고 했습니다. 수간호사가 근무 중에 면담을 하자고 부르면 가슴이 답답해져 옵니다.

기정* (5병동 간호사)

　임신을 하고 퇴직을 하려 했으나 수간호사가 인원 부족 등을 이유로 허락해 주지 않았습니다. 이에 문제제기를 하자, 부서장이 동료 간호사가 있는 자리에서 "수간호사 때문에 그만 두지 못한단다. 하기야 임신하고 임신 중절수술까지 받고도 다니니까. 어디 애기 지우고 버틸 수 있으면 버텨보라지?"라고 비꼬기까지 했습니다. 심지어 "혼전임신이 뭐 잘한 거야? 간호사 위신이나 깎아 먹구서" 같은 폭언도 서슴지 않았습니다.

박정*(3병동 간호사)

저는 1999년 3월에 청구성심병원에 입사해서 분만실에서 근무하다 분만실이 폐쇄된 이후, 99년에 응급실로 발령받았습니다. 그러다 2000년 5월 노동조합에 가입했다는 사실이 알려지면서 병원은 저에게 간호업무와는 전혀 관련 없는 정문 경비 일을 맡겼습니다. 한 달 경비를 설 동안 김학중 이사장, 소상식 부장, 정복자 간호감독이 돌아가며 아침마다 저를 찾는다며 면담을 빙자한 감시를 했습니다. 화장실에 가느라고 자리라도 비우면 그날은 난리가 났습니다. 병원에 출근하는 것이 아오지탄광에 가는 것만 같았습니다.

한 달 뒤 다시 병동간호사로 근무하게 되었습니다. 3병동으로 발령을 받고 가니, 수간호사인 강영옥이 저에게 말했습니다.

"널 아무도 안 받아주려고 해서 어쩔 수 없이 3병동에 배정한 거야. 널 좋다는 수간호사가 하나도 없었다는 거야."

그 말은 충격이었습니다. 어떤 문제도 일으킨 적 없었고, 다른 이들보다 일을 못한다 생각해 보지도 않았습니다. 그런데도 단지 노조원이라는 이유로 모두가 거부하는 쓸모없는 사람 취급을 당했습니다. 자존심이 상해 참을 수가 없었습니다. 그래도 간호 일에 대한 자부심 하나로 정문 경비까지 하며 버티었는데.

그러나 나중에 수간호사의 말이 거짓임이 밝혀졌습니다. 간호과에서는 저의 부서이동에 관한 것이 언급조차 된 적이 없었다고 했습니다. 지어낸 말인 겁니다. 그런 말을 지어낸 이유는 하나일 것입니다. 일부러 저를 무시하고 스스로 병원을 나가게 하려 꾸민 일임을 알고 난 후, 분해서 잠을 잘 수가 없었습니다.

마음의 병 :

2003년 5월, 고경섭 노무사는 이정미의 전화를 받았다. 이정미가 보건의료노조 본조로 간 직후 위암이 발병해 한동안 연락을 주고받지 못한 터였다. 고경섭은 반갑게 안부를 물었지만, 이정미의 목소리는 밝지 않았다.

"노무사님, 우리 조합원들이 이상해요."

"이상하다니요?"

뜸을 들이다 이정미는 조심스럽게 말했다.

"아무래도 치료를 받아야 할 것 같아요."

"치료요?"

"정신과 치료를 받아야겠어요."

그 말만으로 고경섭은 짐작 가는 바가 있었다. 청구성심병원이 노사관계에 있어 얼마나 악랄한지 알고 있었다. 청구성심병원이 부당노동행위를 인정받은 것만 13건이었다. 사건들을 자신이 처리하지 않았는가. 정말 보다보다 혀를 차는 사건들도 있었다. 노동조합을 비난하는 유인물을 이사장이 직접 작성하여 뿌리는 병원이었다. 노동조합 사무실 바로 앞에 떡하니 CCTV를 설치하는 병원이었다. 이정미가 떠난 후, 병원 이사장과 관리자들이 가하는 핍박이 덜해진 않았을 것이다. 이미 치위생사 한 명이 견디다 못해 우울증에 걸린 이력이 있는 곳 아닌가. 하지만 이렇게 많은 사람들이 치료라니.

원래는 물리치료사인 김명희가 근골격계 문제를 겪고 있어 이를 진단받기 위해 산업의학의를 찾았다가 정신적 치료도 함께 필요하다는 소리를 들은 게였다. 비슷한 증세를 보이는 조합원들이 검사를 하게 되고, 11명이 우울증과 같은 적응장애 진단을 받았다.

고경섭은 산업재해이니, 산재 신청을 해야 한다고 했다. 회사의 노무관리로 인해 조합원이 받은 정신적 스트레스가 우울증이나 정신질환을 가져왔다면, 그것은 산업재해에 속했다.

"순순히 인정되지 않을 텐데요?"

이정미는 물었다.

"싸워야겠지요. 병원하고도 그렇고. 노동부하고도요."

개인이 노사문제로 인해 정신적 고통을 받은 것이 산재 원인으로 인정된 사례는 있었다. 하지만 이렇게 집단적인 발병을 근로복지공단이 산업재해로 인정해줄 지는 미지수였다. 하지만 고경섭은 가능성을 보았다.

"기존에 저희가 법적으로 부당노동행위 승소를 한 적도 있고, 비슷한 사례가 이미 존재하고, 여러모로 증거들이 있으니 인정 가능성이 있다고 봅니다."

 **마음의 병**

이정미는 망설였다. 싸움은 쉬운 일이 아니었다. 아픈 사람들이었다. 집단산재 신청을 한다는 것은 싸움을 의미했다. '몸이 아프니 치료와 요양을 할 보상금을 바랍니다' 하고 기다리면 끝인 일이 아니었다. 청구성심병원은 이것이 자기들과 관계없는 병이라 우길 것이다. 그러면 노동조합은 병원이 조합원에게 한 노동탄압을 들춰내야 한다. 조합원들은 '내가 왜 정신질환에 걸리게 되었는가'를 들춰내고 꺼내놓고 증명해야 한다. 병원은 사실이 아니라 맞설 것이고, 그러면 싸움이다.

게다가 싸움을 시작하려면 조합원들의 병을 공개해야 했다. 정신병이라니. 정신질환이 사회적으로 폭넓게 이해되지 않는 분위기였다. 자칫하면 평생 낙인찍힌 채 살아가야 할 지 모른다. 지금도 버거운데, 정신질환자라는 굴레까지 가져가도록 해야 하는 걸까.

판단이 정확하고 분명하다는 이정미였지만, 쉽게 마음의 결정을 내릴 수 없었다. 산재에 있어 집단 정신질환이 문제가 된 것은 처음이었다. 이 새로운 싸움의 승리를 병원과 노동부와 싸워 얻어낼 수 있을까.

그리고 승리한다고 해도, 조합원들이 병원으로 다시 돌아갈 수 있을까. 아니, 돌아가는 것이 맞는 것일까. 그냥 덮을까. 다들 병원을 그만

두자 할까…. 다시는 병원에 발도 들이지 말자고 하고 싶었다. 병원장 앞에서 '우리 다 나가니 너희들끼리 잘 먹고 잘 살아라' 라고 해버리고 싶었다. 노동조합도 사람이 살려고 하는 일이었다. 그런데 노동조합 활동을 하다 이리 아파버리다니. 노무사를 아무리 만나고 노동조합 활동가들에게 아무리 조언을 구해도, 어려운 싸움이라는 생각은 바뀌지 않았다.

그러나, 그럼에도 집단 산재 투쟁 쪽으로 마음이 기울었다. 어찌되었건 시작해야 했다. 치료도 늦출 수 없었다. 산재 인정을 받아야 치료를 하든지 요양을 하든지 할 수 있었다. 지금 상황에서 병원이 병가를 알아서 줄리도 없었다. 어쩌면 고민이 무의미하게 다른 길은 없는지도 몰랐다.

결심을 한 이정미는 최경숙을 찾았다. 그간의 사정을 알고 있는 최경숙은 염려부터 했다.

"그 싸움을 이정미 부위원장이 하려고?"

최경숙은 바싹 말라있는 이정미를 봤다. 암 수술을 받은 지 채 몇 년 되지도 않았다. 덩치가 좋던 사람이었는데, 지금은 얼굴이 핼쑥했다. 잘라낸 위는 소화력이 약해져 식사도 잘 못했다. 맨 밥만 꼭꼭 씹어대던 사람이었다. 안 그래도 보건의료노조로 다시 돌아가 장기투쟁 사업장을 찾는 것이 마음에 걸리던 차였다. 그조차 위태로워 보이는데, 청구성심병원노동조합 일을 맡겠다니. 수년간 이정미가 청구성심병원노동조합 일을 하는 것을 보아 왔다. 너무 많은 애를 쓰게 하는 곳이었다.

"괜찮겠어?"

말리지도 못하고, 권하지도 못하고. 사정을 아는 최경숙은 답답하기만 했다. 이정미는 옅은 웃음을 지었다.

"…자신 없어요."

이정미는 정말 자신이 없었다. 사람들은 말렸다. 그러다 쓰러진다고 했다. 쓰러진다는 말이 어떤 의미인지, 알았다.

하지만 이정미는 병이 든 조합원들을 너무 잘 알고 있었다. 같이 웃고 울고, 너무 많은 시간을 함께 했다. 이들과의 첫 만남이 자꾸 생각났다. 생기 넘치고 잘 웃던 사람들. 어설프지만 열의에 넘치던 모습들, 남 걱정부터 하는 순한 속내들, 어떨 때는 자신보다 더 원칙적이던 젊은 간부들, 노동조합이 무엇인지도 몰라 자신만 빤히 바라보면서도 교육을 할 때면 진지하던 열의들. 그 사람들이 지금 아팠다.

처음 보여주던 모습은 자취를 감췄다. 작은 일에도 상대에게 날을 세우고, 울컥 화부터 냈다. 그러면서도 자신 없이 주눅 들어 있었다. 자신이 지부장이라는 무거운 짐을 건넨 선우는 밥 때가 되어도 식사를 할 생각을 못했다. 밥 먹어야지, 그러면 마지못해 사람들을 따라나서 젓가락질 몇 번 하고 그만이었다. 그런 이가 아니었다. 외골수라 할 만큼 반듯한 이였다. 우직하고 성실하며, 차분하고 꼼꼼한 장점이 많았던 그런 사람이 좁은 노동조합 사무실에 멍하니 앉아 하루를 다 보냈다. 이정미는 그 생각만 하면 자다가도 벌떡 몸을 일으켰다.

자신 때문에 노동조합을 떠나지 못한 이들이다. 노동조합을 같이 하자고 했다. 내가 그러자고 했다. 탈퇴서 그거 한 장만 내면 승진이 보장되는 병원이었다. 정 견디기 힘들면 퇴사를 하면 그만이었다. 그럼에도 남아준 이들이다. 자신에 대한 애정 때문에, 자신과 함께 나눈 삶의 방식 때문에 노동조합에 남은 사람들이다. 그러다 아팠다. 자다가도 그 얼굴들만 생각하면 자리에서 벌떡 일어났다. 두고 갈 수가 없다. 나만 살겠다고 그럴 순 없었다.

이건 아니었다. 자신이 지키려던 평범한 상식은 이것이 아니었다. 처음 노동조합에 가입했을 때, 이정미가 원한 것은 당연함이었다. 당연한 대우, 당연한 권리, 당연한 관계. 그것을 원한 결과가 이것이라니. 힘없는 사람은 이토록 벼랑 끝까지 몰려야 하다니. 분노했다. 자신을 향해 이죽거리던 이사장의 얼굴, 욕설을 퍼붓던 관리직들. 영안실 직원들의 두 팔 가득한 문신. 화가 치밀어 마음을 헝클어 놓았다.

마음이 헝클어진 날은 남편과 아이들에게 미안했다. 가족들이 자신의 건강 때문에 얼마나 노심초사하는 줄 아는데, 자신은 마음 하나 바로 잡지 못하는 것이 미안했다. 그래도 남편 얼굴을 보면 조합원들 걱정부터 나왔다.

"오늘 집단 상담을 했는데, 선생님이 지금 기분이 어때요? 지금 무슨 생각이 들어요? 하는데, 다들 자기 이야기만 하더라고요. 옆 사람 이야기는 듣지도 않고, 이야기가 딴 데로 막 새. 상관없는 이야기를 막 던져. 촬영하신 선생님이 이야기가 날아다닌다고 하더라. 내가 종종 가봤어야 하는데…."

이정미가 그리 사람들 이름 하나하나 대가며 이야기를 하면, 윤창훈은 신경을 쓰지 말라 차마 말을 못 했다. 자신과도 친하게 지낸 이들이었다. 종종 집에 놀러와 같이 밥을 먹었다. 아래층 위층 한동네 주민으로도 살았다. 노동조합 수련회에 아이들까지 데리고 가 가족여행마냥 보냈다. 그런 사람들이 퀭한 눈으로 허튼소리를 던진다는 것이 상상조차 안 됐다. 그 모습을 직접 본 아내의 마음이 어떨까. 이정미가 어떻게 활동을 해왔는지, 얼마나 열심이었는지, 옆에서 보아온 윤창훈은 뭐라 할 수가 없었다. 그렇게 이정미를 아무도 말리지 못했다.

이정미는 걱정 가득한 최경숙을 향해 말했다. 이미 망설임은 걷히고, 단정하고 늘 무언가를 결단하는 듯한 평소의 얼굴로 돌아와 있었다.

"힘든 투쟁이 될 텐데… 제가 체력이 자신이 없긴 하지만, 그래도 집단산재 투쟁을 해야 할 것 같아요."

이정미는 자신을 말리는 이들에게 말했다.

"몸에 난 병은 언제든 고칠 수 있지만, 마음의 병은 시간을 놓치면 안 되잖아요."

아픈 조합원들 얼굴이 머리를 떠나지 않았다. 다른 선택은 없었다. 우선, 사람이었다.

힘든 싸움

이정미가 결심을 했다고 그것으로 끝이 아니었다. 그것은 시작일 뿐이었다. 더 어려운 결심을 해야 할 이는 당사자였다. 조합원들은 갈등하고 흔들렸다. 새로운 싸움을 하기에는 몹시 지쳐있었다.

"우리가 미쳤다는 말이세요?"

2003년 8월 집단산재인정과 사업주처벌을 위한 공동대책위 기자회견(근로복지공단 서울서부지사 앞)

"설사 미쳤다고 해도, 그건 비밀로 해야 해요. 병원이 알면 뭐라 그러겠어요? 검사 받은 것조차 병원에 소문 퍼지면 저흰 끝이에요."

"이참에 쫓아내려고 혈안이 될 걸요. 우리가 정신병자라는 오명이나 쓰고 나가려고 그동안 악으로 버텨온 지 아세요?"

화를 내는 이도 있었다.

"체력도 너무 딸리고, 엄마도 아프세요. 그냥 다 떠나고 싶어요. 다른 곳에서 다른 삶을 살고 싶어요."

"김학중은 편하게 지내는데, 도대체 우리는 뭐죠?"

"산재 인정받는다고 달라지겠어요? 병원은 그대로인데."

이 싸움이 과연 의미가 있는가에 대한 판단도 엇갈렸다. 이러려고 버텨온 지 아냐는 조합원들의 말이 이정미의 가슴을 아프게 찔렀다. 가족 보기가 민망하다며 우는 조합원 앞에서 무슨 말을 건네야 할지 몰랐다.

누군가는 말했다.

"앙갚음하고 싶어요. 복수하고 싶어요."

"이기고 싶어요. 아니 이기는 모습을 보여주고 싶어요. 소상식, 이병숙보다는 오래 다니고 싶어요."

"청구에는 노조가 필요해요. 함께 했던 사람들을 두고 갈 수는 없어요."

"탈퇴하고 비참하게 지내는 사람도 봤어요. 우리가 병원을 떠나면 그렇게 될까요?"

"사표를 백번 썼는데… 자존심이 상해서 도저히 못 그만두겠어요."

"한 번만이라도 이겨보고 싶어요."

이 마음들이 서로 매 순간 교차했다. 몸도 마음도 다친 이들의 싸움이었다.

"개개인의 삶이 다치거나 희생되지 않는 한에서 싸워요. 너무 많이 싸우지는 마요."

말을 하면서도, 허공에 붕 뜬 말만 같아 이정미는 입술만 잘근 씹었다.

이정미가 떠나고 조합원들도 집으로 돌아가 텅 빈 노동조합 사무실에 임상병리과 김미연은 홀로 앉았다. 요즘은 조합 사무실에도 들르지 않았다. 저 문 하나 여는 것도 힘들었다. 오고 싶지 않았다. 그런 조합 사무실에 오래 앉았다. 마음이 널을 뛰었다. 뒤숭숭한 마음을 다스리려 이것저것 들춰보았다. 자료집도 회의록도 들춰보다 재작년 날적이를 펼쳤다. 이때만 해도 곧잘 노동조합 사무실을 찾았다.

〈간부로서 나는 무엇을 할 것인가?〉

보건의료노조 간부회의 때 토론한 주제였다. 그때 사용한 용지 하나가 날적이에 껴 있던 게였다. 누군가 그 아래 답을 해 놓은 것이 보였다.

〈잘못된 것은 반드시 바꾸어 내서 조합원들에게 희망을 주자.〉

피식, 웃음이 났다. 이토록 희망적이었나. 저때도 힘들었는데, 참 기운찼구나. 이렇게 내 마음도 하나 못 지켜냈는데… 누구에게 무엇을 준다니. 그때의 희망찬 모습을 비웃으면서도 김미연은 자신이 산재 인정 싸움을 할 것임을 알았다.

조합원들은 의견을 모았다.

'내가 하지 않으면 또 다른 사람들이 피해를 볼 거다' '잘못 된 것은 고쳐야 한다' '다들 하는데 나만 빠져 기운 뺄 수는 없다' 그들이 산재 신청을 결심한 이유는 그간 노동조합을 떠나지 않은 그 이유였다.

조합원들의 결정을 들으며, 이정미는 진술서 하나를 떠올렸다. 악질 수간호사 밑에서 시달린 5병동 젊은 간호사는 진술서를 쓰며 병원을 그만두고 싶다고 울었다. 그러나 진술서에 이리 썼다.

〈못 그만두겠습니다. 왜냐면 여기서 무너지면 안 될 것 같아서입니다.〉

여기서 도망쳐 버리면, 남은 자기 인생이 자신 없을 것 같다고 했다. 병원에서 말한 대로 자기를 부족한 사람, 모자란 사람, 패배한 사람이라 생각하며 살 것 같다고 했다. "아니라는 것을 보여주고 싶어요." 지금으로는 이곳을 떠난다고 해도 새로운 삶을 시작할 자신이 없다 했다.

몇 해 전, 이정미 자신이 그리 말했다. 탈퇴하려는 조합원들을 붙잡고 말했다.

"여기서 포기하면, 그만두고 다른 데 가서 똑같은 상황이 되면 똑같이 할 수밖에 없어요. 여기서 이겨내야 해요."

이정미는 병원을 떠날 수 없는 조합원들의 마음을 알았다. 그들에게는 인정이 필요했다. 내가 틀린 길을 간 것이 아니라고. 자신이 나쁘거나 모자란 것이 아니라고. 옳은 것을 위해 남들보다 조금 더 힘든 싸움을 했던 것뿐이라고. 나를 인정하고 긍정하기 위해서는 대면해야 했다. 병원을 떠나 도망친다고 다친 마음이 아물 수는 없다. 싸워 이겨야겠지. 이겨내야 겠지.

그럼에도 이것은 아프지 않기 위한 싸움이니, 아프게 싸우지는 말자고 했다. 청구성심병원노동조합의 누구라도 떠나고 싶다 하면, 이정미는 그 손을 잡고 배웅할 마음이었다.

아프지 않기 위한 싸움

2003년 7월 7일, 보건의료노조, 노동건강연대, 노동환경건강연구소를 비롯한 보건의료단체와 시민단체가 모여 '청구성심병원노동자 집단산재인정과 책임자처벌을 위한 공동대책위(이하 공대위)'를 발족했다. 공동대책위는 "청구성심병원에 대한 노동부의 특별근로감독, 그 후속조치로의 책임자 구속 처벌, 근로복지공단의 산재 인정, 청구성심병원의 산업재해 책임 인정 및 치유 보상과 노동환경 개선"을 위해 모였다.[36] 청구성심병원 노동자들이 산재 인정 싸움을 시작한 것이다.

---

36) 지역 노동/사회단체에 대책위 구성을 제안하며, 투쟁의 의미를 아래와 같이 밝혔다.(청

청구성심병원지부 산재 신청자들은 근로복지공단 앞에서 농성을 가져갔다. 노동부, 경찰청, 서부지방법원에서 피케팅을 하는 등 산재 판정을 촉구하는 활동을 펼쳤다. 병원 앞 1인 시위는 공대위 소속 단위들이 맡았다. 동시에 노동부에 특별근로감독을 요구하였다. 노동자가 정신적 문제를 가질 정도의 노사관계를 가지고 있는 병원이라면 특별감독을 할 필요가 있다는 거였다. 집단 발병을 일으킬 정도로 악랄하게 노동탄압을 해 온 김학중과 소상식 처벌이 이 싸움의 주요 요구 중 하나였다.

청구성심병원 사용자 측이 한 일은 모두 다 불법이었다. 법으로 보장

구성심병원노동자 집단산재인정 및 책임자처벌을 위한 공동대책위원회 참여요청서에서 참조)
- 청구성심병원 조합원들이 자신들의 개인 문제가 아니라 사회구조적인 문제이고 구체적으로는 청구성심병원 사용자에 의한 것임을 정확히 인식하고 자신감을 가질 수 있도록 하는 치유의 과정이다.
- 아직도 이 사회에서는 노조탄압이 당연한 것으로 생각하고 특히 중소병원에서는 노조를 만들면 해고나 폐업 등을 일삼는 경우가 많다. 의료기관이 국민의 건강을 높이는 것은 뒷전인 채 경쟁적으로 돈벌이 중심의 이윤 추구에 맡겨지는 상황에서 노동조합은 이러한 경쟁구도의 걸림돌로만 인식하는 경우가 많다. 따라서 노동조합의 활동이 사회적으로 인정되는 현 시대에 노조 탄압을 자행하는 사용자를 확실하게 처벌하고 사회적 제지를 해나가야 한다.
- 특히 중소병원 중에서도 청구성심병원은 노조 설립 이후 계속되는 극심한 탄압 속에서도 끈질기게 민주노조 사수 투쟁을 해 온 대표적인 사업장으로 향후 중소병원의 노조활동의 방향을 판가름하는 상징적인 사례이다.
- 노동자로서 기본적인 권리인 노동조합 활동을 한다는 이유로 물리적인 폭행, 폭언과 인격적 모독과 집단적 따돌림 등을 당하면서 인격 파괴와 인간으로서의 노동할 수 있는 권리를 침해당한 인권의 문제이다. 청구성심병원의 문제는 단순한 노사문제가 아니라 인간성 회복 투쟁으로서 이러한 인권 침해는 사회적으로 용인되어서는 안 될 것이라는 경종을 울리기 위해 이 상황의 심각성을 고발하고 대응해 나간다.

된 노동3권을 부정하고, 부당노동행위를 저질렀다. 사람에게 작은 상해를 입혀도 법으로 기소가 되는데, 십여 명에게 정신적 상해를 입힌 병원이 처벌을 받는 것은 당연했다. 처벌이 이루어지지 않는다면, 조합원들이 산재를 인정받고 치료를 받는다 해도 병원에 다시 돌아갈 수 없다. 돌아갈 곳이 변하지 않으면, 조합원들의 병도 완치될 수가 없다.

언론도 노동탄압으로 인한 최초의 집단산재 신청에 관심을 가졌다. 주요 언론이 노동조합을 찾았다. 취재 과정에서 MBC 촬영 기사는 병원 측 직원들에 의해 폭행을 당하기도 한다. 3주 진단, 카메라 파손. 8년 전에도 비슷한 일이 있었다. 청구성심병원의 노사갈등 문제를 취재하던 기자가 관리자들에게 폭행당한 일. 청구성심병원의 시계는 앞으로 가질 못했다.

당시 산재 문제를 담당한 보건의료노조 간부는 정상은 의료사업국 국장이었다. 디스크에 시달려 목에 깁스를 하고 있는 까닭에 사람들과 모여 있으면 그녀가 제일 산재 환자 같았다. 농성장을 찾는 이정미도 암 투병 중이었다. 그 병이 어디서 기인한 것인지는 뻔했다. 똥물을 퍼붓고, 식칼을 들이대고, 모욕하고, 해고하고, 정신적으로 몰아붙이는 병원의 탄압이 한 쪽은 마음으로, 한 쪽은 몸으로 왔다. 같이 산재 신청을 해야 하는 거 아니냐는 말에, 이정미는 고개를 저었다. 초점을 정신질환 쪽으로 맞춰야 산재 인정을 받는 데 유리할 것이라는 판단이었다.

하지만 산재를 승인받는 길은 요원해 보였다. 생소한 사례라 노동자 측이 제시할 증거 자료조차 부족했다. 기존 연구가 턱없이 부족했다. 참고할만한 논문조차 없었다. 심지어 질병판정위원회 심의에서 의학적

증언을 해줄 정신과 의사도 구할 수 없었다. 정신질환 쪽은 물론, 직업병 전반의 연구와 인력이 부족했다. 산업재해에 대한 인식이 전반적으로 낮은 까닭이었다. 일반 사람들은 산재가 일하다 기계에 손이 잘리고 발이 끼는 것으로만 알고 있었다. 노동자의 주장을 뒷받침하고 전해줄 논리와 언어가 없었다. 결국 마땅한 정신과 의사를 찾지 못해 산업의학의인 백도명 교수가 대신했다. 그러자 근로복지공단과 병원이 난리가 났다. 왜 정신질환 문제를 심의하는 데 산업의학의가 들어왔냐는 게였다. 병원은 예민하게 대처했다. 근로복지공단은 조심스러워 했다. 노사관계에 의한 정신질환 문제, 그것도 집단적으로 드러난 발병은 처음이었다. 이번 판정이 본보기가 될 것이었다. 산재 판정이 내려지면, 어느 노동조합에서 유사한 사례를 들어 신청해 올지 몰랐다. 판정을 내리기가 조심스러웠다. 아니 부담스러웠다.

노동조합의 요구로 시행된 특별근로감독도 수월치 않기는 마찬가지였다. 부당노동행위를 적발하라 불러온 특별근로감독관은 오히려 병원 관리자들의 입장을 대변했다.

"저쪽도 나쁜 사람들 같지 않은데. 오히려 마음이 약한 사람들 같던데, 노동조합이 너무 예민한 거 아닙니까?"

피를 흘리며 아프다는 피해자에게 가해자가 그리 나쁜 사람 같지는 않다며, 친하게 지내보라는 소리였다. 조합원들이 개인의 악하고 선함을 따져달라고 감독관을 부른 게 아니었다. 화해시켜 달라고 부른 것도 아니었다. 병원에서 이루어지는 부당노동행위를 밝히고, 이를 바로잡아 달라 부른 게였다. 저들이 나쁘기만 한 사람들이 아니라는 것은 조합원도 알았다.

한때는 동료였고 조합원이었다. 그러나 병원의 노동조합 탄압, 아니 말살 기도가 이들을 서로 나뉘게 했다. 병원이 관리자들에게 지시한 감시와 차별이 조합원을 병들게 했다. 개별 사업장에서 노동자들이 어떤 대우를 받으며 일하는지에 대해 둔감하고 무감했던 근로감독원들은 조합원들에게 상처를 입혔다. 노동부에 항의를 해 재감독을 요구하는 것으로 일은 마무리 되었지만, 조합원들은 한 번 더 깨달았다. 힘없는 노동자들에게는 뭐 하나 쉬운 일이 없다는 것을. 심의건 면담이건 싸우지 않으면 제대로 얻어낼 수 있는 것이 없었다.

아픈 이들이 몸소 싸워야 하는 상황에서 병원은 집회를 하는 조합원들의 사진을 찍었다. 사진을 병원 게시판에 올리며 아프다는 사람들이 저렇게 데모질을 하고 다닌다고 했다. 병원의 반응은 예상대로였다. 꾀병이다. 원래 정신적 문제가 있는 사람들이었다. 갖은 소문들이 퍼졌다. 깊어진 감정의 골은 아픈 사람을 내버려 두지 않았다. 소문은 조합원들의 귀에 들어갔다. 아팠다. 조합원들이 듣고 싶은 말은 "괜찮은 거냐?"였다. "인간적으로 미안하다"라는 사과였다. 말해주는 사람이 없었다.

그럼에도 가장 힘든 것은, 자기 자신을 돌봐야 하는 일이었다. 산업재해 심의에 제출할 진술서를 울며 썼다. 고작 종이 한 장을 채우는 데도 오랜 시간이 걸렸다. 울다가 멍하니 앉아 있다가 뒤집어지는 속을 붙잡고 서성이다가, 그러다가 다시 썼다. 언론사 기자가 찾아와 왜 산재 투쟁을 하냐고 묻는 것도 두려웠다. 이야기 하다보면 지난 생각이

날 터였다. 생각이 나면 몸이 아팠다. 눈물이 나고 머리가 아프고 어깨가 딱딱하게 굳었다. 그러니 걱정부터 됐다.

매주 상담이 돌아왔다. 심리상담, 미술치료, 집단상담 등 갖가지 치료를 받았다. 상담을 할 때면 자존심이 상하고 비참했다. 평생 가슴에만 묻고 싶던 이야기를 꺼내야 했다. 기억을 꺼내면 자책이 따라왔다. 자신이 한껏 초라했다. 힘들어 효과가 없는 것 같다며 상담을 받지 않고 도망가기도 했다. 조합원이 상담을 빠지면 이정미의 수소문이 시작됐다. 사방에 연락을 해 행방을 물었다. 결국 이정미와 연락이 닿게 되어 있었고, 크게 혼이 나야 했다.

"안 낫고 싶어? 다른 사람들한테 노동조합하면 이 꼴로 난다고 그런 소리 듣고 싶어? 그거 보여주려고 이래? 이대로 실패한 인생이란 소리 들으며 살 거야? 나아야 할 거 아니야! 정신 똑바로 차려서 나아야 할 거 아니야."

근로복지공단 서부지사 앞. 청구성심병원지부 조합원들이 노동조합탄압에 의한 정신질환 산재인정 투쟁 전개 (2003년 7월 16일)

청구성심병원의 지속적인 노조탄압에 의한 정신질환 산재인정투쟁(2003년 7월 22일)
청구성심병원 조합원과 보건의료노조, 정당, 시민사회단체

화를 내는 이정미의 속이 쓰렸다. 이정미는 일주일에 한 번 꼴로 농성장을 찾았다. 농성장에 가면 조합원들이 아무 일 없는 듯 애써 웃으며 자신을 맞아도, 다 보였다. 사사로이 부딪치고 아파하는 것이. 너무 많이 울어 가슴이 말라붙은 듯 했다. 메마른 가슴으로 타인과 함께 하는 일은 쉽지 않았다. 이정미는 조합원들을 달랬다. 생일도 매번 챙기고, 한 달에 한 번씩은 영화라도 같이 보자 했다. 가까운 곳으로 여행도 갔다. 그리 마음을 채우자 했다.

 깃발 내릴까

하루하루, 산재 판정을 기다리며 이정미의 속이 타들어갔다. 직업병이 아니라고 판정이 나면 돌이킬 수 없었다. 조합원들이 받을 충격과

상처는 상상도 할 수 없었다. 하지만 지금 상황에서 앞으로 닥칠 일 걱정은 사치일지도 몰랐다. 코앞에 닥친 문제들만으로도 힘겨웠다. 특히 재정문제는 청구성심병원노동조합의 싸움 초창기부터 지금까지 이정미의 마음을 어지럽혔다.

상담에 적지 않은 비용이 들었다. 알음알음 사람들 도움을 받는다고 해도, 치료받을 사람만 무려 8명이었다. 비용이 만만치 않았다. 그래도 치료를 포기할 수는 없었다. 그것만은 절대 포기 못했다. 치료비를 구하기 위해 이리저리 뛰어다녔다. 중소병원 노동조합과 친분이 있던 대병원 노조 간부들에게 사정을 설명했다. 재정 물품을 팔기도, 지원금을 빌리기도 했다.

매번 올 때마다 까칠하고 어두운 얼굴인 이정미를 보고 서울의료원 지부장이던 황선이는 제발 그만 하라고 했다. 그만 청구성심병원노동조합 일에 손을 떼라고 했다. 네 웃는 얼굴 한번 못 봤다고 했다. 이 말을 하는 황선이도 속상했다. 지부 간부들과 조합원들은 자신이 후원이나 재정 물품 이야기를 꺼낼 때마다 반발했다. 조합원들 입장도 이해 못할 것은 아니었다. 한두 번이 아니었다. 누군가는 밑 빠진 독에 물 붓기라 했다. 비난과 비판을 듣는 것은 자신의 몫이었다. 그럼에도 이정미가 찾아오면 부탁을 들어줄 수밖에 없었다. 앞에서는 그만해라 했지만, 그만할 수 없는 것은 황선이 자신도 마찬가지였다. 모른 척 할 수 없었다. 그만큼 이정미는 절박해 보였다.

주변의 걱정이 이만저만이 아니었다. 하루는 중소병원 노동조합 간부들 중 친한 사람들끼리 이정미를 쉬게 해준다고 선운사로 데려간 적이 있었다. 노동조합 이야기는 안 하려 했지만, 청구성심병원 이야기가 안 나올 수가 없었다. 노동조합을 유지하는 게 과연 득일까, 우려들이 가득했다.

"남들이 봤을 때, 노동조합은 이렇게 힘든 것으로 인식되어 버렸잖아. 한 발 들여놓는 것조차 엄두를 못 낼 일로. 이제 누가 들어올 수 있겠어? 차라리 깃발 내리고 다시 시작하는 게 낫지 않을까?"

"사람이 살자고 하는 건데, 하는 사람들이 살지를 못하면 그게 무슨 의미겠어요."

손혜진, 정선숙 등 그동안 자신을 지지해주던 이들이 하는 말을 잠자코 듣던 이정미가 되물었다.

"그런가?"

그러다 다시 물었다.

"그럴까?"

그러다 고개를 저었다.

"하지만 불씨라도 없으면 어떻게 살리겠어. 어떻게 만든 노동조합인데… 다들 어떻게 지켜온 건데. …도저히 못 내리겠어요."

정선숙은 그 사이 더 마른 이정미를 봤다. 키가 크고 골격이 좋던 사람이 맞나 싶었다. 하지만 더는 만류하지 못했다. 지부장으로서 조합원들에 대한 책임이 얼마나 무거운지 자신도 경험해 봐서 알았다. 노동조합을 유지하는 것도 이렇게 힘든데, 다시 세우겠다는 것은 꿈같은 이야기였다. 그래, 그건 마음 편하자고 하는 소리였다.

처음 봤던 청구성심병원노동조합 젊은 간부들의 모습이 가끔 떠올랐다. 자신도 그런데, 정미 언니는 오죽할까. 고집쟁이 이정미라 다들 말리지도 못했다. 이정미를 말리는 것은 외부 사람들만이 아니었다. 청구성심병원 조합원들도 이정미가 자신들에게 신경 쓰지 않게 하기 위해 애썼다. 마음먹은 대로 안 되더라도 웬만하면 이정미를 덜 찾으려 했다.

이정미는 육아휴직 중인 최윤경을 노동조합으로 불러들였다. 최윤경은 휴직기간이라 병원 손아귀에서 벗어날 수 있었고, 조합원들이 겪는 병을 피해갈 수 있었다. 아직 아이가 어렸다. 그래도 노동조합 지부장 직무대행을 부탁했다. 최윤경이 결정을 할 때까지 이정미 자신이 직무대행을 해왔다.

이정미는 말했다.

"너무 노동조합에 목매지는 말고…. 물론 활동은 하되, 이것이 전부다 여기지 말고."

최윤경도 다른 조합원처럼 아플까 염려하여 하는 소리였다. 하지만 최윤경은 그런 소리를 하는 이정미가 더 걱정이 됐다. 암 투병 중인 사람이었다.

이정미는 최윤경에게 영화를 보러가자, 같이 밥을 먹자 불렀다. 혹여나 노동조합 일에 힘든 것은 없는지 살펴보고 싶은 마음이었다. 아이도 아직 어린데 노동조합으로 다시 부른 것이 미안했다.

최윤경도 밥 먹자며 영화 보자며 자신을 부르는 그 속을 알았다. 그래서 말했다.

"선생님, 청구(성심병원 노조) 일 그만하시면 안 돼요? 그냥 탈퇴라도 하시고, 저희 안 보고 사셨으면 좋겠어요. 보이고 들리면 또 신경 써야 하잖아요."

이정미가 보건의료노조 본조로 다시 돌아간 것도 청구성심병원노동조합 때문이 아니냐고 했다. 보건의료노조 중앙에 청구성심병원노동조합 사정을 아는 사람이 한 명이라도 있어야, 지원이라도 제대로 받을 수 있을 거라는 생각 때문은 아니냐고 했다. 왜 이렇게 우리가 짐이 되는 걸까. 최윤경은 걱정이 되어 그랬다.

이정미는 표정이 굳었다.

"그런 소리 나한테 하지 마. 다시는."

벌컥 화를 냈다. 그런 이정미를 보며 최윤경은 입을 다물 수밖에 없었다.

집으로 돌아오는 길목, 이정미는 걷는 것조차 숨이 가빠 멈춰서기를 반복했다. 몸이 많이 약해졌다. 느릿느릿 계단을 걸어 오르며 이정미는 아까의 자신이 한 행동을 돌이켰다. 왜 윤경이에게 화를 냈을까. 걱정해서 하는 말인데. 무슨 화를 낼 일이라고. 후회했다. 그리고 물었다.

나는 왜 떠나지 못할까. 모든 것에 등을 돌릴 수 없을까. 어쩌면 그 화는 떠나지 못하는 자신에게 낸 것인지도 몰랐다. 아니, 떠날 지도 모르는 자신에게 내는 화였다. 어쩌면 도저히 떠날 수 없는 자신에게 낸 화였다.

남편 얼굴도 아이들 얼굴도 떠올렸다. 같이 여행도 가고, 마라톤도 뛰고, 좋다는 병원, 효험 있다는 치료, 온갖 방법을 수소문하는 남편을 보기가 미안했다. 남편이 그러는 동안, 자신은 투쟁 사업장 시멘트 찬

바닥에 앉아 기력을 쇠하고 오거나, 청구성심병원 노조 일을 떠올리느라 잠들지 못했다.

하지만 죽어버리고 싶다는 사람들 앞에서, 아직 죽지 않은 내가 도망칠 수 있을까. 나는 아직 괜찮고, 저들은 아팠다. 지금의 청구성심병원 노동조합은 이정미가 만들어 놓은 씨앗 같았다. 자신이 건넨 유인물, 자신이 건넨 말, 자신이 건넨 손을 붙잡고 노동조합에 들어온 사람들이었다. 우리가 지켜야 할 신념이 있다고, 같이 가야 할 길이 있다고 자신이 말했다.

자신을 염려하는 사람들은 청구성심병원으로 돌아가지 말라고 했다. 하지만 그들은 몰랐다. 자신은 돌아가는 것이 아니었다. 항상 그곳에 있었다. 자신의 믿음, 서로가 준 마음, 함께 보냈던 시간, 같이 꾸었던 꿈들, 그것들이 청구성심병원에 있다. 자신이 서 있는 모든 곳이 청구성심병원이었다. 그 자리에 자신이 있을 뿐이었다. 돌아갈 곳도 벗어날 곳도 없었다.

이정미는 그대로 머물기로 했다. 아직 버틸 수 있으니, 그러기로 했다. 떠나다니. 내가 어디로 간단 말인가.

 정

해가 바뀌었다. 청구성심병원노동조합은 1월 1일 새해 카드를 만들었다. 조합원들과 이정미가 한껏 웃고 있는 사진에 〈정(情)〉으로 세상을

뒤집는다〉라고 새겼다. 이정미가 꿈꾸는 한가지였다.

2004년 청구성심병원노동조합은 새해카드를 제작하여 조합원들과 청구성심병원 산재인정투쟁에 함께한 동지들에게 보냈다.

그해 8월 산재신청을 한 8명 중 5명이 업무상 재해를 인정받는다. 9월, 나머지 3명의 조합원도 산재 판정을 받는다. 정신질환을 직업병으로 인정한 첫 사례였다. 작업환경은 물론, 노사관계가 노동자들의 정신건강에 영향을 미친다는 것을 세상에 알리고, 인정받은 것이다.

이미 2000년대 초 업무 부담과 직장 내 따돌림, 구조조정 등에 의해 우울증과 같은 정신질환을 겪은 이들이 있었고, 산재로 인정받았다. 하지만 알려지지 않았다.[37] 여전히 정신질환은 개인의 문제였다하지만 이

---

37) 2000년대 초, 정신건강 문제가 직업병으로 인정받은 사례는 아래와 같다.
조직 내의 비리 건의 등으로 인하여 직장 상사와의 갈등이 발생하던 중 외근직에서 내근직으로 부당전직, 직장상사에 의한 집단따돌림, 구타 등으로 정신적 스트레스를 받아 발생한 적응장애와 우울증을 법원에서 산재로 인정 (2002. 08)
국제영업부에서 일하면서 투자협상결렬에 따른 극심한 좌절감과 다중한 업무 부담에 따른 극심한 스트레스로 인해 우울증이 발생했고, 이후 꼼꼼하고 완벽주의적 성격이 우울증을 심화시켜 정신증적 증상이 발현되어 자살을 강행한 경우 이를 업무상 스트레스에 의한 우울증으로 자살한 것으로 업무상 재해로 법원에서 인정 (2000. 05.)
- 계간 〈노동과 건강〉 2003년 가을호 '청구성심병원노동자 산재인정 투쟁' 중에서

것을 인권의 문제로 가져와, 노동인권이라는 이름으로 적극 자신들의 문제를 여론화한 청구성심병원 노동자들의 싸움이 있었기에 직업병의 범위가 정신건강으로까지 넓혀질 수 있었다.

이겼다는 기쁨도 잠시, 산재 요양 기간이 끝나면 병원으로 돌아갈 일이 남았다. 조합원들은 마음의 준비를 해야 했다. 자신에게, 그리고 다시 함께 일할 이들에게 편지를 썼다.

"저는 저희 병원을 사랑하고 있나 봅니다. 그러한 사랑이 없었으면 병원의 잘못된 생각에 관심을 갖지도 않았을 테고 이렇게 힘들게 싸우지도 않았을 것입니다. 병원이 제대로 된 내 일터가 되기를 바랐기에 저는 이토록 처절하게 싸웠나 봅니다. 아무튼 그저 조용히 내가 있을 자리에서 열심히 일 할 수 있는 그런 병원을 꿈꾸며 병원으로 돌아갈 날을 기다리고 싶습니다.

돌아가야 한다. 다시 시작해야 한다. 승리한 청구성심병원 노동자들은 8개월간 치료 요양 후인 다음해 3월, 병원으로 돌아간다.

부서는 전환됐다. 조합원들의 요구였다. 임우숙은 병동실에서 중앙공급실로, 권기한은 외래검사실에서 혈액은행(blood bank) 업무로, 김미연은 검사실에서 외래검사실로, 이명은 5병동에서 정형외과로. 이렇게 부서가 바뀌며 복직 전 껄끄러운 관계들을 벗어나게 됐다.[38]

---

38) 임우숙 7병동 수간호사에서 중앙공급실 수간호사로 발령. 권기한 외래검사실업무에서 혈액은행 업무로 빌령. 김미연 검사실 혈액은행 업무에서 외래검사실로 발령, 이명 5병

2002년 4월부터 2003년 해를 넘어 60여차까지 진행되던 단체협약 교섭이 재개된다. 노동조합의 역할이란 게 그랬다. 2004년, 수십 차례의 교섭 끝에 11월 합의를 도출했다.

- ◆ 총액 6.25%(기본급 2만 원, 위험수당 3만 원) 임금 인상
- ◆ 유급휴일 추가(결혼 휴가)
- ◆ 파행적 번표 운행 금지, 나이트 근무가 연속 4일 넘지 않게 하는 등 교대근무자 근무 조건 개선
- ◆ 임산부의 밤 근무 금지와 그에 따른 인력을 충원하도록 노력하고 한병동에 임산부가 두 명 이상 있을 시 한 명을 경미한 부서로 배치한다 등의 근로조건
- ◆ 분만휴가를 90일로 하고 복귀 시 원직에 복귀시킨다. 병상가동률의 저하가 없을 시 분만휴가로 인한 대체인력을 주어야한다 등 법정휴일
- ◆ 근골격계, 뇌심혈관계 질환 등 직업병 및 산업재해 근절 및 예방
- ◆ 조합원을 일방적으로 부서이동시키지 못하며, 부서이동시 노동조합과 충분한 사전 협의를 하여 노동조합의 안을 최대한 수용
- ◆ 임상병리과의 경우 심전도, 폐기능 검사를 포함한 현재의 8과 검사항목과 10명의 정규직 인력을 유지(단, 변경이 요구될 시에는 노사합의 결정)
- ◆ 복귀하지 않은 산재요양을 한 조합원의 부서배치에 대해서는 복귀 시에 논의하며 노동조합과 충분한 사전 협의를 한 후에 결정
- ◆ 중앙공급실에 비정규직 안원 1인을 충원하며 수간호사를 포함하여 3명의 인원을 유지한다.
- ◆ 단협 제56조 3항 생리휴가는 종전대로 임산부에게도 유급으로 지급

위와 같은 노동조건에 관한 문제는 물론, 조합원의 범위를 해고자로

동에서 정형외과로 발령. 김태복과 김희정은 육아휴직을 했으며, 이선우와 김명희는 산재요양 기간을 연장했다.

넓히고 근무 시간 중 연 1일 조합 활동 등의 노동조합 활동을 확대 보장 받았다. 산재로 인한 치료비 보상도 이면합의 했다.

2004년 6월, 공동대책위는 복귀한 조합원들이 대부분 적응해 노동조합 활동을 안정적으로 펼치고 있다고 판단, 이후 지역 건강권 문제와 의료 공공성 확보를 위한 대안 모색 등으로 활동을 옮기기로 결정한다.

산재 기간은 끝이 나고…

며칠 전 함박눈이 내리는 창밖을 바라보고 있었습니다. 내가 복귀 할 직장도 하얀 눈처럼 깨끗했으면 하고 생각하면서 말입니다. 그리고 그동안 무수히 많았던 사건과 부당노동행위 등등 모든 일들을 생각해 봅니다. 그러면서 그러한 일들이 내리자마자 녹아 없어지는 눈처럼 녹아 없어졌으면 좋겠다는 식의 막연한 생각들을 이리저리 해 보았습니다. 산재 요양을 마치고 오랜만에 직장에 복귀하는데 가벼운 마음으로 새롭게 다시 출발할 수 있을까?

간호사로서 병원생활을 한지도 어느덧 17년 그동안 환자들을 성심껏 보살피고 돌보는 것을 천직으로 알고 힘든 일이지만 묵묵히 일해 왔습니다. 그리고 노조 조합원이 아닌 간호사로서 인정받고 싶었습니다. 그 소박한 바람이 제겐 너무 큰 욕심이었던 것 같습니다.

저희 병원은 1992년에 제가 입사할 당시만 해도 직원들 모두 가족적인 분위기였습니다. 그러다가 IMF 이후 병원이 갑자기 경영상의 이유로 임금 체불과 노동조합의 탄압을 시작하게 되었습니다. 그로부터 7년여에 걸쳐 각종 형태의 노조탄압이 끊임없이 자행되어 왔습니다. 그로 인해 180여 명에 달했던 조합원들이 탈퇴하거나 사직을 하게 되어 이제는 200명이 넘는 직원 가운데 겨우 19명의 조합원만이 남아 노동자로서의 제대로 된 대접을 받기 위해 힘겨운 싸움을 하고 있습니다. 그러나 그나마 남아 있는 19명 조합원도 50%에 달하는 8명이 적응장애라는 정신질환으로 작년 8월 산재까지 인정받아 현재 요양 중에 있는 상태입니다.

이제 저희는 얼마 후면 산재 요양을 끝내고 다시 병원으로 돌아가야 합니다. 그러나 병원은 지금도 남아있는 조합원들에게 여전히 탄압의 칼을 휘두르고 있습니다. 또 산재 조합원들이 복귀한다는 의사를 밝히고 근무지를 통보해 달라는 요구를 했으나 아직도 답변이 없습니다. 그동안 정부 관계부처의 개입이나 언론의 보도 등을 통해 수없이 시정을 요구했음에도 불구하고 도무지 변하지 않은 병원으로 다시 돌아간다는 것이 저희는 정말 두렵습니다. 그렇다고 피할 수도 없습니다. 그것이 저희들의 생존과 관련된 일이기 때문입니다. 다른 직장으로 옮기기도 어렵습니다. 바로 병원 측의 노조원에 대한 취업 방해 공작 때문입니다.

지난 7년 동안 가슴이 터지도록 수없이 울기도 했고 자신의 아들 딸 같은 직원들에게 어쩌면 저렇게도 모질게 대할 수 있을까라고 생각하면서 의사라는 이사장을 수없이 원망도 했지만 결국 힘없는 저희는 가진 자의 힘 앞에서는 자신의 초라함만 확인할 뿐이었습니다. 노동자를 지켜준다는 법이 아무리 서슬 퍼렇게 살아 있어도 결국 약자들만이 피해를 당하고 손해를 볼 수밖에 없는 현실을 되풀이 경험해 왔습니다. 너무도 힘들었던 지난 7년 동안을 생각하면 당장에라도 직장을 그만두고 싶지만 억울하기도 하고 해서 어쩌지를 못하고 그저 버티기만 하는데 시간이 갈수록 문제는 해결이 안 되고 몸과 마음만 지쳐가고 있는 실정입니다.

저는 노조 간부도 못해봤습니다. 그저 노동조합원이라는 그 이유 하나만으로 직장에서의 승진 배제, 집단 따돌림, 감시 등등의 모든 불이익을 받아 왔습니다. 부하직원들 보는 앞에서도 중간관리자들에게 인신공격을 받기도 했습니다. 그러면서도 왜 그 지긋지긋한 직장을 그만두지 못했을까 물론 먹고 살기 위해서가 중요한 이유 중에 하나이겠지만 아마도 저는 내 일을, 환자를 보살피는 내 직업을 그리고 내가 몸 담고 일하는 저희 병원을 사랑하고 있나 봅니다. 그러한 사랑이 없었으면 병원의 잘못된 생각에 관심을 갖지도 않았을 테고 이렇게 힘들게 싸우지도 않았을 것입니다. 적당히 아부하고 적당히 타협하면서 개인의 영달만을 추구했다면 더 편한 직장 생활 더 편한 인생을 살 수도 있었을 것입니다. 병원이 잘 되기를, 제대로 된 내 일터가 되기를 바랐기에 저는 이토록 처절하게 싸웠나 봅니다. 아무튼 그저 조용히 내가 있을 자리에서 열심히 일 할 수 있는 그런 병원을 꿈꾸며 병원으로 돌아갈 날을 기다리고 싶습니다.

몇칠 전 내린 눈처럼 하얀 가운을 다시 입고 열심히 일하고 싶습니다.

_조합원 000

이유 :

2002년, 부천성가병원 구석에서 라디오 인터뷰를 준비했다. 원래 인터뷰는 잘 하지 않는데, 그날은 자신이 교육을 부탁하는 등 도움을 자주 요청했던 한울 노동문제연구소 하종강 소장의 부탁인지라 거절하기가 힘들었다.

성빈센트병원의 싸움이 한창일 때 그를 불렀다. 야밤에 사정도 고려치 않고 전화를 걸었다. 막상 목소리를 들으니, 뭐라 조를 말이 없었다. 그래도 와야 하는데.

"여기, 꼭 오셔야 돼요. 상황이 아주 나빠요. 사람들이 힘들어하고 있어요."

다음날 하종강은 왔다. 이정미는 배시시 웃었다.

"제가 사람들한테 그랬어요. 내가 부탁하면 꼭 오실 거라고… 하 선생님은 나한테 진 빚이 있어서, 꼭 오실 거라고. 제가 사람들에게 그렇게 말하고 전화했어요."

 빚이라는 것은 고작 여기 사람들이 싸우고 있다는 게였다. 싸우는 사람에게 등을 보이지 못하는 부채감. 이번에는 하종강이 말했다.

 "내가 이렇게 왔으니까… 이제부터는 이정미 씨가 나한테 빚 진 거야."

 그 빚으로 인터뷰에 응했다. 수화기 너머 라디오 진행자인 하승창 씨가 질문을 했다.

 "지금 어디십니까?"

 "여긴 부천성가병원입니다. 임단협이 결렬되어 파업에 들어가게 되었습니다. 오늘이 파업전야제라 다들 부산합니다."

 이정미는 특유의 조곤조곤한 목소리로 대답을 했다.

 그러자 진행자는 조심히 물어왔다.

 "몸도 편찮은데 노동조합 활동을 계속하는 이유가 뭐냐고 사람들이 물어보면 뭐라고 답하시겠어요?"

 이정미는 잠시 멈칫했다. 내가 왜 여기 있을까. 반사적으로 주변을 둘러보았다. 병원 로비 대리석 바닥에 스티로폼 하나 깔고 사람들이 앉아 있었다. 벽에는 색색으로 쓴 자보들이 붙어 있었다. 〈우리를 이렇게 몰아낼 수 없습니다〉 〈이사장님! 우리는 일하고 싶습니다〉 〈이곳에서 10년 이상 일해 온 노동자들입니다. 이곳은 우리의 병원입니다〉 조합원 몇이 모여, 이러저런 구호들을 종이에 쓰고 있었다. 엎드려 바닥에 몸을 붙인 채, 하나하나 성의껏 적어 내려갔다. 저 종이가 뭐라고. 저 몇 마디 말이 뭐라고. 설박한 노동자들은 글자 몇 개에도 모든 것이 걸려 있는 듯 굴었다. 애처롭다.

파업을 앞둔 성가병원 노동자들. 청구성심병원노동조합의 파업 전야제가 슬프게 떠올랐다. 부지런히 움직이는 조합원들에게 주던 시선을 거둬들이고, 이정미는 말했다.

"… 아무 할 말이 없습니다. 그냥 제가 살아가는 이유인 것 같아요. 몸이 아플 때도 활동을 그만두겠다는 생각은 한 번도 해 본 적이 없어요."

 의료의 공공성

이정미는 보건의료노조로 다시 돌아와, 회계감사 직책을 맡았다. 하는 일은 몇 달에 불과했던 부위원장 시절과 다를 바 없었다. 중소병원 노동조합을 돌봤다. 이정미의 발길은 늘 중소병원 투쟁 사업장으로 향했다. 중소병원 노동조합이야말로 지원이 절절하게 필요했다.

이정미가 중소병원 노동조합을 원하기도 했지만, 중소병원 노동조합이 그녀를 원하기도 했다. 지부 측에서 이정미가 와주었으면 좋겠다고 지목하기도 했다. 이정미가 형식적인 결합이 아니라 투쟁 사업장에 진심을 다해 지원하는 간부라는 소문이 익히 퍼져 있었다. 어느 사업장이든 청구성심병원노동조합과 다를 바 없는 마음으로 대했다. 어느 한 곳 청구성심병원노동조합과 비교해 나을 것 없었다. 다 아픈 처지였다.

그즈음 이정미가 자주 걸음을 한 곳은 방지거병원이었다.

성인 프란치스코의 이름을 딴 방지거병원은 남한 최초의 어린이 종합병원이었다. 이후 종합병원으로 전환해 매년 32만 명의 환자를 진료하는 지역병원이 되었지만, 2002년 6월 부도가 나고 11월 폐업 신고를 했다. 15년 넘는 역사를 지닌 병원이 문을 닫는 데 5분도 필요하지 않았다. 그곳에서 치료 받아오던 지역주민과 병원 노동자들은 아무 권한도 없었다. 오직 병원 이사장만이 문을 닫는 것을 결정할 수 있었다.

이사장은 근로기준법 위반, 공금횡령으로 수사를 받고 있던 중이었으나 재산을 불법으로 명의 이전하고 아들을 해외로 도피시켰다. 그러는 동안 방지거 노동자들의 임금은 지급되지 않았다. 1년치가 밀렸다. 그럼에도 병원을 지켰다. 폐업 통보가 있던 날, 빚을 받겠다는 깡패들이 몰려오기 전까지 노동자들은 자신의 병원에 무슨 일이 일어나는지 몰랐다. 오히려 불안을 느낀 병원 의사들이 빠져나간 탓에 혼란에 빠진 환자들의 원성을 잠재우고 다른 병동으로 옮기느라 더 분주했다. 그럼에도 그들이 병원에 끼칠 수 있는 영향력은 아무것도 없었다. 퇴직금과 밀린 임금조차 받지 못한 채 하루아침에 직장을 잃은 신세일 뿐이었다.

병원 문을 닫는 이유를 제대로 설명 들은 적도 없었다. 온갖 소문들 속에서 추측할 뿐이었다. 아들에게 재산을 몰아주기 위해 강남의 병원을 방지거병원의 재정으로 인수한 것이 주원인이라는 소문이 그나마 가장 설득력 있었다. 그 이사장의 아들은 강남에 새로 인수한 병원도 부도내고 수십억을 챙겨 해외로 도피한 것이다. 노동자들이 갑작스레 직장을 잃고 분노로 밤잠 못 이룰 때, 이사장은 병원 소유로 된 20억대 호화 주택에서 어떤 처벌도 받지 않고 지냈다. 노동자들은 그 집으로 찾아갔다. 개인 소유의 집이 아니었다. 개인 주택이었으나 떡하니 병원 부지로 등록되어 있었다. 법인 재산일 경우, 절세 등의 혜택이 있기에 명의를 돌린 게였다. 이사장의 재산 은닉 덕분에 노동자들이 개인 주택에 들어가도 경찰이 만류할 수가 없었다. 사유재산이 아닌 병원 땅이기 때문이다. 노동자들이 이사장 집에서 농성을 했다. 거실에서 잠을 자고, 주방에서 밥을 해 먹었다. 이사장이 들고 나는 정원 길목에서 "병원을 살려내라!" 외쳤다. 그러나 아무것도 달라지지 않았다.

노동자들은 병원을 떠나지 않았다. 그들의 요구는 병원의 정상화였다. 병원을 점거해도 주인이 없어 주거침입죄가 형성되지 않았다. 병원 건물을 인수받기 위해 깡패들이 와 어르고 달래는 와중에, 50여 명의 조합원들은 답이 보이지 않는 길을 걷겠다고 나섰다. 그곳에 보건의료노조 부위원장인 이정미가 지원을 왔다.

방지거병원노동조합 문화부장인 한혜정은 이정미와 청구성심병원노동조합을 알고 있었다. 집회 때 앞풀이 공연을 위해 청구성심병원에 간 적이 있었다. 98년 8월의 어느 날이었는데, 구사대들이 윗옷을 벗어던지며 집회에 나온 조합원들을 위협했다. 세상에 이렇게 무식한 곳도 있다니, 눈이 휘둥그레졌다. 돌아와 조합원들에게 '우리 병원은 양반'이라고 했던 기억이 있었다. 남의 일이라 생각했다. 5년도 지나지 않아, 자신이 병원에서 깡패들을 마주해야 하는 처지가 되었다. 중소병원 노동자의 처지가 이렇구나. 그때를 회상하며 한혜정은 입술을 깨물었다. 그럼에도 청구성심병원의 폭력에 비해서는 아직 한참 멀었다. 그 병원은 지독하다 못해 끔찍했지. 이정미 지부장은 그런 폭력에도 꿈적 않던 사람이었다. 와준다니 내심 안심이었다.

이정미는 방지거병원에 와서 아픈 티를 내지 않았다. 그저 수술 후 몸조심하는 것뿐이라고 했다. 회의 한 번 빠진 적이 없었다. 일이 생겼다고 하면 한밤중에도 택시를 타고 달려왔다. 항암 치료로 가발을 쓰고 다녔다. 그런데 그 가발이 어색하지가 않았다. 뭐든 다 자연스러운 사람이었다. 마른 몸으로 이곳에 있는 것조차.

그런 이정미가 아픈 사람이구나를 알게 되는 것은 다른 사람 건강을 염려하며 잔소리를 할 때였다. 자신은 몇 숟가락도 먹지 못하면서, 간부들 끼니 거르는 것은 보지 못했다. 짜장면이나 국수 같은 것은 절대 사주지 않았다. 꼭 밥이었다. 술을 많이 마셔도 혼을 냈다. 몸 챙기라는 잔소리가 끊이지 않았다.

한혜정은 그런 이정미가 맏언니 같았다. 자신도 노동조합 활동이 오래된 까닭에 언니 역할을 맡고 있지만, 벅찰 때가 많았다. 기댈 사람이 필요했다. 그럴 때 생각나는 이가 이정미였다. 이정미가 하는 말은 작은 것 하나에도 진심이 있었다. 그래서 더 속 이야기를 하게 되었나 보다. 한혜정은 이정미를 찾아 속상한 것, 서운한 것을 털어놓았다. 간부로서 조합원들 앞에서는 씩씩한 척 하다가도, 이정미만 만나면 속내를 다 드러냈다. 든든한 버팀목 같은 사람이었다.

당시 방지거병원노동조합 상황은 좋지 않았다. 싸울 대상도 명확치 않았다. 원장도 부원장도 사라졌다. 이미 병원이 사라진 후의 싸움이었다. 조합원들은 지쳐갔다. 우리 싸움이 밀린 임금을 받기 위한 싸움인가, 병원을 지켜내기 위한 싸움인가, 혼란스러웠다. 우리가 어떻게 병원을 지켜? 라는 회의가 따라왔다.

그런 조합원들에게 이정미는 공공병원 건설을 말했다.

"공공병원이요?"

단지 고용의 문제가 아니라, 지역의 필요로 방지거병원 문제를 이야기하자는 것이었다.

"서울시나 국가에 방지거병원을 사들여 공공병원으로 만들 것을 요구하자는 거예요. 시나 구에 나쁜 제안이 아닌 것이, 방지거병원 같은 병상 400여 개 규모의 병원을 새로 지으려면 1,000억 원 넘게 들 거예요. 그들에게 적은 비용으로 공공의료시설을 확대할 기회라는 것을 잘 설명해야겠지요."

방지거병원 자리에 오피스텔을 세우고, 주상복합 빌딩을 세워 돈 놀음을 하는 것이 아니라, 공공병원을 세워야 한다는 주장을 하자는 게였다. 뜬금없는 소리가 아니었다. 폐업이나 휴업을 하는 중소병원은 많았다. 1999년에는 군산개정병원이, 2000년에는 안양중앙병원이, 2001년에는 새양산병원, 2002년에는 아산중앙병원, 방지거병원이 폐업을 했다. 폐업의 이유 중에 하나는 노동조합 꼴을 못 보는 원장이기도 했다. 실제 새양산 병원장은 "노동조합 있는 병원 운영하기 싫다"면서 병원 문을 닫았다. 작은 중소병원 노동조합은 사용자의 경영위기, 폐업 협박에 밀리기 십상이었다. 90년대 초반까지 십여 개던 중소병원 노동조합이 지금은 단 4개밖에 남지 않았다. 위장폐업, 경영위기 협박, 그에 따른 악랄한 탄압을 중소병원 노동조합은 운명처럼 견디어야 하는가? 아니다. 이것은 개별 사업장에서 노동조합의 명운을 걸고 방어할 일이 아니었다. 그것은 한계가 있었다.

그것이 아니라도 이미 10%에 가까운 도산율을 보이는 중소병원이었다. 대학병원은 물론 기업이 막대한 규모의 돈을 밀어 넣어 세운 병원에, 외국 자본까지, 이 무분별한 경쟁 속에서 중소병원이 살아남길 기대하는 것은 어려운 일이었다.

노동조합에 대한 경영진의 반감, 경영악화 위기, 이 하에서 노동자들은 병원이 문을 닫을까 전전긍긍해야 했다. 병원 노동자들은 '적절한' 수준에서 양보하고 타협했다. 그리 양보를 해도 병원이 문을 닫는 것은 이사장 개인의 마음일 뿐이었다. 결국 방지거병원 노동자들처럼 이러지도 저러지도 못하는 신세로 남는 게였다.

"이런 수세적인 접근법으로는 살아남을 수가 없어요."

중소병원의 노동자들이 사는 길은 공공병원이라 이정미는 말했다. 사적 경쟁을 하는 병원의 틈바구니에서 공공의료는 죽어가고 있었다.

"최소한 공공의료기관이 전체의 30%는 되어야 해요. 그래야 영리추구가 목적인 진료가 아닌 전체 국민을 위한 보건의료체계를 만들어갈 수 있어요."

프랑스와 독일 같은 경우는 공공부문이 의료분야 전체의 50%를 차지한다. 노르웨이, 영국은 의료분야 전체가 공공병원이다. 당연히도, 영국보다 개인이 부담해야 할 의료비가 한국은 10배나 높다. 심지어 자본주의 최고봉이라 불리는 미국조차 전체 병원의 25%가 지방-연방 정부 소유다.

한국은 어떤가. 공공의료병원이 전체 의료기관의 10%에도 미치지 못한다. 제법 규모가 있는 민간병원 대부분이 수도권 소재에 자리 잡고 있는 현실에서도, 지역의 공공병원은 줄어들고 있다. 보건소 정도나 제 기능을 하지, 민간의료부문이 성장하면서 지역 의료원 등 공공병원은 입지를 잃어갔다. 공공병원이 민간병원과 경쟁을 할 순 없다. 공공병원에 맞는 역할과 기능을 줘야 한다.

공공의료 확대를 주장하는 이들은, 공공병원이 저소득층에 대한 의료 지원을 넘어 지역 특색과 규모에 맞는 역할들을 부여받아야 한다고 말한다. 정부와 연결되어 공적 성격을 띠는 기관이기에 전염병이나 자연재해 시 컨트롤타워의 역할을 할 수 있으며, 민간병원이 임의적으로 제공하는 의료데이터가 아닌 정부 주도의 신뢰할 수 있는 의료데이터를 수집하고 축적하는 정책병원의 역할 또한 기대할 수 있다는 것이다.

무엇보다 공공병원은 저소득층이 가장 쉽고 가깝게 이용할 수 있는 의료기관이다. 의료보험혜택을 받을 수 없는 이들에게 상대적으로 저렴한 공공병원은 더없이 고마운 존재이다. 민간병원은 경쟁에서 살아남기 위해 고가장비를 들이고 유명한 의료진을 데려오는데 돈을 쓴다. 병원비 또한 거품처럼 불어난다. 감당할 수 없다. 돈이 위주가 되어가는 대병원 틈바구니에서 지역 주민들이 마실 나가다 잠시 들려 쉴 수 있는 병원, 그것은 간호사 이정미의 바람이기도 했다.

의료의 공공성이라는 것이 공공병원 설립만을 의미하진 않는다. 보건의료노동조합은 의료의 공공성 강화를 위한 21세기 보건의료운동의 비전을 세웠다.

"모든 국민은 돈이 있던 없던(평등성) 어느 지역에 살든(형평성) 평생 건강할 권리(건강권)와 병이 완치될 때까지(지속성), 최상의 의료서비스를(질), 국가로부터 제공받을 권리(국가의 책임성)를 갖는다."

전혀 이 자본주의 사회에서 지켜지지 않는 원칙들이었다. 이 원칙하에서 의료공공성 강화-의료민주화-의료개혁 투쟁을 진행해 오고자 했다. 그 내용은 건강보험제도 개혁(본인부담금 축소), 의료기관 간의 역할 분담 등 보건의료 전달체계 확립, 선택진료제 폐지, 정부 차원의 보건의료 예산 확대 등을 정부에 요구하고, 이를 관철하기 위한 대정부 투쟁의 방식으로 진행됐다.

그러나 이정미의 생각은 달랐다. 정부에 요구할 필요는 분명히 있다. 그러나 상층구조 변화를 단지 정치적 구호를 외쳐 노동자들을 도심 국회 앞에 모아 세우는 대정부 투쟁으로 그쳐서는 안 된다. 중소병원은 개별로 싸울 실력이 안 된다. 기업별 투쟁에 한계가 분명하다. 대정부 투쟁이 필요하다. 그런데 대정부 투쟁이라는 이름에 노동조합 상층과 현장이 분리되어서는 안 된다. 무너져버리는 민간병원을 공공병원으로 전환시키는 것, 이것을 전국적인 시야에서 정책으로 만들어 내는 것. 그것이 의료 공공성에 대한 민주노조의 전망을 조합원들에게 직접 보여주는 게 아닐까.

이미 경험한 바도 있다. 2002년 5월 충북음성 성모병원이 파업에 들어갔다. 병원이 경영 위기라며 폐업 협박을 했다. 그러나 병원의 예상대로 조합원들은 겁먹지 않았다. 그동안 주면 주는대로 받으며 파업 한 번 해본 적 없는 음성성모병원 노동자들이 거리로 뛰쳐나왔다. 이들이 들고 나온 대안은 "지역주민과 노동조합이 함께 참여하여 운영해 나가는 공공병원"이었다. 음성군 내 유일한 종합병원이었기에 폐업의 여파는 지역주민들에게도 크게 미쳤다. 한 해 전부터 공공병원 모델을 비교검토하는 등 기획연구팀을 구성했으며, 지역주민 2,000여 명을 대상으로 설문조사를 실시하며 여론을 모았다. 5월 파업에 돌입했을 때는, 병원이 폐업 시 공공병원으로 전환할 수 있는 전략을 확정, 당시 다가온 지자체 선거를 활용해 단체장 후보들로 하여금 공공병원 전환을 약속토록 했다. 이에 주춤한 병원이 새로운 병원장에게 병원을 인계했고, 그에 따라 파업도 15일만에 마무리 되었다. 실제 공공병원 설립까진 가지 못했으나, 폐업 협박에 맞서 움츠러드는 것이 아니라 오히려 노동조합이 더 진취적 요구를 통해 고용승계를 보장받는 사례를 보여줬다. 물론 노동조합과 지역주민의 병원 운영 참여를 쟁취한 투쟁이기도 했다.

음성성모병원의 경험을 보며, 이정미는 힘을 받았다. 뜬구름 잡는 이야기가 아니었다. 충분히 현실이 될 수 있는 일이라는 확신을 갖게 되었다. 과연 가능한 일인가? 조합원들의 의혹과 의문들 앞에서 이정미는 공공병원의 필요와 역할을 알리는 교육을 잡고, 간담회와 토론을 진행했다.

"지역병원이 돈을 벌겠다고 하는 것은 실은 지역주민의 호주머니를 털겠다는 이야기밖에 안 돼요. 의료의 공공성. 이것이 우리 병원 노동자들이 추구해야 할 목적입니다."

시민대책위가 구성됐다. 조합원들 또한 공공병원의 윤곽을 잡기 시작했다. 방지거병원노동조합과 지역공대위 서울본부는 방지거병원을 산재의료원을 인수해 산재 전문으로 재개원하는 방안과 지방자치 단체가 인수해 지역의 특색에 맞는 공공병원으로 만드는 수를 두고 고민했다.

 구걸

구체적인 희망이 생겼지만, 그래도 싸움은 너무 지난했다. 재정도 바닥을 보이고 있었다. 이정미는 재정의 어려움을 잘 알고 있었다. 청구성심병원노동조합 지부장 시절 지겹도록 겪은 일이었다. 바닥인 통장 잔고가 얼마나 조합원들을 불안하게 할까. 병원이 폐업 되니 기숙사마저 문을 닫았다. 지방에서 올라와 기숙사에서 머물던 열 명의 조합원이 집을 잃었다. 처음에는 기숙사에서 버텼다. 단수가 되고 단전이 됐다. 밤이면 컴컴한 건물에서 젊은 여자들이 무서워 몇 번을 자다 깨다를 반복했다.

안되겠다 싶어 한혜정은 자신의 집으로 후배들을 불러왔다. 신혼집에 남편과 10명의 후배들이 함께 살았다. 그렇게 2개월을 보냈다. 남편보기도 민망하고, 다 큰 성인들이 방도 없이 거실에 모여 계속 살 수는 없었다. 월세방 보증금이라도 구해야 했다. 하지만 1년 넘은 투쟁에 돈이 나올 구석이 있을 리 없었다.

재정이 부족하니 모든 활동에 제약을 받았다. 결심 끝에 조합원들은 보건의료노조 본조를 찾았다. 당시 대부분의 본조 간부들은 명동성당에 있었다. 강남, 여의도, 의정부성모병원의 파업이(일명 CMC 파업) 장기화되어 7개월을 넘겼고, 400여 명의 노동자들이 그곳에서 농성을 하고 있었다. 성당 주변으로 펼쳐진 붉은 글씨의 현수막을 지나쳐 방지거 병원 조합원들은 농성천막으로 들어갔다.

무슨 개인 돈 빌리는 것도 아닌데, 절로 무릎 꿇고 앉듯 자세가 딱딱해졌다.

"저희가 지금 투쟁을 지속할 수가 없을 정도로 자금 사정이 좋지 못합니다. 중앙에서 투쟁기금을 지원을 해주시면…"

어렵게 꺼낸 말이었다. 그때 천막 밖 말소리가 귀에 꽂혔다.

"뭐래? 돈 달라고 왔데? 지금 우리가 돈이 어디 있다고."

가슴이 꽉 막혔다. 구걸하러 간 것이 아니었다. 투쟁을 시작하고 한혜정은 그날 처음으로 울었다. 보건의료노조 본조는 사정이 좋지 않다며 투쟁 기금 지원을 미뤘다. 직장을 잃고 길거리 싸움을 하는 자신들의 처지보다 안 좋을까.

보건의료노조는 지금 CMC와 경희의료원 파업이라는 커다란 투쟁을 가져가고 있었다. 대규모 투쟁이 장기화되고 있으니, 재정 마련이 여의치 않았다. 그러나 CMC 투쟁을 두고 여러 우려들이 있었다.

2000년대 초, 비정규직-간접고용이 확대되며 숱한 투쟁들이 터져 나왔다. 병원도 예외는 아니었다. 대전대한방병원노동조합은 비정규직으로 직원들이 채용되는 문제를 막기 위해 정규직 병원 노동자들이 함께 싸움을 벌였다. 경북대병원지부 또한 비정규직 정규직화 요구를 걸고 36일간 파업을 벌였다. 한라병원지부는 이름만 노동조합으로 남아 있다가 정말 오랜만에 기지개를 켜고 노동조합을 다시금 정비하며 투쟁을 시작했다. 해를 넘긴 투쟁은 신규 계약직 노동자 40여 명을 조합원으로 받아 안고 파업을 조직하는 데까지 이어졌다. 비정규직과 정규직의 갈등이 노동조합 조직 내는 물론, 사회문제화 되고 있던 시점에서 보건의료 노동조합들은 비정규직 노동자들을 한데 모아 싸우고 있었다. 의미 있는 투쟁들이 곳곳에서 벌어졌다. 음성성모병원에도 방지거병원에도 공공병원 설립을 의제화시키는 싸움이 벌어지고 있었다.

그러나 2002년 보건의료노조 투쟁은 CMC라는 대병원 몇 개의 투쟁만이 부각되는 형태로 진행되는 듯 했다. 물론 CMC투쟁이 이토록 장기화될지 예상 못한 데서 온 집중이기도 했다. 처음에는 임금인상 관련한 임단협 싸움이었다. 특히 사학연금이라는 사립대 병원의 요구가 주로 걸렸다. 보건의료노조는 수월하게 협상될 수 있는 CMC 병원부터 임단협을 체결해, 승리의 분위기를 몰아 크고 작은 다른 병원의 싸움도 이어가자고 했다. 그러나 세상에 싸우지 않고 얻는 승리가 있을 리 없었다. 예상외로 CMC 병원장들은 강하게 반발했다. 이삼일이면 끝날 줄 알았던 파업이 길어졌다. 그러다보니 보건의료노조에서는 이 싸움이 산별노조로서 그동안의 교섭력을 시험받는 잣대가 되었고, 전력을 다해 집중 지원을 해야 할 투쟁으로 인식된 것이다.

뒤로는 교섭을 준비하고 앞으로 겁주기식 파업이 사용자에게 얕보일 경우, 얼마나 큰 패배를 맛봐야 하는지 보여준 예였다. 장기 투쟁이 지속되고 있는 상황에서 전국의 의미 있는 중소병원 싸움들이 빛을 보지 못하고 묻혔다. CMC 투쟁이 하나의 단일한 전선이 되지 못한 탓이기도 했다.

CMC 투쟁의 주요 요구는 사학연금 요구와 산별교섭 이행이었다. 구조조정 투쟁을 진행하고 있는 병원에 맞서 노동조합을 지키는 데 혼신을 다하던 중소병원 조합원들에게는 와 닿는 요구가 아니었다. 사학연금은 대병원에 국한된 문제였다. 공감되지 못한 쟁점은 전체 투쟁에서 CMC 투쟁을 분리시켰다. 그러나 보건의료노조의 역량은 CMC 투쟁으로 집중되는 상황. 투쟁은 장기화됐고, 그 외 투쟁 사업장은 소외되었다는 인식을 가지게 됐다.

이 사정을 아는 한혜정은 더욱 서러웠다. 돈 몇 푼 못 받았다 그러는 문제가 아니었다. 저 파업에 1억 원이 지원됐다는 이야기가 돌았다. 우리도 싸우고 있다. 겨우 몇 십 명의 조합원이 폐업된 병원에서 싸우지만, 아직 뚜렷한 성과를 내지 못하는 작은 싸움이지만, 우리도 보건의료노조의 조합원이다.

옳은 길로 잘 싸우고 있다고 여겼다. 공공병원 건립이라는 대안이 보건의료노조의 다른 한 걸음이 될 수 있다고 믿었다. 조합원 교육 때면 잊지 않고 나오는 '의료의 공공성'이 입법화 투쟁을 할 때 필요한 몇 마디 문구는 아니었을 것이다. 싸움 한 번 제대로 못해보고 닫힌 병원 밖을 서성일 수밖에 없는 중소병원 노동자들에게 희망을 줄 수 있는 싸움이라 생각했다. 그런데 아니었나 보다.

내가 이럴 줄 알았다면 중소병원으로 오지 않는 건데. 기를 쓰고라도 대병원에 가는 건데. 한혜정은 생전 안하던 후회를 했다. 열심히 일해 왔다. 병원노동자로 자부심도 있었다. 민주노총 조합원이라 뿌듯했다. 그러나 천막을 나오며, 한혜정은 먼 하늘만 바라봤다. 명동성당 들머리에 보건의료노조가 달아 놓은 현수막이 눈에 들어왔다. 쓰인 문구를 따라 읽었다. "하느님 어디에 계십니까?" 한혜정도 생각했다. 도대체 중소병원의 하느님은 어디에 계실까.

재정

결국 재정 마련 대책회의를 해야 했다. 청구성심병원노동조합도 산재 인정 싸움을 할 때, 비슷한 일이 있었다고 들었다. 치료를 하며 싸움을 하니, 돈 나갈 일이 넘쳤다. 산재가 인정되면 보상기금이 나오니, 우선은 보건의료노조에 지원을 요청하기로 했다. 언젠가 모 병원 투쟁 때 보건의료노조 조합원이 한 명당 1천 원 기부를 결의하여 1억 원을 모아 주었다는 말을 들은 적 있었다. 청구성심병원노동조합 이정미와 지부장 최윤경은 보건의료노조 본조를 찾아 조합원 1인당 1,000원 투쟁지원금을 결의해 줄 것을 요청했다.

탐탁해하진 않는 듯 했지만, 본조에서는 그러마 했다. 그러나 정작 대의원대회에는 안건으로 상정되지 않았다. 계속해서 거듭 요청했지만, 지원은커녕 노동조합이 사전에 받은 1천 5백만 원이 투쟁지원금 후원이 아닌, 투쟁대여금으로 둔갑했다. 조합원이 13명밖에 남지 않은 지부에서 대여금 형식이라면 처음부터 요구하지도 않았을 게다. 감당할 수 있는 금액이 아니었다.

이런 사정을 다 아는 이정미는 방지거병원 투쟁 기금을 만드느라 애썼다. 자신도 임 투병으로 많은 돈을 쓴 뒤였다. 수술비용을 보험 처리

하느라, 아픈 몸을 이끌고 보험회사를 오가며 고생을 한 터였다. 지원해준 돈이 대출을 받은 것이라고 했다. 그것만이 아니었다. 명절 때면, 조합원들에게 작은 금액이나마 들려 보냈다.

"명절이면 따뜻하게 보내야지. 집에 다들 면목 없어 되겠어요?"

정말 받고 싶지 않은 돈이었다. 하지만 이정미의 도움을 받아야 했다. 생활고 때문에 투쟁을 하고, 싸우는 과정에서 생활고의 위협이 더 커져 가는, 돈 때문에 서러워 우는 일이 늘 벌어졌다. 이정미는 그것을 알기에, 재정사업에 발 벗고 나섰다.

 살아가는 이유

기운이 없어 잘 나오지도 않는 목소리로 이정미는 이곳저곳 전화를 걸었다.

"여기 와주셔야 될 것 같아요."

사람들은 이정미를 염려할 수밖에 없었다. 그만하라고 말렸다. 그럴 때마다 이정미는 "이것만 하고요"라고 했다. 이 일만 마무리 하고 쉰다고 말했다. 번번이 '이번만을' 말했다.

"그냥 제가 뭘 할 수 있겠어요. 가서 물이라도 떠주고 싶어요."

싸우는 이들이 얼마나 많은 갈등과 오기 속에서 번뇌하는지 알았다. 또 얼마나 사람의 손길이 필요한 지도 알았다. 그것을 아는데, 쉰다고 마음 편히 쉬어지는 것이 아니었다. 차라리 투쟁사업장 구석에서 자는 쪽잠이 그나마 편하게 잠들 수 있는 시간이었다.

부천성가병원, 성빈센트병원… 이정미는 투쟁하고 있는 사업장은 어디든 찾았다. 항암 치료로 인해 삭발한 머리에 파르라니 잔털 같이 얇은 머리칼이 나기 시작했다. 맨밥을 싸와 투쟁 사업장 맨바닥에서 먹었다. 좁은 침낭 사이로 들어가 쪽잠을 잤다.

청구성심병원노동조합 투쟁을 영상으로 기록한 적이 있는 태준식은 오랜만에 이정미를 만났다. 2002년 명동성당으로 향하는 집회 대오 사이에 이정미가 있었다. 2년 전 이정미는 태준식에게 별 일 아니라는 듯 담담히 "결혼식에 못 가게 되었어요. 제가 암에 걸려서 한동안 활동을 못 하게 되었거든요"라고 했다. 그리고 다시 본 이정미였다. 반갑기 그지없었다. 명동성당 오르는 계단 끝에 앉아 안부를 나누고는, 태준식이 물었다.

"힘드실 텐데 왜 나오셨어요? 좀 더 쉬시지."

이정미는 말했다.

"집에 있는다고 마음이 편한 것도 아니어서요."

청구성심병원노조도, 보건의료노조도 제각각의 사정으로 사람이 없고, 상황이 좋지 못하다고 했다.

"내가 좀 회복되면 이것저것 해볼 텐데…."

거칠어진 마른 얼굴로 이것저것 할 게 많다는 이정미를 만류할 수 있는 사람이 있었을까. 다들 말도 못하고, 빤히 이정미 얼굴만 바라보고 있던 그때, 이정미는 그러나 다른 이들은 사정에 치이지 않길 바랐다. 방지거병원 조합원들이 답이 보이지 않는 오랜 싸움에 지쳐 서로에게 생채기를 내고 있을 때, 이정미는 교육 하나를 마련했다. 강사로 대구동산병원노동조합의 전(前)지부장이자 해고자인 방영미를 데리고 왔다. 방영미는 대구동산병원에서 10년 동안 농성, 상경, 구속 투쟁을 거치며 치열하게 싸운 노동조합 간부였다. 그리고 얼마 전부터 새로운 길을 걷고 있었다. 뒤늦게 드라마 작가가 되기 위해 공부를 시작했다 들었다. 수술 후에 병문안을 온 방영미를 보며 이정미는 부러움을 감출 줄 몰랐다.

"나도 국문과에 가고 싶었는데…. 글을 쓴다니 너무 좋겠어요."

방영미는 어서 나아서 글도 쓰고 좋아하는 책도 많이 읽으라고 했다. 그런데 얼마 후 이정미가 몸을 추스르고, 보건의료노조 활동을 다시 시작했다는 말을 들었다. 이정미가 하고 싶다던 것들이 생각났지만, 그런가 보다 하며 지나갔다.

그런데 투쟁사업장 조합원들을 대상으로 교육을 해달라고 했다. 방영미는 한사코 뿌리쳤다. 이제 와서 자신이 교육을 할 것이 뭐가 있냐고 했다. 이정미는 "노동조합이 아니어도 괜찮다"고 말해 달라고 했다. 지금 이 싸움이 끝나고 각자 뿔뿔이 흩어져야 할 때가 오더라도 새로운 길을 찾을 수 있다고. 이 싸움에서 지더라도 괜찮다고. 지금 이 순간이 우리 인생의 전부가 아니라고 말해 달라고 했다.

방영미는 몇 걸음이나 앞을 내다보는 이정미에게 놀랐다. 방지거병원노동조합의 투쟁이 자칫 성과 없이 정리되었을 때, 조합원들의 마음이 다칠까 염려한 헤아림이었다.

이정미는 폐업된 병원에서 낭떠러지에 선 듯 싸움을 이어온 이들이 투쟁이 끝난 후 남은 삶 전체를 좀먹으며 살아갈까 봐 걱정했다. 잠깐 주저앉아 쉬어가는 것조차 사치인 투쟁들, 쉬지 못한 몸은 격렬한 싸움의 한복판에서 버티지 못했다. 사람과 사람 속에서 다쳤고, 고성과 비난 속에서 지쳐갔다. 아프고 지쳐 결국 떠나는 사람들이 생겼다. 아프면 멈추어 잠시 자리에 앉게 해도 좋을 텐데, 기나긴 싸움 속에 각박해지는 우리 마음은 내 옆의 사람이 흘리는 피를 보지 못했다. 어쩔 수 없었다. 아픈 내가 쓰러지지 않기 위해 안간힘을 쓰고 가느라, 옆에서 무슨 일이 일어나는지 몰랐다. 이정미는 많은 이들과 함께 해왔고 많은 이들이 떠나는 것을 봐 왔다. 그 사람들에게 쉬라고 말하고 싶었다. 천천히 가도 괜찮다고 말해주고 싶었다.

"사정이 좋지 않아요"라는 그녀의 말은, 노동조합만을 가리키는 것이 아니었다. 아픈 것은 사람이었다. 싸우고 아파하는 사람의 사정. 그 사정을 들여다보느라, 이정미는 정작 자신의 몸은 보지 못했다.

방지거병원 노동자들은 어느 날 이정미가 더 이상 지원을 나올 수 없다는 이야기를 들었다. 그제야 이정미의 병이 완치된 것이 아님을 알게 되었다. 그리고 그들은 그 후로 1,048일을 싸웠다. 공공병원 건립은 끝내 이뤄내지 못했다. 하지만 공공병원이라는 문제의식을 지역과 시에 전한, 보건의료노조 운동의 소중한 경험이었다.

산 자를 위해 목숨을 걸고 싸워라 :

2004년 서울대병원노동조합은 44일간 장기 파업에 들어갔다. 지부 간부들은 교섭장에서 병원장과 마주했다. 병원장은 말했다.

"왜 여기 와서들 이럽니까. 아니 보건의료노조랑 이미 합의를 다 했는데, 여기 와서 또 이러면 어떻게 합니까? 하나만 합시다. 우리가 거기 가서 합의하고 여기서 또 합의하고 그래야겠어요? 그럼 뭣 하러 산별교섭을 하나."

고개를 외로 꼰 채 이죽거리는 병원장의 표정을 보며 서울대병원 지부 간부들은 이를 악 물었다. 저 사람들도 뻔히 사정을 아니 저러는 것이다. 그 사실에 더 부아가 치밀었다.

지난 6월 23일 보건의료노조는 산별교섭을 잠정 합의했다. 최초의 산별교섭이었다. 최초였으므로 힘이 들었다. 98년에 조직은 산별 모양을 갖추었으나, 산별교섭을 진행하기까지는 6년이 걸렸다. 병원 고용주들은 합의를 하지 않으려 했다. 그들 입장에서 산별노조에 힘을 실어줄 이유는 없었다. 당시 노동법은 기업별 교섭을 전제로 만들어졌기에 산별노조에 대한 규정이 없었다. 산별단위 교섭 시 사용자가 출석하지 않더라도 별다른 법적 제재 수단이 없었다. 병원은 당연히 이 점을 활용해 소극적으로 대처했고, 이에 보건노조는 각각의 병원장을 상대로 한 집단교섭에 들어갔다. 그 결과 2002년 63개 병원에서 단체협약에 산별교섭 참가를 합의했다. 2003년에는 93개 병원이 합의함으로 노사공동 성명서를 채택하기에 이르렀다.

이러한 과정을 거쳐 2004년 산업별 총파업에 다다른 것이다. 산업별 중앙교섭 및 기본협약을 쟁취하겠다는 목적이었다. 주5일제가 가장 큰 화두였다. 노동시간이 단축됨에 따라, 휴일 임금, 근무 시간, 인력 충원 등 근로조건의 변화가 필연적이었기 때문이다. 이는 개별 사업장별로는 해결하기에 한계가 있는 산업 전반의 문제였다.

싸움 없이 얻을 수 있는 단체협약이 아니다. 보건의료노조는 산별파업을 결정했다. 서울에 있는 고려대학교로 전 조합원이 상경을 하였다. 돌보던 환자를 두고, 키우던 아이를 두고, 서울로 올라온 조합원만 1만 명에 달했다. 서로가 서로에게 기운이었다. "돈보단 생명을" 보건의료노조의 타이틀인 이 말을 안고 버티었다. 고용주들이 지키겠다는 그 돈이 아니라, 병원 노동자의 자존심을 걸고 환자들의 생명을 지키겠다고 한데 모였다.

그러나 언론은 우호적이지 않았다. 사용자들도 완강히 버티었다. 파업 참가자가 1만 명이라 했지만, 전국에 있는 종합병원만 270여 개였다. 병원 사용자 단체에 타격을 주기에는 어려운 수였다. 파업은 길어졌다. 6월 중순, 햇볕은 뜨겁고 해가 가시면 비가 내렸다. 고려대학교 노천극장에서 조합원들은 비를 맞고 햇볕을 피하며 10일을 버티었다. 더 이상은 무리였다. 보건의료노조는 각자의 병원으로 돌아가 파업을 이어가도록 지침을 내렸다.

지침이 내려진 그날 새벽, 조합원들이 떠난 고려의료원에서 병원 사용자 측과 보건의료노조 간의 산별협약이 체결된다.

> 1조 1항. 민주노총 전국병원노동조합연맹 전국보건의료산업노동조합과 보건의료산업 관계 사용자는 국민 건강권 실현과 새로운 노사관계 정립을 위해 헌법과 노동관계법의 기본정신에 따라 노동조건을 유지·개선함으로써, 조합원의 경제·사회적 지위를 향상하고, 나아가 병원과 전체 보건의료산업의 민주적 발전을 도모하고자 이 협약을 체결하며, 상호 신의와 성실로서 준수·이행할 것을 확약한다.

최초의 산별협약이었다. 쟁점은 노동조건 개악 없는 주5일제였다.

> 3조 1항. 사용자는 1일 8시간, 1주 40시간을 기준 근로시간으로 하며 1주 5일 근무를 기본으로 한다.

이 하에서 인력, 수당, 휴가 등의 노동조건을 합의하였다. 실제로 노동조건의 후퇴가 없지 않았다. 많은 부분 양보하여 체결한 협약이었다. 산개하여 각자의 병원으로 돌아간 조합원들에게 산별교섭 내용이 뒤늦게 알려졌다. 산별협약의 내용은 주5일 근무를 확립했다는 사실을 제외하고는 노동자들에게 이로운 것이 없다는 말이 현장에서 나왔다. 조합원들이 눈물과 자존심으로 버틴 열흘로 산별협약을 체결할 수 있었으나 힘이 부족했다.

그러던 중 대병원들 사이에서 10장 2조의 내용이 문제가 됐다.

> 10장 1조. 산별교섭 합의 내용을 이유로 기존 지부 단체협약과 노동조건을 저하시킬 수 없다.
> 10장 2조. 단, '임금, 노동시간단축, 연월차 휴가 및 연차 수당, 생리휴가 조항은 지부 단체 협약/취업규칙에 우선하여 효력을 가지며, 동 협약 시행과 동시에 지부의 단체협약 및 취업규칙을 개정한다.

'산별협약을 기준으로 지부의 단체협약을 개정해야 한다.' 이 규정대로라면, 지부에서 체결한 단체협약이 노동조건이나 복지의 내용이 더 좋다하더라도, 산별교섭 수준으로 강제로 저하시켜야 한다. 한 예로, 산별협약안을 보면 신규 간호사와 기존 간호사 간의 생리휴가와 연차에 차별을 두도록 했다. 그동안 몇몇 노동조합에서는 기존 간호사와 신규 간호사의 차이가 없는 단체협약을 맺었다. 노동자들 간 차별이 없도록 한 것이다. 그런데 차별을 산별교섭이라 맺어서는 지부에 따를 것을 요구했다. 이런 식이라면 산별교섭은 작고 열악한 병원들의 노동조건을 끌어올리는 기준 협약의 의미를 지니지 못하게 된다.

10장 2조를 서울대병원 등 일부 노동조합은 받아들일 수 없었다. 조합원들이 반발했다. 서울대병원 측은 10장 2조 협약에 따라 산별협약안에 없는 휴가나 임금 수당을 내줄 수 없다 하였다. 병원장은 "나한테 왜 이러냐"고 말할 명분을 가지게 됐다.

서울대병원노동조합은 파업을 계속 진행하기로 결의했다. 산별교섭의 위상을 강화하기 위해서 개별 노동조합에는 교섭 투쟁을 감안한 쟁의조정 신청이 이뤄지지 않았다. 그리하여 중앙교섭 타결 이후 계속된 서울대병원지부의 파업은 불법 파업으로 규정되었다. 서울대병원 파업은 힘겨워만 갔다. 병원장들은 산별교섭 후 지부의 쟁의권을 봉쇄하려 '이중쟁의 금지'를 요구했다. 보건의료노조조차 서울대병원의 파업을 불편해했다. 이미 절차를 거쳐 결정된 산별협약안에 반발하는 것은, 산별의 위상을 뒤흔들 수 있다 하였다. 그리하여 10장 2조에는 문제가 없다고 대응했다.

지부와 본조 사이의 갈등이 깊어졌다. 서울대병원의 파업에 본조의 지원이 끊겼다. 공권력 투입이 예상되는 상황에서 연대 요청을 했으나, 본조와 본부는 오지 않았다. 파업이 한 달이 넘어가는 시점에서 투쟁비마저 바닥이 나기 시작했다. 10장 2조를 두고 싸우는 것은 본조의 조직적 결정을 위반하는 것임으로 지원이 힘들다는 게였다. 오히려 '조직적 결정 위반과 본조 명예 훼손'이라 서울대병원 파업을 규정했다. '이중쟁의 금지'라는 자본의 요구가 관철되는 것을 몸으로 겪은 서울대병원 조합원들의 문제제기는 격심해졌다. 10장 2조를 그대로 둘 수 없다.

"사용자 측의 이중교섭 금지 요구를 받아들인 노사합의안 10장 2조는 단순히 미흡하다는 차원을 넘어 지부교섭의 자율성을 해치는 족쇄로 작용하고 있다. 10장 2조, 이 협약은 전체 보건 노동자들의 삶을 후퇴시키고 노동자계급 전체의 힘을 약화시키는 협조주의 산별을 실현할 것이다."

서울대병원노동조합은 합의 과정 공개, 10장 2조 전면 재교섭을 요구했다. 공개 토론회, 간담회 등이 열렸지만, 갈등을 좁히지 못했다. 그러는 사이, 보건의료노조는 산별잠정합의안 찬반투표를 진행한다. 서울대병원지부를 비롯해 전국의 30여 개 지부가 병원과 싸움을 하고 있었다. 찬반투표가 끝나 합의안이 가결되면 이들 노동조합의 싸움은 불법 투쟁이 되는 상황이었다.

본조의 방해와 온갖 어려움 속에서도 서울대병원노동조합은 조합원들의 단결된 파업투쟁을 44일간 이어갔으며, 노동단체들의 지원과 지지 속에 7월 23일 잠정합의안을 이끌어내 8월 1일 사측과 조인식을 하였다.

더 이상은 서울대병원 지부 간부들도 조합원들의 원성을 막을 수가 없게 되었다. 투표에 들어갔다. 보건의료노조 탈퇴에 관한 찬반의견을 묻는 투표였다.

"우리가 어떻게 만든 산별노조인데 여기서 쪼개질 수는 없지 않습니까. 하나의 조직으로 단결하여 가자고 했는데 우리가 뛰쳐나오면 양쪽 모두 다 타격을 입을 거예요."

우려가 있었고, 그에 따라 조건부 탈퇴를 결정하게 된다.

"보건의료노조가 공식의결기관을 통해 차기년도(2005년) 단체 교섭에서 10장 2조를 삭제하기로 결정하지 않는 한 보건의료노조를 탈퇴하고 독립된 노동조합으로 조직형태를 변경한다"는 조건이 붙었다. 조합원 90%가 찬성에 표를 던졌다.

이에 보건의료노조와 입장을 같이 하는 쪽은 반발했다.

"산별파업 중단 이후 홀로 파업을 계속하며 조직 내부로부터 고립 위기에 몰린 서울대지부가 파업 철회를 위한 마땅한 명분을 찾다 조건부 탈퇴를 내걸었을 것이다. 이는 지부 이기주의다."

더한 흑색선전도 있었다.

"고임금 서울대병원이 임금인상을 더 할 욕심에 핑계삼아 보건의료노조를 떠나는 거다."

10장 2조로 불거진 산별협약의 문제는 산별조직 운영의 비민주성 문제로 확대되어 가며 입장 차가 좁혀들 줄 몰랐다. 다음해 3월, 보건의료노조는 김애란 지부장을 조직명예훼손 및 결의사항 위반으로 제명했다. 뒤를 이어 31일 보건의료노조 임시대의원회의는 10장 2조를 삭제하지 않기로 결정한다. 오히려 2005년 산별교섭에서 10장 2조를 폐기하지 않고 산별 협약 우선 적용 기준을 강화하겠다고 했다.

서울대병원노동조합은 보건의료노조를 탈퇴한다. 이어 10장 2조에 문제제기를 해 온, 14개 병원 노동조합, 6,396명의 조합원이 함께 탈퇴했다. 청구성심병원노동조합도 함께 했다.

 병노협

"어휴, 어떻게 왔어요. 몸은?"

놀란 사람들이 자리에서 일어섰다. 이정미가 온 게였다. 병노협 토론회가 열리는 이곳은 목포였다. 서울서 3시간 넘게 걸리는 거리를 이정미가 온 것이다. 위암 치료 후 좋았던 몸집은 어디갔는지, 마른 몸을 해 가지고 왔다. 각 지역 지부들을 모아야 하기에 토론회가 지방에서 열릴 수밖에 없었다. 그래서 이정미에게는 오라는 말도 안 했다. 그런데도 왔다.

10만 보건노동자가 참가해 산별교섭의 포문을 연다는 보건의료노조의 계획은 첫 시작부터 논란에 휩싸였다. 야심차던 첫 시작은 이리 마무리 되었다. 보건의료노조 내부의 갈등은 깊었다. 언제인지 몰랐을 뿐, 갈등의 폭발은 언제이고 있을 일이었다.

"실제로 보건의료노조의 경우 본조의 현장과 거리감에 대한 우려를 표하고 있는 조합원이 점차 증가하고 있는 한편, 현장에서는 간부를 하고자 하는 활동가를 찾기 어려운 상황에 처했다"는 진단을 전문가들조차 내리고 있었다.[39] 보건의료노동조합 중앙 간부들이 현장(지부)의 상황을 제대로 알리지 않는다는 불만이 공공연한 때였다. 실제 그해 산별교섭에서 121개 지부 중 30여 곳이 산별협약 수준을 뛰어넘는 내용의 교섭을 이뤘다.

보건의료노조는 산별이라는 조직이 있어야 96년 노동법 개악 총파업과 같은 집중된 대중파업을 끌어낼 수 있다고 말해 왔다. 산별노조는 그런 것이라 했다. 그러나 잊은 것이 있었다. 총파업이 가능했던 것은 '산별노조'라는 조직이 있어서가 아니었다. 그 싸움을 이끌고 따라주던 조합원들이 있기에 가능한 일이었다.

---

39) 이화여대 이주희 사회학과 교수

"96년도에 위원장을 맡았고, 집행부도 채 꾸리지 못한 상태에서 노동자 총파업이 터진 거죠. 우리는 그날 밤에 본조에 모여서 회의를 하면서 파업을 결의했어요. 상징적인 의미나 규모로 볼 때 서울대가 들어가면 다른 데도 들어간다, 이런 분위기가 있었던 거고.

밤늦게 회의를 끝내고 새벽에 서울대로 들어가서 간부들하고 얘기를 하는데 상황이 어렵다, 이렇게 해서 정리해고와 파견법이 통과가 됐는데, 이 법이 통과 됐는데도 노동조합이 싸우지 못하면 민주노조 깃발을 계속 들고 있을 수 없다. 당선된 지 얼마 안 되었지만 그런 심정이나 생각을 이야기 했었죠. 이야기를 한 2,30분 했죠. 그러니까 간부들이 위원장님이 판단하시면 저희는 따라가겠습니다. '그럽시다. 이럴 때 싸우려고 노조가 있는 거지. 이럴 때 못 싸우면 노조가 무슨 소용이겠어요.' '할 수 있는 만큼 합시다. 100명 나오면 100명 모아 파업을 하고, 300명 나오면 300명 모아 파업을 하고.'

그날 간호사들이 7시부터 출근을 하니까 6시 30분에 로비에서 출근하는 조합원들한테 '출근하지 마시고 우리 파업을 합시다' 이렇게 해서 로비에 있는데, 첫날 300명보다 훨씬 더 모였어요."[40]

총파업은 이렇게 만들어진다. 조합원 하나하나의 결의와 힘으로. 그로부터 산별은 시작한다.

산별노조를 건설하기 위한 숱한 논의들과 토론 속에서 가장 우려되던 것은 관료화였다. 중앙으로 조직을 강화한다는 것은 개별의 노동자

---

40) 현정희 보건의료노조 전 서울대지부장

의 목소리, 특히 힘없고 작은 단위의 노동자들의 목소리가 묻힐 가능성과 함께 간다는 것을 늘 염두에 두어야 했다.

미국자동차노조가 GM의 정리해고에 맞서 투쟁하기보다 4만 명의 정리해고를 인정하고 위로금 협상에 나선 국외 사례를 들지 않더라도, 16개의 산별노조를 가지고 있던 한국노총과 그 전신인 대한노총이 노동자들의 투쟁을 얼마나 손쉽게 자본에게 갖다 바쳤는지. 이에 반발한 각 사업장에서의 싸움들이 올라와 민주노조 건설로 이어진 역사의 결과물이 민주노총이니, 모를 리가 없다. 그렇기에 강조되는 것이 민주성이었다. 조합원 하나하나가 민주노총이고 민주노조라고 했다.

조직은 커진다. 커진 힘으로 총파업을 한다 하고, 대정부 투쟁을 한다고 한다. 정부를 향한 싸움은 중요하다. 노동조합이 사회적 의제와 정책적 측면의 로드맵을 갖고 있지 못한다면, 성과는 개별 병원의 임금 몇 푼 인상에 머무를 수밖에 없을 것이다. 그리하여 노동조합은 매년 임금단체협상 시기마다 무상의료, 의료법 개정 등 '돈보다 생명'이라며 공공의료와 의료민주화를 말한다.

하지만 언론은 파업하는 노동자 연봉이 4천만 원이다, 귀족노동자다, 흑색선전을 했다. 사회적 약자가 아니라 배부른 자들의 기득권을 유지하기 위한 자기들만의 싸움이라는 게였다. 보수언론의 선전이 시민들에게 동의되고 받아들여진다. 아무리 좋은 정책을 앞에 걸고 싸워도 시민들은 '배부른 자들의 임금 따내기' 싸움이라는 혐의를 풀지 않았다.

이유는 간단하다. 보건의료노조 투쟁에 비정규직 중소병원 노동자들의 지지가 밑받침 되지 않기 때문이다. 중소병의원 노동자, 비정규직 노동자, 같은 직군인 미조직 노동자들조차 보건의료노동조합 싸움에 무관심하다. 그런데 어찌 다른 이들의 마음을 붙잡을 수 있을까. 비정규직 노동자들의 지지가 없다면 이제 사회적 정당성을 획득하는 투쟁은 할 수 없었다. 다시 조합원들의 의지를, 특히 미조직 비정규직 중소병원 노동자들을 끌어올려야 했다.[41]

조직 탈퇴는 기존 노동운동의 반성과 평가를 뒤따르게 할 수밖에 없었다. 더 잘할 자신이 없으면 안 되었다. 숱한 논의 끝에 서울대병원노동조합을 필두로 탈퇴를 한 12개 노조[42] 5천 명 조합원은 〈전국병원노동조합협의회(이하 병노협)〉라는 협의체 구성을 준비했다.

병노협에 대한 이정미의 관심은 깊었다. 매일이 토론이고, 회의인 2005년, 그 자리마다 이정미는 아픈 몸을 이끌고 왔다. 청구성심병원노동조합 또한 병노협에 함께 했다.

사실 청구성심병원은 10조 2항 그 자체와는 무관했다. 표면적으로 10조 2항을 둘러싼 갈등은 산별노조의 교섭에 있어 개별 노동조합의 독자적 권한을 보건의료노조 본부가 인정하지 않아 생긴 것이었다. 그런데 개별 노동조합의 독자적 권한을 목소리 높여 말하는 데는 보통 규모

---

41) 보건의료노조 또한 2008년 노동조합 창립 10주년 토론회에서 "미조직사업장 노동자, 직접고용 및 간접고용 비정규직 노동자, 그리고 병원 밖에서 보건의료산업에 종사하는 노동자를 조직하고 지원할 수 있는 조직체계와 예산 확보"를 산별노조운동의 질적인 도약을 위한 향후 과제로 제시하였다.
42) 당시 병노협에는 강원대병원지부노조, 경북대병원노조, 동국대병원노조, 서울대병원지부노조, 울산대병원노조, 충북대병원노조, 한동대선린병원노조, 제주지역노조(준)-서귀포의료원노조, 제주대병원지부노조, 제주의료원지부노조, 한라병원노조, 한마음병원노조 등이 가입돼 있었다.

가 큰 병원 사업장이었다. 그래서 병노협과 함께 한 단위는 대부분 국공립대 병원이었다. 청구성심병원은 규모도 작고 노동조건이 대병원에 비할 바가 없었다. 자기 사업장만 당장 생각한다면, 산별이라는 큰 조직에 기대어 교섭의 성과를 누리고자 했을지도 모른다. 그러나 청구성심병원노동조합은 운동의 대의를 선택했다. 97년부터 투쟁을 멈추지 않은 노동조합이 경험으로 내린 선택이었다.

누구보다 병노협 건설을 지지했던 이정미는 아파 하얗게 질린 얼굴을 하고도, 서울대병원 김애란 지부장에게 물었다.

"미조직 사업은 어떻게 하실 거예요? 비정규직 노동자 조직을 위한 계획들이 마련되어 있나요?"

기존 조직을 나와 새로운 조직을 마련하는 일은 수월치 않았다. 운영체계부터 법인 문제 같은 세세하면서 중요한 문제들이 김애란의 발을 잡고 있었다. 그녀의 애매한 답변이 모자라게 느껴졌는지, 이정미는 입바른 말을 하였다.

"사업이 구체적이지 않다는 것은 그 사업을 해야 한다는 의지가 없다는 거예요. 실질적이고 구체적인 계획이 없다면 우리가 기존에 비판했던 운동들과 뭐가 다르겠어요?"

이후 종종 김애란은 이정미의 나무람을 먹먹하게 떠올려야 했다.

그 나무람 뒤에, 이정미는 서울대병원지부 노동조합(서울대병원 노동조합은 산별을 지향하고 다시 기업별노조로 돌아갈 수 없음을 분명히 하기 위해 서울대병원 뒤에 지부를 명시하였다) 대의원대회 무대에 올랐다.

"중소영세병원 노동자들은 고작 상담 한 번, 교육 한 번 받는 것조차 어려운 일입니다. 평생 노동조합 이야기 한 번 못 듣고 삽니다. 노동자의 권리, 이건 알지 못해 꿈조차 꿀 수 없습니다. 거기서부터 시작해야 합니다. 조직의 시작은 가장 아래서부터, 가장 기층에서부터 시작해야 합니다. 우리가 그 아래 발을 딛고 서 있기 때문입니다. 노동조합의 손이 닿을 수 없는 곳곳에 흩어진 중소영세병원 노동자들을 조직할 수 있는 센터가 필요합니다."

이정미는 차분히 청구성심병원 노동자들의 실상을 말했다. 청구성심병원은 노동조합이라도 있지, 그보다 더 못한 대다수의 보건의료 노동자들의 현실을 말했다. 담담하고 차분하게, 짧은 가발을 쓰고.

이정미가 발언을 마친 그날, 서울대병원지부 대의원대회에서 병원노동자 미조직센터 건립 기금을 마련하는 데 힘쓴다, 라는 내용의 결정이 이루어졌다.

의료연대

보건의료노조를 탈퇴한 12개 노동조합은 2006년 1월 병원노동조합협의회(병노협)를 세운다. '자주적이고 민주적인 노조 운영과 현장을 중심으로 투쟁하는 노조', '정규직과 비정규직을 뛰어넘어, 조직-미조직을 뛰어넘어, 기업과 업종을 뛰어넘어 지역을 골간으로 하는 산업노조 건설 추진' 이것을 존재 이유로 밝힌 조직이다.

그 해 9월 1일, 병노협의 발전적 전환으로 의료연대가 출범했다. 출범식에서 오철수 시인은 축시를 읽었다. 그리고 말했다.

"의료연대 노동조합 건설 과정에 마음을 다했지만, 여러 사정으로 끝까지 이 자리에 함께 오지 못한 동지들을 불러봅시다. 사랑한다 동지여! 다시, 함께하자 동지여!"

함께 오지 못한 동지. 사람들은 누군가를 떠올렸다. 간절히 오길 바라였으나, 오지 못한 사람.

"중소병원노동자들은 어디 가서 상담할 데도 없어요. 저는 큰 것 바라지 않아요. 노동조합 없는 중소병원노동자들이 상담이라도 할 수 있고 지속적으로 교육이나 홍보를 할 수 있었으면 좋겠어요."

이리 한탄하던 이를 생각했다.

그날 목포에서 열린 토론회에 온 이정미는 행사가 시작되고 몇 시간 지나지 않아 도로 서울로 가야 했다. 몸 상태가 나빠진 게였다. 애초에 내려올 몸이 아니었다.

"울 남편이랑 그랬어요. 남편이 돈 많이 벌어오면, 그 돈으로 활동하다 지친 사람들 와서 좀 쉴 수 있는 쉼터도 만들고 싶다고. 그게 다 돈이 드니까. 중소병원도 노조활동을 잘할 수 있다 이런 모델을 만들었음 참 좋겠는데…."

하고 싶은 것이 많았던 이정미는 병노협 출범식조차 보지 못하고 떠났다. 이정미가 하고 싶다던 많은 것들은 의료연대에서 모습을 드러냈다. 병원노동자 미조직센터 '희망터'가 되고, 간병인 노동조합이 되고, 요양인협회가 됐다.

죽은 자를 위해 기도하고 :

"저 2개월만 휴가를 주셨으면 좋겠어요. 꼭 돌봐드리고 싶은 사람이 있어요."

이명은 새로 옮긴 병원 원장에게 부탁을 해 휴가를 받았다. 직업병을 인정받고 병원으로 돌아갔다. 한동안 병원도 조합원들을 손대지 않았다. 개별적인 괴롭힘조차 더 큰 반발을 일으켜 집단 투쟁을 만든다는 것을 병원도 알았기 때문이다. 하지만 이명은 적응을 할 수 없었다. 숨을 쉬고 싶었다. 이명은 개인병원으로 직장을 옮겼다.

병원을 옮겨 1년쯤 다녔을 때, 이명은 이정미의 병세가 깊어졌다는 것을 알게 되었다. 그녀는 휴직을 하였다.

"선생님, 저 왔어요."

자리에 누워 있던 이정미가 몸을 일으켜 이명을 맞았다.

"진통제 좀 놔드리려고 올라왔어요. 좀 괜찮으세요?"

"좋아요."

이명은 이정미 곁에 앉았다. 옆에서 말이라도 건네야 잠시라도 환자의 고통이 감해질 것 같았다. 이정미의 재발 소식을 들었을 때, 조합원들은 울었다. 재발이 어떤 의미인지 다들 알았다. 그래서 곁에 있어드리고 싶었다.

 회상

이명이 사는 빌라 두 층 위에 이정미가 살고 있었다. 이웃사촌이자 집주인과 세입자 관계였다. 세심한 속내로 사람들이 지나가는 말조차 마음에 담아둔 이정미는 이명이 집에 가기 싫다는 말조차 흘려듣지 않았다. 출퇴근하기 힘들고, 갈등도 있었다. 노동조합 사무실에서 자는 일이 많은 이명을 이정미는 불러들였다. 자신의 빌라 반지하에 방이 있으니 들어오라고 했다. 옆에 두어 챙겨주려는 마음이었다.

제 공간을 찾은 이명은 새로운 생활을 꾸려 나갔다. 그런데 이사 나온 지 1년만에 엄마가 세상을 떠났다. 취업을 하고 바쁘다며 살갑게 대하지 못한 엄마였다. 엄마가 그립고 죄스러워서 이명은 정신을 차릴 수가 없었다. 사흘을 집 밖으로 나가지 않았다. 몇 번을 찾아와 문을 두드리던 이정미가 결국 열쇠로 문을 따고 들어왔다. 손에 쟁반이 들려 있었다.

"엄마 보기 부끄럽지 않게 기운내서 잘 살아야지… 놓고 갈 테니 좀 먹어둬."

이정미가 나간 후, 쟁반을 들쳐보니 거기에 밥과 국, 반찬 몇 가지, 그리고 편지가 있었다. 장례식장에 와서 자신을 보고는, "안아보자"며 팔을 벌리던 사람. 그 품에 안겨 얼마나 울었는지. 어서 정신을 차려야겠구나. 이렇게 날 생각해 주는 사람이 있는데 내가 세상 끝난 듯 뭐하는 건가. 이명은 자리에서 일어나 이정미가 차려준 밥을 먹었다. 밖으로 나가 시장에 갔다. 두부를 사고, 파를 사고, 집으로 와 된장국을 끓였다. 그것을 들고 2층으로 올라갔다.

"선생님, 이거 제가 처음으로 끓여본 국이에요. 드셔 보시라고요."

반찬 하나 해본 적 없고, 학생 때부터 운동 말고는 해본 것이 없었다. 노동조합 간부로서의 삶밖에 없었던 이명은 손에 물을 묻히고 처음으로 음식을 만들어 냈다. 그 음식을 이정미에게 보냈다. 마음을 표현하는 법을, 남을 돌아보는 법을 배우고 있었다.

시간이 흘러, 이정미는 더 이상 손을 쓸 수 없을 지경이 되어 자리에 누웠다. 암 통증이 얼마나 극심한지, 간호사인 이명은 잘 알았다. 말기에는 마약성 진통제도 통하지 않게 된다. 이명은 진통제를 놓으려 이정미를 자주 찾았다.

"괜찮으세요?"

"그래, 괜찮아."

그래놓고 입술을 악 물었다. 입술에서 피가 나도록 참았다. 주먹을 하도 쥐어서 손톱에 손바닥 살이 패일 정도가 되도록 신음을 내지 않았다.

"참지 마세요. 안 참으셔도 돼요."

이명은 해줄 수 있는 것이 없었다. 아플 때 옆에 있는 것, 말을 건네 아픔을 잠시라도 잊게 하는 것, 그 정도라도 하고 싶었다. 엄마는 투병 기간이 너무 짧아 자신이 돌보지 못했다. 이정미 선생님은 해드리고 싶었다.

두 사람은 이런저런 이야기를 나누었다. 항암 치료에 잔털마저 다 빠지고, 가죽밖에 남지 않은 몸으로 이정미는 피식 웃기도 잘 웃었다.

"내가 우리 동네 골목대장이었어. 우리 집 과수원이 넓었거든. 애들이 학교를 가려면 거길 지나가야 하는 거야. 그럼 길을 딱 막고 서 가지고, 아이들이 오고 가는 것을 내가 허락을 하는 거지. 높은 나무에 올라가 있다가 애들이 온다 그러면, 멈추라! 그러고. 나 되게 웃겼지?"

좋은 기억이 어릴 적에 많아, 자주 옛날이야기를 나눴다.

"내가 막내잖아. 오빠도 있고, 언니들도 있고. 바로 위 언니를 진짜 많이 쫓아다녔는데, 언니가 꼬마인 나랑 놀고 싶어 하나. 같이 노는 친구들이 따로 있었는데. 내가 막 쫓아다녀서 귀찮았을 거야. 그러다 저녁 되어 아버지가 일 마치고 오시면 그게 또 그렇게 반가운 거야. 옆에 앉아 오늘 있었던 일을 조잘조잘 이야기를 다 했대, 내가. 친구랑 뭘 했고, 오빠가 어쨌고, 엄마가 어디 마실갔다 왔고 그런 이야기도 다 했나 봐. 엄마한테 가끔 눈치 좀 먹고 그랬어. 엄마가 숨기고 싶은 거까지 다 말하니까. …내가 어릴 적부터 엄마한테 호강시켜 드린다고 했는데. 그랬는데. 내가 얼마나 웃겼는지, 나는 서울 가서 큰 물 가서 놀겠다고 어릴 때 막 그랬대? 막상 서울에 올라왔는데, 이모 집에 얹혀 지내려니까 좀 막막하더라. 서울이라는 곳이 어리둥절하고. 그런데도 자존심은 있어서 뭐든 다 할 수 있을 것처럼 굴었어."

개구쟁이였던 아이는 어느새 두 아이의 엄마가 되고, 아내가 되었다. 이 집에 신혼살림을 들이던 일도, 분만실 문을 열고 들어갔던 입사 첫날도 엊그제만 같았다.

그렇게 지난 일들을 돌이키다 보면 문득 사람들이 궁금해졌다.

"그 선생님, 잘 지내신대? 새로 직장을 구했데?"

"그럼요."

"적응하느라 고생이 많겠네. 아, 아이는 잘 크고 있지? 이제 돌이겠다."

"네. 곧 돌잔치도 할 거예요."

"반지라도 보내줘야 하는데."

"다 나으시면요."

이명은 만류했다. 남을 마음 다해 챙기고 걱정했다. 그만큼 기운이 많이 드는 일이었다. 원래 그런 사람인 줄 알지만, 그래도 이제는 아픈 자기만 걱정했으면 좋겠다고 생각했다. 하지만 이정미는 자꾸 물었다.

"병원은 요새 어때?"

"예전보다 낫다 그래요. 병원도 질려서 더 이상은 안 건드나 봐요."

"다행이네."

"단체협약 체결하고는 좀 덜 건드려요. 이제 다들 괜찮아요. 그러니까 선생님 몸 생각만 하세요."

"나 많이 좋아지고 있어. … 이명 선생도 결혼 해야지? 그 친구 좋은 사람이야, 알지?"

"네, 네. 그럴게요."

이명은 이정미를 눕혔다. 잠이 든 듯 한동안 기척이 없던 이정미가 불쑥 말했다.

"이렇게 있으니까, 후회가 되는 일이 많아."

이명은 이정미의 차가운 손을 잡았다.

"내가 못한 게 많아. 노동조합 일 한다고 만난 사람도 많은데, 잘 챙기지 못한 사람들도 많은 건 아닐까 싶어. 말 한마디 덜 할 걸, 아프게 하는 말, 모진 말은 하지 말 걸… 아이들한테도 미안하고… 후회가 되는 게 많아."

"선생님처럼 남들한테 잘하시고 사시는 분이 어디있다고요."

눈을 감으며 이정미는 생각했다. 무엇이 이리 후회스러울까. 청구성심병원에 오지 않았더라면, 그 생각을 하기도 했다. 그때 분만실 문을 열지 않았더라면. 이곳으로 이사 오지 않았더라면 집에서 가까운 청구성심병원으로 출근하는 일도 없었을 텐데. 하지만 그것은 만약이었을 뿐, 후회는 아니었다.

내가 다른 곳에 갔다면 이 사람들을 보지 못했겠지. 이 길을 온 것을 후회한다면 내가 만나왔던 이들을 다 부정해야 하는 건데. 자신을 위한 후원회 날, 자리한 사람들을 봤다. 저 사람들을 버리고 내가 과연 살 수 있을까.

엄마에게 했던 말이 떠올랐다. 왜 네 몸 다치면서 이런 것을 하냐며 속상해 하는 엄마에게 그랬다. "나쁜 게 아니야. 이건 서로 잘 살기 위

조합원과 산행(2000년 2월 27일)

중소병원 합동간부수련회(2000년 5월)

해 하는 일이야." 서로 잘 사는 일…. 후회하지 않았다.

다만 하고 싶은 일이 많았다. 몸이 나아준다면 공부도 다시 하고 싶었다. 간호사가 된 후에, 방송통신대에 입학도 했다. 노동조합 활동이 바빠 학업을 마치지 못했다. 국문과에 가고 싶었는데. 좋아하는 책도 읽고, 글도 쓰고, 좋은 것만 보고 살아야지. 더 많은 것을 할 수 있을 텐데. 그렇지만 하루하루 기력 쇠하는 몸을 알았다. 시간을 멈춰 세우는 것은 사람이 하는 일이 아니었다.

그래서 아이들과 남편에게 더 모질었다.

"학원을 이렇게 늦으면 어떻게 하니? 어서 가지 못해! 엄마가 말 하지 않더라도 시간이 되면 바로 가야지! 이런 것도 스스로 챙기지 못하면 어떡해."

아이들이 조금이라도 안일하게 굴면 회초리를 들었다. 엄마가 아프니

심란할 아이들의 마음을 알았다. 심란해서 해이해지는 몸도 알았다. 그래서 화를 냈다. 그때는 어디 아픈 곳 없는 사람처럼 굴었다. 하루는 아이들에게 무섭게 화를 내고, 방으로 돌아와 이명을 붙잡고 펑펑 울었다.

"스스로 그런 것도 못 챙기면 어떻게 하냔 말이야. 나도 없을 텐데…."

희망을 놓지 않는 동시에, 마지막을 준비할 수밖에 없는 자신이었다.

2005년 10월 이정미는 서울대병원에 입원한다. 상황이 좋지 않았다. 암이 복벽으로 전이된 것은 오래 전이었다. 합병증으로 장천공까지 왔다.

조합원 가족들, 친구들과 강화도(2001년 5월 20일)

살아 숨 쉬는 한 희망은 있다 :

 살아 있어 감사한 오늘

남편 윤창훈은 물었다.

"나을 거지?"

이정미는 끄덕이며 말했다.

"그럼."

윤창훈은 낫는다고 생각했다. 얼마나 건강한 아내인데, 얼마나 의지가 굳건한 사람인데, 낫지 못할까. 부러 말을 흐리는 의사들의 태도에 희망을 걸 정도로, 그는 아내가 살 것이라 믿었다. 병을 떨칠 것이다. 다들 그렇게 생각했다. 이정미는 강하니 이겨낼 것이다.

아내는 완벽한 사람이었다. 빈틈보이는 것을 싫어했다. 지는 것을 싫어했다. 부족한 모습을 보이기 싫어했다. 누워만 있어 등에 욕창이 날까 봐 남편인 자신이 씻겨주려는 데도 조심스러워했다. 아픈 병상에서도 말 한마디 허투루 한 적이 없는 사람이었다. 간병인에게조차 "이것 좀 해주시겠어요? 감사합니다" 예의를 놓치지 않았다. 그만큼 정갈하고 단정한 사람, 그런 사람이 낫는다고 했으니 안 나을 리 없다.

그래서 병원에서 임종을 앞둔 보호자들을 위한 교육에 참가하라고 했을 때, 그는 화를 냈다. 그게 무슨 말이냐고 했다. 들을 필요가 없다고 억지를 부렸다. 우리 아내는 다 나을 건데, 왜 그러냐고 했다.

아내는 작은 목소리로 먹고 싶은 것들을 말했다. 하루는 기운 없이 웃으며 김치만두가 먹고 싶다고 했다. 몇 년 사이, 작아진 위 때문에 좋아하는 음식도 마음 놓고 먹질 못 했다.

"다 나으면 같이 먹어요."

아내는 고개를 저었다. 병문안을 온 현정희를 가리키며 말했다.

"만두 사와서 두 사람이 같이 먹어요. 먹는 거 보고 싶어."

윤창훈은 끄덕였다. 먹고 싶은 것이 있는 걸 보니 기운이 나는 거라 여겼다. 회복될 가능성이 있다고 그리 믿었다.

2005. 10. 10

병원에서 의사가 심각하게 이야기 했다. 많이 안 좋다고.. 가족에게 알리라고.

그런데 난 전혀 실감이 나지 않는다.

그냥 아이들 생각만 났다. 어떻게 하지.

남편에게 오빠랑 어머니께 연락드리라고 했다.

수술실 밖에서 남편 혼자 울고 있을까 봐. 걱정스러워서.

2005.10.

오늘 나는 살아 있고, 혼자서 숨 쉴 수 있고

걸을 수 있고 볼 수 있고 들을 수 있고 말할 수 있고 생각할 수 있다.

살아 있어 참 감사한 오늘이다.

 친구

"지부장님"

"나 지부장 아닌데."

서울대병원을 찾은 이은영은 이정미의 마른 손을 붙잡고 물었다.

"그럼 뭐라고 불러요?"

"언니. 언니라고 부르세요."

이정미는 무거운 직책을 벗고, 가볍게 사람과 만나고 싶었다. 이제 이정미는 언니 동생으로 부르고 불러지길 원했다. 좋은 사람들을 많이 만났지. 마르고 줄어든 몸으로 침대에 누워 이정미는 대학 시절 자신이 일기장에 쓴 글 한 줄을 떠올렸다.

〈신이여, 당신은 제가 끝까지 남을 몇몇 친구를 가지고 싶어 하는 것을 알고 계십니까.〉

 몇 주 후,

숨이 가빠진 이정미는 산소호흡기를 달았다. 윤창훈은 다가오는 일을 받아들여야 했다. 그는 미루던 보호자 교육을 받았다. 이정미의 상태가 좋지 않다는 것을 안 아이들은 엄마 곁을 떠나려 하지 않았다. 이정미는 아이들에게 말했다.

"엄마 안 죽어. 그러니까 집에 가. 내일 또 와. 또 보면 돼."

다음날, 이정미는 남편과 친언니가 보는 앞에서 눈을 감았다. 2006년 8월 19일 새벽 3시 20분이었다.

 살아 숨 쉬는 한 희망은 있다

2001년, 이정미는 중앙노동위원회 위원들 앞에 섰다. 그녀 손에 두꺼운 종이 묶음이 들려 있었다. 이정미의 시선이 병원 측 증인들로 나온 수간호사들을 비롯한 관리자들을 향했다. 종이를 쥔 손에 한층 더 힘이 들어갔다. 이정미는 위원들을 바라보며 말했다.

"여기 조합원들이 눈물로 써준 진술서를 가지고 왔습니다. 그러나 저는 이것을 제출할 수가 없습니다. 조합원들이 진술서를 저에게 써주면서 눈물로 호소했습니다. 이것이 절대로 병원 관리자들에게 들어가지 않도록 해달라고."

진술서가 관리자들 손에 들어가면, 그것은 곧 탄압 명부가 될 것이다. 살고자 쓴 것이 도리어 자신을 내몰 것이다. 그럼에도 진술서를 받아올 수밖에 없는 형편, 그 진술서를 쓸 수밖에 없는 형편. 사람은 미워하지 말자고 했지만, 미웠다. 이정미는 원망스럽게 위원회장 한편을 바라봤다.

"저기 앉아 있는 저 사람들 때문에 저는 지금 이 진술서를 드릴 수 없습니다. 하지만 우리 조합원들이 어떤 일을 겪었는지… 굳이 설명하지 않아도 잘 아실 거라 믿습니다."

위원들은 조합원들의 진술서를 증거로 첨부하지 않았다. 노동조합 측 위원들의 제안으로, 위원들이 그 자리에서 진술서를 읽고 폐기하기로 했다.

억울하여 더 이상은 탄압 받지 않기 위해 노동조합을 지키기 위해 쓴 진술서는 증거로도 사용되지 못했다. 하지만 우리는 안다. 청구성심병원노동조합 사람들이 어떤 일을 겪었는지.

"고맙다, 감사하다는 말은 하지 않겠다.
꼭 살아서, 훌륭한 활동가로 살면서 이 고마움을 꼭 갚겠다."
_이정미 열사

이정미 열사의 마지막 길은 병노협장으로 치러졌다. 그녀는 마석 모란공원에 묻혔다.

빛나는 길
_이정미 동지여, 평안히 가소서

네가 걸었기에
이 세상엔
또 하나의 길이 생겼다
높은 곳을 향했던 걸음은
보기 좋은 곳에서
꽃밭을 이룰 것이다
큰 꽃송이, 사람 눈길 부르며
한 계절을 뽐내다
뽑힌다, 그도 아름다운 한 생이다
하지만 네가 걸었던 그 길은
너무나 낮았던 초록 땅의 들판
오직 스스로의 힘으로
야생화처럼 자리 고르고
먼저 이웃을 품어서야만
꽃이었다. 정미야-
生은 짧았지만
이제 命이 옮겨 붙는 초록들판을 생각하라
네가 흰나비 되어
생에서 가장 아름다운 날갯짓으로
슬픔을 닦아줄
모두가 너다
네가 걸었기에
빛나는 길이 다시 낮게 그리고 높게
떠오른다. 우리들 가슴엔

– 詩 오철수

* * * * * * *

이정미 열사는 한창 싸울 때, 그런 말을 했다고 한다.

"나는 이 싸움을 절대 질 거라고 생각하지 않아요. 왜냐, 이 싸움은 내가 죽어서 나가지 않는 한 끝나지 않기 때문에, 난 이겨요. 내가 여기 죽지 않고 있으면 다 이기게 돼 있어요."

무서운 의지라고 생각했던 사람들은, 열사를 보내고 그것이 얼마나 슬픈 말인지를 깨닫게 되었다.

40년 전 동일방직의 노동자들은 노동조합을 만들었다가 똥물테러를 당했다. 오래된 일이었다. 그래서 98년 똥물을 뒤집어썼다는 청구성심병원 노동자들을 만났을 때, 머릿속으로 부지런히 해를 더듬었다.

청구성심병원 노동자들은 자신에게 식칼을 휘두른 병원을 떠나지 못했다. 그리고 말했다.

"한 번만이라도 이겨보고 싶어요."

과연 소원대로 그들은 이겼을까. 10년이 흐른 후, 그들을 마주하게 된 나는 의문했다.

조합원 수가 고작 10여 명이 되지 않는 노동조합. 한편으로 종합병원으로는 유일하게 남아있는 중소병원 노동조합. 그 십여 명 때문에 청구성심병원에서는 매년 단체협약 교섭이 열린다. 교섭 중간 관리자가 뛰쳐나가고, 조합원이 주먹을 바들 떨고, 욕이 나오고 소리를 지르고, 병원장이 이죽거리고 조합원은 더는 교섭에 못 들어가겠다고 한탄할지라도, 결국은 노사가 동등한 위치에 앉아 병원의 운영을 말한다. 당장은 현장의 힘으로 전임자수당을 지킬 수 있는 대기업 노동조합이 무심히 넘겨버린 타임오프제로 중소업체는 노동조합 활동이 어려울 지경까지 놓였지만, 청구성심병원노동조합 지부장은 반상근이 유지된다. 교섭을 통해 따낸 것이다. 노동조합 활동을 인정치 않겠다는 병원이, 이제는 전임자 임금을 내놓은 것이다.

그렇다면 이긴 것인가. 노동조합이 살아남았으니 그들은 이긴 것일까. 조합원들이 이를 악물며 "한 번은 이기고 싶어요."라고 말한 10년 후, 그네들은 각자의 삶을 만들어갔다.

김명희 조합원은 이정미 열사의 5주기에서 내내 울었다.

"이정미 선생님은 제가 미울 거 같아요. 끝까지 붙잡고 늘어져서 얼마나 미웠을까. '난 아픈데. 이렇게 아픈데 …저 사람은 그것도 모르고 자기 조금 아프다고 날 이렇게 붙잡는다.' 이런 생각으로 제가 밉지 않았을까요? 아마도 그때 이정미 선생님이 절 병원에 안 데려갔으면, 내가 이때까지 살아있었을까 하는 생각이 들어요."

그녀는 자책했다.

"선생님은 여러 사람을 살리고, 혼자 간 거죠."

이정미 열사가 꿈에 종종 보인다 했다. 원피스를 입고 있는 모습을 보며, 저 세상에 가서라도 평소에 입어보고 싶어 했던 아기자기한 예쁜 옷 많이 입지, 안타까워했다.

그녀는 여전히 허리가 좋지 않다. 디스크가 다 녹아 없어졌다고 한다. 한 달에 한 번 허리 신경을 마비시키는 주사를 맞는다. 병원을 찾는 일은 지금도 곤혹이다. 여전히 병원이 무섭다.

"당시에는 고민도 하고 후회도 한 적 있는데, 요즘은 그렇게 생각 안 하죠. 노동조합 활동했던 것이 내 삶에서 큰 부분이었는데 이것을 후회해버리면 나한테도 안 좋을 것 같아서. 좋게 생각해요."

가끔은 후회도 든다는 김미연 조합원은 여전히 청구성심병원 임상병리과 검사실에서 근무한다. 퇴사를 한다 하고도, 결국은 하지 못한다. 하지 않는다. 그녀는 지난날을 이렇게 말한다.

"할 수 있는 만큼 열심히 했다 싶어요."

최정란, 신동진은 2010년 퇴사를 하여 개인병원으로 옮겨갔다. 청구성심병원을 다닐 때 그들은 행복했다. 웃고 떠들며 진행한 인터뷰가 그들의 행복을 증명했다.

"나 같은 겁쟁이가 거길 어떻게 따라다녔는지 모르겠어요. 무한믿음이었어요. 무한믿음이 없었으면 못했을 거야. 그렇게 믿게끔 행동했었어요. 이정미 선생님이."

"살면서 이정미 선생님 만난 거는 행운인 거 같아요. 행운 중에 행운. 지금도 안 잊혀요. 중간 중간에 생각나요. 광고에 보면 '1년 됐는데 10년 된 듯한'. 이정미 선생님이 그런 거 같아요. 돌아가신 지 오래된 거 같으면서도 아닌 거 같고."

최윤경은 육아문제로 인해 퇴사를 했다. 아이 둘의 엄마이다. 그녀는 자기 앞에 커피를 두고 말했다.

"처음에는 노동조합에 사람이 와도 차 한 잔 권하지 않는다고, 이정미 선생님께 혼도 나고 그랬어요."

예의를 중시한 이정미 열사에 대해 말하는 최윤경은 차분했다. 이정미 열사의 차분하고도 다부진 모습이, 말로만 들은 그 모습이 지금 내 앞에 앉은 사람의 모습과 닮았을까 하는 생각이 들었다.

"그런 것이 어떻게 몸에 배였나 싶었는데, 선생님 어머니를 뵈니까, 똑같으시더라고요."

이명은 아이 하나를 업고 하나를 안고는, 다른 한 손에는 커피를 사 들고 왔다. 노동조합 활동을 할 때까지 자기 손으로 밥 한 번 제대로 안 해 먹었다고 하는 사람이었다. 요새는 심리상담 공부를 하고 있다. 산재투쟁 때 받았던 심리치료의 기억으로 인해서다.

"그때 아팠던 상처가 전환점이 됐죠. 터닝포인트가 되어서. 제가 그런 아픔을 겪어보지 않고서 어떻게 감히 그런 상처가 있는 사람들을 보듬을 수 있겠어요."

이선우는 세 번째 아이를 출산했다. 그녀는 "그토록 원하던 평범한 생활을 하고 있는 중"이라고 했다. 앞으로 어떻게 행복하게 살아야 하는지, 그리고 자식을 키우는 부모로서 얼마나 모범이 되어야 하는지 매일 조금씩 고민하며 살아가고 있다. 그 고민 속에 이정미의 모습을 떠올리곤 한다.

2004년, 산재투쟁 끝에 병원으로 돌아간 임우숙은 마음가짐을 달리했다. 그래 내가 모든 것을 비워보자. 내가 먼저 인사를 해 보자. 내가 먼저 웃어보자. 2004년 이후, 임우숙은 큰소리 한번 내지 않았다. 못 한다는 소리도 하지 않았다. "알겠습니다. 해 보겠습니다. 하다가 안 되면 말씀드리겠습니다." 이리 대답했다. 유하게 마음을 가지려고 했다. 병

2006년 1월 청구성심병원분회 간부수련회에서(아래 좌측부터 최윤경, 강혜경, 권기한, 현정희(서울대병원지부), 김태복, 중간줄 좌측부터 최미용, 이선우, 최경숙(희망터소장), 뒷줄 좌측부터 신은희, 조현수, 김지연, 임우숙)

원은 우리끼리 싸우는 것을 바라니까. 사람을 평생 미워하며 살 수는 없으니까. 늘 화가 난 채로 살 수는 없으니까.

이 년 뒤, 한 수간호사가 그녀에게 찾아왔다. 노동조합에 들고 싶다고 했다. 실은 자신도 억울한 일이 많다고 했다. 간호과장과 기조실장의 횡포에 시달려왔다고 했다. 이제야 왜 노동조합이 있는지 알 것 같다고 했다. 미안하다고 했다. 2006년 수간호사들과 신입 간호사들이 대거 가입을 했다. 40명의 신규가입이 있었다. 하지만 이들은 자신들이 했던 것과 유사한 방식으로 탄압을 당한다. 결국 퇴사를 하고 만다.

2008년 3명의 조합원이 정신질환을 산업재해라며 근로복지공단에 신청했다. 5년 전, 2003년 때와 동일한 사유였다. 병원의 노동조합 말살 정책에 앞장서 행동한 소상식은 그 공로를 인정받아 병원장 자리에 올랐다. 그 자리에서 노동조합과 마주 앉아 교섭을 하고 임금단협안을

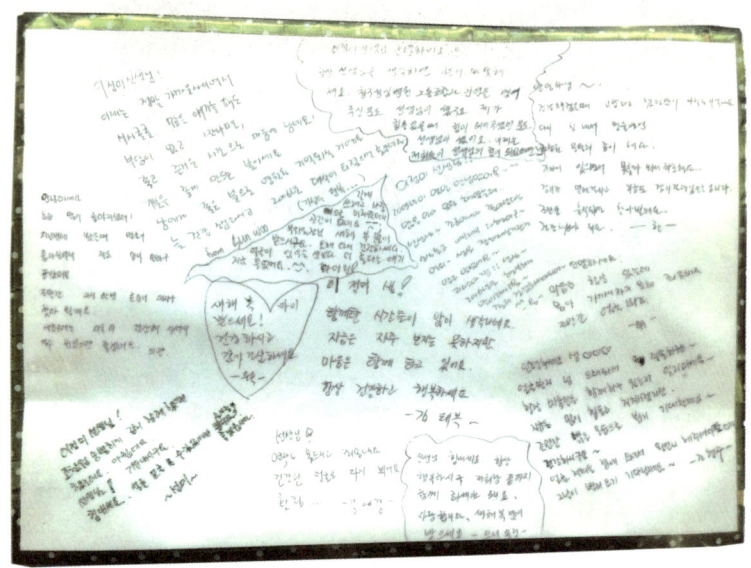

수련회에서 이정미 동지 쾌유를 기원하는 조합원 글

작성해야 한다.

청구성심병원노동조합은 여전히 건재하다. 간판만을 유지한 것이 아닌 실질적인 활동을 하는 몇 안 되는 노동조합이다. 은평구라는 지역의 중소병의원 조직사업의 거점이 되고 있다.

"이정미 지부장이 있을 때까지는 자존심이었다면, 지금은 한 사람의 생명을 앗아간 데인데 버리고 나올 수는 없죠."

권기한 지부장을 비롯한 조합원들은 여전히 청구성심병원노동조합을 지키고 섰다.

누군가는 말했다. 이정미 열사는 "우리가 좀 게으르게 살거나 우리가 처음 생각했던 것보다 좀 다른 삶을 살았을 때 나중에 죽어서 만나면 좀 겁나는 사람"이라고. "내가 이렇게 살다가 죽으면 나중에 그 사람이, '너 왜 그러고 살았냐' 하늘나라에서 만나면 좀 겁나는 사람"이라고.

청구성심병원 사람들은 이정미가 보여준 방식으로 길을 걷는다. 앞서간 길을 밟고 가기도, 새로운 길을 찾아 가기도 한다. 어떤 길로 가든, 이들에게 이정미 열사는 '잘 걸어왔다'고 보여주고 싶은 사람이다.

식칼테러부터 지금까지 15년, 병원장은 같은 이유로 병원을 지킨다. 돈. 그러나 청구성심병원 사람들은 자리를 지켜야 하는 이유가 자꾸만 늘어난다. 노동조합을 지켜야 하는 이유가 되는 사람이 자꾸 늘어난다. 동료이고, 가족이고, 이정미이다.

세상은 그다지 변하지 않았다. 올해 만난 노숙투쟁 중인 젊은 노동자는 "한 번만이라도 이겨보고 싶어요"라 했다. 그래서 싸움을 놓지 못한다 했다. 십년이 지나도 노동자 입에서 나오는 말은 같다. 노동자의 시계는 가지도 않는가, 화가 난다. 그리고 생각한다. 저 젊은 노동자도 백가지 이유를 안고 싸워갈 것이라고. 싸움을 놓지 못할 그 백가지 이유가 이정미와 같은, 사람일 것이라고.

싸워야 하는 삶이 서럽고, 싸워야 하는 일이 어렵다. 하지만 시간은 흘러, 노동자는 조직되고 아이들은 커간다. 나쁜 일은 잊고 좋은 인연은 기억한다. 살아간다. 살다보면, 또 다른 이정미를 만난다. 살다보면, 우리는 누군가에게 이정미가 된다.

어느 파업을 두고 쓴 글을 본 적 있다. 77일간의 공장 점거 파업을 하고 7년째 해고 상태인 이들에게 보내는 글이었다. 글의 마지막 구절이 이러했다.

"노동자들은 지지 않았다. 다만 지금 당장 이길 수 없었을 뿐이다."
노동자는 늘 이겼다. 한 번도 마음 다해 진 적이 없음으로.

3부

기억하며 사는 사람들

마석에서 딱 지키고 있어요.
적어도 청구성심병원노동조합을, 이정미를 아는 사람이라면
그 사람은 살아있는 거예요… 살아있어요.

이정미를 기억하는 사람들
이정미 열사 7주기에 조합원들이 남긴 말들
이정미의 꿈을 이어가는 사람들

이정미를 기억하는 사람들 :

이정미, 기억하다! 가족 이야기 _남편, 윤창훈

"왜! 동민이 엄마를 만류하지 않으셨어요?"

'마밀라피나타파이''

세상에서 가장 뜻이 길고 번역이 어려운 단어로 기네스북에 올랐다고 합니다. 칠레 원주민의 단어로 '서로에게 꼭 필요하지만, 자신이 하고 싶지 않은 어떤 일을 상대방이 기꺼이 해 주기를 바라며, 두 사람 사이에 오가는 미묘한 눈빛'을 뜻합니다.

노동조합에서는 위에 뜻을 우리말로 간단하게 이렇게 표현한다고 합니다.

"너! 위원장 할래?"

이정미를 부르는 말이 몇 가지 있습니다.

선배, 동민이 엄마, 이봐요, 선생님, 지부장님, 언니, 환자분, 열사…

며칠 전 아는 분에게 "왜! 동민이 엄마를 만류하지 않으셨어요?"라는 질문을 받았습니다. 그분은 동민이 엄마로 불렀던 기억이 제일 많이 남아있나 봅니다. 누구의 엄마로 그 사람을 기억하는 경우, 그 사람의 '삶'은 머리가 하얗게 되고, '울컥' 하며 가슴에 와 닿습니다.

'너 위원장 할래?'에 '이봐요'는 '하겠다'고 대답했고, 열심히 했습니다. 지부장님으로 불리는 것을 참 많이 말린 기억이 납니다. 요즘도 자다가 시쳇말로 '이불킥'을 할 정도입니다.

'마밀라피나타파이'

'선배! 학생회 같이 하실래요?', '우리 애들의 엄마가 돼 주세요', '선생님! 이것 좀 해주세요', '지부장님! 저 아파요, 힘들어요', '언니 힘내세요', '환자분 기운 내세요', '열사의 뜻 이어받고 싶습니다'

한 사람을 지위와 직책만 갖고, 한묶음에 평가할 수는 없겠지만 정미 씨는 매 순간을 참 열심히 살았습니다. 다만 '선택'만큼 '고민'의 무게가 병을 키우는 것을 모르고 말입니다. 아니 때론 알면서도 그랬던 것 같습니다.

50이 넘어가면서 TV 드라마를 즐겨보게 됩니다. 여성호르몬이 많아지나 봅니다. 요새 '리멤버'와 '시그널'이라는 프로를 빼놓지 않고 봅니다. 부득이하게 못 보는 경우는 케이블을 뒤져서라도 '재방 사수'를 합니다.

정미 씨는 기억력이 굉장히 좋습니다. 반면에 저는 기억력이 '젬병'

입니다. 부부싸움을 하는 경우엔 항상 연전연패입니다. 당해내지를 못합니다. '리멤버'는 주인공이 비상한 기억력을 갖고 아버지의 복수를 해나가는 줄거리입니다. 다만 주인공의 특출한 기억력이 그만큼 자신의 생명을 갉아먹는 양날의 칼로 작용합니다.

정미 씨는 기억력을 결코 나쁜 곳에 사용을 하지 않았습니다. 나쁜 기억은 혼자서 삭이고, 좋은 기억은 삭히고 발효시켜서 다른 이들에게 되돌려줬습니다. 드라마처럼 뛰어난 기억력으로 인해 자신의 생명을 줄여가면서 말입니다.

'시그널'은 무전기를 통해 현재와 과거가 교류하여 과거가 변함에 따라 현재도 변한다는 내용입니다. 정미 씨가 아팠을 때, 환자복을 입었을 때, 병이 재발했을 때, 과거와 만약 대화를 할 수 있다면 무슨 말을 하며 어떤 선택과 결정을 했을까를 생각하며 드라마에 빠졌습니다.

무릇 무엇을 선택하고 얻는 것은 그만큼 무엇을 포기하고, 잃는 것입니다. 정미 씨는 선택의 순간에 의연하고 담담했습니다.

우리에게는 두 아이가 있습니다. 큰 애는 동민이. 정미 씨가 동민이 엄마로 불리우는 까닭이며, 언제나 환한 미소를 짓는 자상하고 다정다감한 아이입니다. 지금은 씩씩하게 운전병으로 군복무 중입니다.

둘째 동현이는 엄마처럼 여리고 예민한 가운데에도 강단을 갖춘 아이입니다. 힘겨운 고3 생활을 마치고 대학시절을 미리 맛보며, 선배들과 신입생 오리엔테이션 공연 때 선보일 춤 연습에 심취해 있습니다.

우리 애들은 엄마처럼, 혹은 엄마와 전혀 다른 선택과 결정을 통해 자기 색깔이 뚜렷한 삶을 살아갔으면 좋겠습니다. 아빠의 역할 중에 하나는 아이들이 자기 색깔에 책임지며, 부딪치고, 붙었다, 떨어졌다를 반복하며 단단하지만 유연한 사람으로 커가는 것을 옆에서 묵묵히 지켜봐주는 일입니다.

아이들에게 이 자리를 빌려 꼭 해주고 싶은 말이 있습니다. 너희들의 엄마는 '엄마처럼'으로 기억되는 일이 훨씬 많은 분이시다. 설혹 '엄마와 다른' 인생의, 가고 싶지 않은 어느 길에서 그래도 가야만 할 때, 한 번쯤 곱씹어봤으면 하는 바램입니다.

하늘에 계신 어머니께 _2012년 5주기 추모식에서 큰 아들 윤동민 낭독 글

그동안 자주 찾아봬야 하는데 바쁘다는 핑계로 자주 찾아뵙지 못한 점, 정말 죄송합니다.
올해도 벌써 절반이나 지나가 버렸고,
그동안 많은 일이 있었습니다.
내년이 되면 동현이가 17살이라 고등학교에 입학을 하게 되었는데,
동현이의 고등학교 입학 관련 준비로 최근 몇 달간 가족 모두가 바쁘게 지내기도 했었고,
저도 내년이 되면 고등학교 3학년인지라 나름대로 방학 동안 학원을 다니며, 강의를 듣고, 집에서 인강을 듣는 등의 3학년을 대비하여 공부에 집중해 보려고 했습니다.
이 외에도 이것저것 사소한 일들이 몇 가지 있었지만,
가족 모두 큰 사건, 사고 없이 무탈하게 잘 지내고 있습니다.

그러니 어머니도 하늘에서 잘 지내실거라 믿고 있습니다.

내년에도 동현이와 제가 하는 일을 지켜봐 주시고 응원해 주세요.

노력해서 지금보다 더 나은 모습 보여드리기 위해 노력하겠습니다.

_2012년 큰아들 윤동민 올림

엄마에게 _2011년 5주기 추모제에서 둘째 아들 윤동현 낭독 글

안녕하세요, 엄마. 잘 계신가요?

저도 이제 중2가 되어서 고등학교에 대한 걱정? 뭐 그런 걸 하고 있네요.

작년까지만 해도 아직 어리다고 생각했는데 부쩍 커버린 제 키와

내신에 영향 미치는 시험 결과를 보고,

'아~ 벌써 그렇게 됐네'라고 생각해요

길면 길고 짧다면 짧지만 제 인생에서 5년은 아주 긴 시간이네요.

그동안 기쁜 일도 많고 슬픈 일도 있고, 아프고 다친 적도 있지만,

아직까지는 공부도 어렵지 않고 그렇게 큰일은 없었어요.

중학교 2학년이 되서는 1학기 성적이 좋지 않아서

아빠에게 혼나기도 하고 할머니께서는 잔소리도 하셨지요.

못 알아 볼 정도로 키도 훌쩍 커버리고 얼굴도 이제는 애티를 벗어나고

있고 많이 변했지만 제 소망은 언제나 한결같네요. 제가 공부를 열심히 할 때 꼭 성적이 원하는 만큼 올라가게 해주시고 저나 제 주변 사람이 소망하는 것도 꼭 이루어주세요.

마지막으로 그곳에서도 잘 지켜봐 주시고, 옳지 못한 일을 할 때는 꾸짖어 주세요.
안녕히 계세요.
_동현 올림.

보고 싶은 동생 _1주기에 이정미 열사 셋째 오빠가

네가 떠난 지 벌써 일 년이 다 되었구나
삶에 대한 애착이 유난히 강하던 네가
그 많은 꿈과 열정을 뒤로 하고
그 애틋한 자식사랑은 어찌하고
지아비에 사랑
가족에 사랑
너를 아끼던 선후배 모든 이의 사랑을 뒤로하고
오라비는 언제나
너의 화장기 없는 얼굴
면바지에 티셔츠 차림의 모습이,,,,
하이힐 하나
예쁜 꽃무늬 원피스 한 벌 입혀
예쁘게 화장한 동생이 너무 보고 싶었는데
널 생각하면 언제나 눈물이 흐르고
네가 보고 싶을 땐 가슴이 아리구나

네가 떠나기 전 어떻게 할 수 없는 무능함이 한스럽고

더 아끼고 사랑해 주지 못함이 미안하다

사랑하는 정미야

넌 언제나 우리 가족 모두에게

때로는 안스러운 막내였지만

가장 소중하고 자랑스러운 동생으로 남아있다

보고 싶은 정미야

넌 보고 싶어도 볼 수 없는 세상 만날 수도 없는 세상에

있을지라도 오라비의 가슴 속에

널 기억하는 모든 이 가슴 속에 살아있으리라

이정미, 기억하다! _권기한

조합원 당신만이 희망이다

　청구성심병원의 악랄한 자본과 투쟁하면서 해고 돼서 잘리기도 하고, 징계도 먹고, 맞고 쓰러지고, 아프고… 그래도 무엇보다도 나와 비슷한 생각을 가진 사람들, 좋은 사람들이 많아서 좋았습니다. 좋은 사람도 만나고 그래서 결혼도 하고 오래 다니다 보니 2008년 분회장이 되고 조합 가입을 확대하기 위해 이정미 지부장의 발자취를 따라 하기도 했지요. 아! 잘 안되더라고요.

조합원이 계속 줄어들고 이 상태로 노동조합 문 닫으면 어떻게 하나 하는 마음에 그만둘까? 라는 생각이 한 이삼년 전쯤에 있었습니다. 그때는 "그만둘까, 아니야" 하는 생각이 하루에도 몇 번씩 머리에서 소용돌이 치곤 했습니다.

하루는 정말 병원을 그만두겠다고 사표를 작성해서 제출하려다가, 그래도 상급단체인 의료연대서울지부 이향춘 지부장에게 전화를 해서 청구성심병원을 그만두겠다고 전화했습니다.

이향춘 지부장이 다짜고짜로 "이정미 열사는 어떻게 하려고"라고 하는 말에 아무 말도 할 수가 없었습니다. 사표를 박박 찢어버렸습니다. 부끄러웠습니다. 지금까지도 말이죠.

97년부터 시작된 고통스러웠던 순간을 기억하지만, 그때 이정미 지부장이 있어서 이렇게 살아있을 수 있는 거라고 생각합니다. 지금 남은 조합원 4명이 적다고 생각하지 않습니다. 솔직히 지금은 갈 데도 없고, 갈 수도 없고 정말 끈질기게 남아있어야 겠다는 생각입니다.

"조합원 당신만이 희망이다"

이정미 열사의 평소 생각과 말을 잊을 수가 없습니다.

지금의 조합원들이 있어야 다른 사람들이 가입할 수 있는 바탕이겠지요.

아직 10년이나 더 버틸 수 있습니다. 노동조합에 가입할 날이 오겠죠. 기다리지 않고 다가서야 겠지요.

이정미, 기억하다! _최윤경

"이정미 열사가 보여준 산과 바다 같은 모습들로…"

이정미!

98년 식칼테러부터 시작된 병원과의 긴 싸움에서 이정미 열사는 나에게 아주 큰 산 같은 사람이었다. 진취적이고 용감했으며 당당했고 멋있었다.

잘 듣지 못하는 나의 엄마는 자신의 딸을 세상에서 지키기 위하여 자신의 품 안에서 자라길 원하셨다. 일어날 수 있는 모든 일들에 대해 내가 생각하기 전에 엄마가 먼저 생각하고 다 챙겨 주셨다. 그런 내가 사회로 첫걸음을 한 곳이 청구성심병원이었다.

이정미 열사의 권유로 들었던 노동조합 교육을 통해 내가 너무 우물 안 개구리처럼 살았다는 것을 깨닫고 노동조합 활동을 시작하였다. 모두가 아니라고 할 때 '예'라고 이야기하는 사람, 누가 봐도 불가능한 일을 되게끔 만드는 사람, 이정미!!

그는 나에게 정말 큰 사람이었다.

그때부터 나는 부당한 일에 목소리를 내고 부모님이 반대하는 노동조합 일도 계속 할 수 있는 힘이 생겼다. 내가 나로서의 인격으로 독립한 첫 시작이, 바로 청구성심병원노동조합의 이정미 열사를 만난 것이었다.

이정미 열사는 나에게 넓은 바다 같은 사람이었다.

나는 자신감이 없는 친구였다. 안전한 과정과 좋은 결과를 선물하고픈 엄마의 결정이 낳은 결과였다. 큰 병원에서 일할 자신이 없어 이력서 신청을 미루고 미루다 엄마의 손에 이끌려 청구성심병원에 입사했던 나, 간호업무를 지시 받는 역할만 하다가 타인에게 지시하는 직무를 맡기가 너무 두려웠던 나. 그런 내가 노동조합의 대표를 맡아 내 스스로 판단하고 결정하게 되었다. 나에게 직무대행을 권유했던 이정미 열사가 나에게 할 수 있다는 자신감을 주었다.

아무 말 안 해도 이정미 열사의 눈만 쳐다보면 어김없이 눈물이 나왔다. 내 마음을 다 안다는 눈빛과 말 한마디에 긴장한 마음이 무장해제 되었던 것이다. 이정미 열사는 나에게 서해바다 같이 잔잔하게 품어 주면서, 때로는 동해바다의 파도와 같이 몰아치면서 할 수 있다는 자신감을 주었다. 이런 이정미 열사의 세심한 배려는 나에게만 주어진 것이 아니었다. 그 사람을 깊이 생각하지 않으면 할 수 없는 선물, 위로의 말, 질책, 포옹, 침묵….

불가능한 일을 가능한 일로 만들어 내는 큰 산 같은 이정미 열사의 치열한 모습, 자신이 아는 모든 사람들을 품으려고 했던 넓은 바다 같은 모습. 이 두 모습에 공통분모는 사람이었고 사랑이었다.

현재 나는 예전의 나였으면 전혀 생각조차 해 보지 않았을 홈스쿨을 하고 있다. 이정미 열사가 보여준 산과 바다 같은 모습들로, 아이들의 엄마로 살아가려고 노력하고 있다. 아이들이 자기 자신으로 제대로 설 수 있게, 경쟁보다는 남을 배려하는 사람으로 자라도록, 그러나 옳은 일에 용기 낼 수 있는 사람이 되도록 하는 것이 나의 희망이다.

이정미 열사가 좋아하고 늘 사용하던 글귀가 생각난다.

"사람이 희망이다."

이정미, 기억하다! _한혜정

"이정미 언니, 지켜봐 주세요."

"혜정아, 오늘은 막걸리가 생각난다…."
"진짜? 와우~ 당장 사가야지. 병실에서 먹어요. 며칠 후에 갈게요."
"남편에게 잘하고 있지? 잘해라."
"어후~ 알았어요."
정미 언니와 마지막 문자 내용이다.
(아직 이 핸드폰은 버리지 않고 있다)
그 며칠을 나는 후회하고 있다..
그날, 그 밤에 당장 가야 했다.
술도 못하는 언니가 먹고 싶다 했는데…

2005년 5월, 방지거병원 1,045일의 긴 투쟁이 끝나고 그해 가을에 나는 작은 아웃도어 사업을 시작했다. 처음하는 사업이라 너무 정신 없었고, 그 다음 해인 2006년에 언니의 입원 소식을 들었다.
늘 만나도 내색을 안 해서 그리 악화되어 있을 줄은…. 늘 주고받는 문자에 또 익숙해져 가며, 나는 안심하고 있었나보다. 그리고, 언니는 그 나이에서 멈춰 버렸다.

나 또한 지금 암 투병을 하고 있다. 그래서인지 미루던 일들을 바로바로 하려고 한다. 특히 영주에 계신 이임상 오라버니에게 늘 찾아뵙겠다고 인사만(?) 했었는데, 작년 가을엔 영주에 다녀왔다. 맛난 사과도 늘 보내주시는데 저녁대접이라도, 정미 언니 대신하고 싶었다.

정미 언니한테 받은 그 수많은 것을 내가 다 돌려주진 못하더라도, 오빠에게 밥 한 끼 대접하고 싶었는데 도리어 엄청 대접 받고 왔다. 쩝~

그리고 임상 오라버님께는 "여동생 하나 다시 생겼으니 그리 아세요" 하고 와버렸다.

다음 기일에는 꼭 막걸리를 사갈 거다.

그리고 하늘에 계신 정미 언니, 남편에게 잘할게요…

지켜 봐 주세요.

이정미, 기억하다 _현정희

"그녀를 내 삶에서 조금씩 닮아가고 싶다."

오늘 이정미열사정신계승사업회 집행위원회 회의를 하기 위해 모였다. 노동조합 일로 정신없이 살다보니, 이정미 열사 둘째 아들의 고등학교 졸업도 깜박 잊고 있다가 이정미 열사 남편인 윤대표를 보니 생각이 나 미안했다. 그것도 잠시, 오늘 회의에는 보고 싶은 사람들이 모처럼 많이 와서 이런저런 얘기로 수다 삼매경에 빠져들었다.

이정미 열사가 늘 걱정하던 선우도 어느덧 아이 셋을 둔 엄마가 되었고, 암이 재발되어 입원했을 때 정미를 정성껏 돌봐주었던 형숙이도 박사가 되었고, 대학을 다니다가 군대를 간 정미 큰아들은 오늘 첫 휴가를 나왔다고 하였다. 설 연휴 전날이라 온 가족을 먼저 시골로 보내고 홀로 남게 되어 좀 울적했던 나를 포함해, 우리는 술잔을 기울이면서 마음속에 있던 정미를 또 불러냈다. 예전에는 정미 얘기가 시작되면 눈물이 먼저 났는데 이제는 그 정도는 아닌 걸 보니 시간이 많이 흘렀구나 싶기도 하고, 감정이 메말랐나 하는 생각도 들었다. 오늘 이렇게 많은 사람들이 모이게 된 것은 수년 전부터 준비해 오던 이정미 열사 평전을 드디어 마무리하는 회의이기 때문이다.

2주 전부터 형숙이가 지리산 실상사 근처에 사는 상은 언니네 집에서

잡지에 실린 이정미 동지 가족 마라톤이야기

이정미 열사 평전 마무리 작업을 시작했고, 오늘은 서울에서 한내 이승원 사무처장까지 오셔서 최종 검토를 같이 하는 자리를 마련하였다. 다들 고맙다. 특히 이정미 열사 평전 시작할 때부터 지금까지 늘 도와주시고 걱정해주시던 이승원 동지에게 미안하고 고맙다. 몸이 아파서 수척해진 이승원 동지의 얼굴을 보니 속상하고 안타까웠다.

이정미 열사를 병노협(전국병원노동조합협의회)장으로 보내드리고, 매년 추모행사를 진행한 지 이제 곧 10년이 되어간다. 그동안 병노협은 공공운수노조 의료연대본부로 바뀌었고, 나는 서울지부장이 되어 작년부터 다시 이정미열사정신계승사업회의 회장이 되었다.

나는 이정미 열사 정신을 잘 계승하고 있는가? 이정미 열사의 정신이 무엇이었던가? 매년 추모행사를 하고 있지만 나는 이정미 열사가 남기고 간 삶의 일부라도 기억하면서 살고 있는지 되물어보니, 자신이 없어진다. 노동조합 활동을 하다 보니 늘 바쁘고 힘들게 사느라, 이정미 열사가 소중하게 생각했던 '사람에 대한 배려와 사랑'을 위한 투쟁은 잊고 살아온 것 같다.

악랄한 사측과 숨 막히는 사투를 하는 중에도 정미는 곁에 있는 사람을 먼저 생각했고, 암으로 고통 받을 때에도 투쟁하는 동지들에게 도움을 주려고 노력했다. 그 마음이 이정미 열사의 정신이었음을 이제야 조금씩 깨닫고 있다. 그녀가 그토록 포기하지 못했던 것은 고통 받는 사람에 대한 공감과 사랑이 아니었을까? 전쟁 같은 투쟁의 나날을 보내면서도 가족과 함께 보스턴마라톤대회에 참가하고 싶어 했던 그녀. 이른 봄 처음이자 마지막이었던 우리들의 선운사 나들이에서 동백꽃 길을 함께 걸으면서 내년에 또 오자고 했던 정미가 보고 싶다. 사람이 사람답게 사는 세상을 만들기 위한 투쟁의 길을 담담하게 걸어갔던 그녀를 내 삶에서 조금씩 닮아가고 싶다.

이정미 기억하다, 9주기 추모제 스케치 _김형숙

8월 19일 오전 9시.
올해도 청량리역 광장 앞에 서 있는 전세버스를 향해가는 걸음부터가 추모제의 시작이다. 아프고 그리운 길.
지하철 출구를 나서 버스가 보이자 나도 모르게 발걸음이 빨라진다.

사람들과 마주하기 힘들어 일부러 대중교통을 이용하여 모란공원까지 간 적도 있는 내가, 변했나 보다.

오늘은 또 누가 오고 누구는 오지 못할까? 이정미 추모제가 아니었다면 일생 다시 만날 일 없었을지도 모를 사람들, 1년 만에 마주하는 그 얼굴들이 그립고 궁금하다.

전세버스에 오르면 가장 먼저 조금씩 연륜을 더해가는 얼굴의 권기한 집행위원장이 맞아준다. 참 한결같다. 그는 줄곧 이정미열사정신계승사업회의 상징이자 상일꾼이었다. 물품을 준비하고 사회도 보며 전체 일정을 도맡아 진행한다. 그 옆에서 그림자처럼 돕는 이들은 대개 최윤경, 이선우 등 청구성심병원노동조합의 전간부들이거나 이정미 열사와 함께 방지거병원노동조합의 투쟁을 이끌었던 한혜정이다. 그들은 모두 조용히 사람 챙기기를 잘하던 이정미 열사를 닮았다.

자료집을 받아들고 두루 인사를 나누는 버스 안이 제법 활기차다. 처음, 짧은 눈인사를 마치면 금방이라도 울 것 같은 표정으로 제각기 생각에 빠져 옆 사람을 볼 겨를이 없었던 사람들이 이제 서로를 오가며 인사를 하고 이야기를 나눈다. 예정된 이들이 모두 도착하고 버스가 출발하면 권기한이 마이크를 잡는다. 경과를 보고하고 일정을 소개한다. 사람들 소식을 챙기고 참석하지 못한 사람들의 근황을 전하는 것도 그의 몫이다. 사정이 있어 참석하지 못한 한혜정은 올해도 변함없이 추모객들을 위한 작은 소품을 챙겨 보냈다. 이정미에게 하고 싶었으나 하지 못했던 것들, 그 마음을 남은 이들에게 대신하고 있는 것이리라. 전세버스에 오른 이들은 모두 같은 마음이 아닐까. 대부분 이정미와 함께 한 투쟁의 당사자였거나 가까이에서 지켜보며 마음을 빚진 사람들이다. 안쓰럽고, 다행스럽고 고마운 사람들…

전세버스 안에서 오고가는 사람들의 눈길이 서로에게 그렇게 말하고 있는 것 같다. 각자는 서로에게, 제각기 특별한 인연을 맺었던 이정미를 잃은, 안타까운 사람들이다.

버스가 모란공원에 도착하면 변함없이 열사의 남편, 동민이, 동현이, 언니, 오빠의 모습이 반가이 맞아주는데, 9주기엔 동현이가 함께 하지 못했다. 고3이라 평일에 열리는 추모제에 올 수 없었다는 소식조차 얼마나 가슴 뭉클한지… 아빠 키를 훨씬 넘는 호리호리한 청년의 모습을 한 동민이가 환하게 웃으며 다가와 살가운 인사를 한다.

고맙고, 또 고맙다.

낫는다는 엄마의 약속, 영결식장을 가득 메운 어른들의 다짐은 지켜지지 않았을지라도 두 아이는 뚜벅뚜벅 자신의 약속을 지켜가고 있는 것 같다. 슬퍼하지 않고 씩씩하게 지내겠다, 노력해서 더 나은 모습이 되겠다던 약속…

인사를 마치면 이내 가운데 자리를 내어주고 한쪽에 조용히 서 계신 유족들의 모습은 모두 열사의 모습 그대로다.

사진 속 열사가 환하게 웃으며 지켜보는 가운데 권기한 집행위원장과 청구성심병원노동조합의 전간부들이 추모제 상차림을 준비하는 사이, 우리는 서로 오가며 인사를 나누고, 누구는 또 다른 열사의 묘지에 인사를 다녀온다. 변함없는 풍경들이지만 들여다보면 많이 변했다. 눈물보다 대화가 많아지고 인사를 나누는 목소리들도 조금 더 커졌다. 사람들이 삼삼오오 모여 대화를 나누고 그 사이를 오가는 몸짓들이 부지런하고 더 활발해졌다. 어느 순간, 이정미의 초대를 받아 전국 각지에서 달려온 이들이 이정미의 등장과 함께 시작될 회합을 기다리는 것 같은 기분. 착각이었을까?

8월 한낮의 뙤약볕이 내리쬐는 묘지에서 작은 가림막 하나를 세워놓고 지내는 추모제.

순서는 9년째 변함이 없다.

민중의례, 이정미열사정신계승사업회를 비롯한 여러 단체 대표들과 유가족의 추모사, 이정미 열사 생전 글 낭독, 헌주 및 헌화...

기다려지는 순서는 유족의 추모사이다. 열사의 남편이자 동지 윤창훈 대표. 그 마음을 다 헤아릴 엄두도 안 나지만, 늘 먼저 슬픔을 추스르고 우느라 경황없는 우리를 다음 길로 이끌어왔다. 이정미가 떠난 자리에 늘 그가 있었고, 생전의 열사에게 그러했듯 우리에게도 그는 든든한 동지이자 멘토이다.

그리고 이어지는 동민이, 동현이의 추모사는 늘 담담하다. 엄마에게 일상을 전하며 더 나은 모습으로 나아가기 위한 노력을 다짐한다. 그래서 더 아프다.

말이 되지 못한 것들...

약속을 지키지 못한 엄마가 밉기도 하다며 영결식장을 눈물바다로 만들었던 12살, 10살의 두 꼬마. 매년 다른 모습으로 성큼성큼 자라는 동안 삶의 구석구석, 느닷없이 엄마의 빈자리와 마주쳤을지도 모르겠다. 그럼에도 불구하고 주변사람들을 챙기는 의젓함.

그래서 눈물로 추모제를 지내고 돌아오면, 땀 때문인지 눈물 때문인지 몸과 마음이 모두 탈진한 상태로 며칠이 흘러가곤 했었다. 9주기에 만난 동민이의 환한 웃음을 보며 생각한다. 그만 울어야겠다.

차례로 무덤 앞에 술과 꽃을 바치며 절을 올리고 나면, 바로 그 자리에서 이정미열사정신계승사업회의 보고가 이어진다. 핵심 사업이라 할 수 있는 이정미 노동자상과 중소영세 여성비정규 투쟁사업장 지원 사업을 보고받고 해당 노동자들의 투쟁을 소개한다. 올해는 공공운수노조 공항항만운송본부 KNL물류지부 노동자들에게 이정미노동자상이 수여되었다. 왠지 상을 받는 이들보다 주는 우리에게 더 힘이 되는 느낌이다.

마지막은 참석자들이 빙 둘러서서 자기소개를 하는 시간,

크게 줄지도 늘지도 않는, 어떻게 보면 조촐하고 소박한 인원.

병원, 공공운수노조, 지하철노조, 노동대학 등 소속도, 사는 곳도, 이정미와의 인연도 다양한 사람들이 매년 빠짐없이 추모제에 참석하며 정들어간다.

어느 시점부터 이정미를 알지 못하는 새로운 얼굴들이 나타나기 시

작했다. 그 빛나는 눈빛들을 보면 마음이 급해진다. 평전을 빨리 내야 하는데...

그리고 추모제를 마치고 묘지를 벗어나는 길목의 주차장.
올해도 어김없이 열사의 오빠께서 추모객들 손마다 직접 농사지은 사과봉지를 쥐어주고 계신다. 손사래를 치며 황망해하던 처음의 마음은 이렇게라도 건강하게 오래 뵐 수 있었으면 하는 마음으로 바뀌었다. 열사의 가족들께 끊임없이 받기만 한다.
마지막은 전세버스를 타고 근처 식당으로 이동하여 설렁탕, 해장국으로 점심식사를 하는 시간이다. 수십 명이 한꺼번에 들이닥쳐 식사를 주문하고, 추모제 음식을 나누는 자리임에도 불구하고 큰소리 하나 없이 순조롭다. 그 자리엔 주인이 따로 없다. 누구나 나서 음식을 나누고, 소리 없이 손을 거들며 옆 사람을 챙기고 빈틈을 메운다. '이정미의 방식대로, 이정미가 바라는 것을 기준으로 생각하자'는 현정희정신계승사업회 회장의 말처럼 모두들 이렇게 이정미를 닮아가나 보다. 그 자리에 있는 것만으로 배려 받고 위로받는 느낌, 그래서 이정미가 함께 하는 느낌이 있다. 이렇게 우리는 이정미를 통해, 그 가족들의 보살핌에 기대어 관계를 새롭게 하고 성장하는 중인 것 같다.
다시 전세버스에 올라 돌아오는 길엔 다 나누지 못한 것들이 여운으로 남는다. 못내 아쉬운 사람들이 대학로 카페에서 이야기보따리를 풀어 놓았다.

이정미, 기억하다

"좀 오래 돼서 기억이 가물가물한데… 그런데 절대 잊힐 사람은 아니죠."
_태준식(다큐멘터리 감독)

"70년대나 있었던 똥물사건과 식칼테러를 겪은 사람,
 보통 사람들이 인생을 열 번쯤 살면서 겪을 만한 고통을 젊은 시절 한꺼번에 다 겪은 사람. 이정미."
- 하종강(한울 노동문제연구소 소장)

"제가 어려울 때 마석에 가거든요. 고민되고 힘들 때.
 이상하게 미안한데 그분이 의지가 돼요. 제가 만났던 사람 중에 가장 신뢰했던 사람이에요. 그리고 돌아가시고 나서는 가장 의지하는 사람이 되었어요. 그 사람은 앞뒤가 똑같았어요. 겉과 속이. 그런 사람 흔하지 않거든요? 지금 생각해 보면 어떻게 그런 사람이 있지? 미화하는 게 아니라, 미스테리한 사람이에요. 좋은 사람이었어요."
- 김재광 (노무사)

"믿고 갈 수 있었던 사람이었던 거 같아요. 내가 바로 접할 수 있는 아주 훌륭한 사람.
 우리 엄마 아버지 다음으로 존경할 수 있는 사람. 그런 거 같아요. 좋은 일 있으면 기뻐해주고, 슬픈 일 있으면 진짜 눈물이 나고 그런 사람이었던 거 같아요."
-신동진(청구성심병원분회 조합원)

최선임, 이정미, 김재광

"엄마 같은 분. 길을 알려줬던, 손잡고 이끌려 다녔던 것 같아요. 제 인생에 딱 한 번 만난 저의 멘토죠.

간호사가 얼마나 중요한지, 네가 사명을 다 해야 할 만큼 중요하다고 강조를 많이 했어요. 제 직업에 대한 자부심이 그때 커진 것 같아요. 언니 이름을 대면 '그 간호사랑 일하고 싶다' 그런 말이 나올 정도로 최선을 다한 사람 같아요. 저한테도 자랑하면서 너도 나처럼 열심히 해야 한다고."

—최지연(대학 후배)

"제가 남들 앞에서 말도 잘 못하고 쑥스러움도 많고 그랬는데, 해고 싸움하면서 잘하게 된 거에요. 제가 맨날 고맙다고 그러거든요. 내가 어디가서 제 생각을 말할 수 있게 되서 고맙다고. 청구성심병원이 나를 이렇게 강하게 해줬다고 고맙다고.

... 정미 선생님은 우리도 힘든데 미조직 조합원 얘기를 많이 했어요. 지역 개인

병원에서 일하는 간호사들이 열악한데, 노동조합에서 조직사업을 잘해 봐야 되지 않겠냐.
-김명희(청구성심병원노동조합)

"이 분의 삶이 헛되지 않았구나 싶은 게, 사람들이 병원에 와서 가식적으로 대하는 분들이 한 분도 없었어요. 진심 어리게 아파하고, 진심 어리게 위로하고, 도움을 주고 싶어 하고. 열사에 대해 조금씩 얘기를 해 주시는 거예요. 그 동안에 있었던 이야기들, 고마웠던 이야기들. 병간호 하면서 옆에서 들었던 이야기들이 저한테는 큰 도움이 됐던 거 같아요.
-이명(청구성심병원노동조합)

"강한 사람들한테는 한없이 강하게 싸우면서도 동지들한테는 늘 기댈 수 있는 언덕, 쉴 수 있는 공간 그런 역할이었던 것 같아요. 활동하다보면 어려워지고, 자꾸 동지들 떠나가고. 이럴 때 이정미 열사 생각이 많이 나죠. 살아있으면 나한테 뭐라고 했을까. 어떻게 행동을 하라고 얘기할까.
-최병윤(서울지하철노동조합 차량지부 지축정비지회)

"의료연대에 대한 신뢰가 있는데, 그건 사실은 이정미 위원장님에 대한 신뢰인 거죠. 이정미 위원장님이 몸담았던 조직, 믿었던 조직, 그리고 이정미 열사의 정신을 계승하겠다고 하는 조직.
- 이은영(공동대책위 당시 활동가)

이정미 기억하다, 평전을 만들며 _이승원(노동자역사 한내 사무처장)

"우리가 기록하고 그 정신을 잊지 않으며 실천한다면 역사의 승리자로 환생할 것"

사실 난 이정미 열사를 잘 모른다. 기억하는 것은 청구성심병원노조의 상황과 민주노총 회의나 집회에서 마주친 정도이고, 개인적으로 이야기 나눈 적은 한 번이나 있을까 한다. 그런데 이정미 열사가 은연 중 찾아왔다. 의료연대 활동백서를 편찬하며 이정미를 다시 만나게 되었고, 의료연대 서울지부와 서울대병원노조 20년사를 편찬하는 과정에서 청구성심병원분회의 자료를 기증받고 검토하며 이정미 열사를 좀 더 깊이 있게 알게 되었다.

노동자역사 한내는 설립 초기에는 노동열사를 찾고 기록하는 일을 했지만, 설립 취지에 맞게 열사 추모를 넘어 정신계승사업을 중심으로 하자는 논의 끝에 추모사업은 중단하기로 하고 평전도 특별한 일이 아니면 하지 않기로 한 상태였다.

그러나 3년 전 권기한 분회장이 열사 평전에 대해 문의하였을 때 이정미 열사의 평전은 한내가 꼭 해야 할 숙제이고 사명으로 느껴졌다. 민주노총이 선정한 최고 악질 사업장인 청구성심병원에서 노동조합 탄압에 어떠한 일이 있었고 이정미 열사와 지금도 투쟁하고 있는 조합원들의 이야기를 세상에 알려야 한다는 사명감이었다.

이에 한내에서는 평전의 성격상 전문작가가 쓰는 것이 맞겠다는 판단으로 직업병인 삼성반도체 백혈병환자들의 이야기 『삼성이 버린 또 하나의 가족』을 썼던 윤희정작가를 수소문하여 이정미열사정신계승사업회에 연결시켜 주었다. 한내는 출판만 담당할 계획이었다. 1년의 작업 끝에 원고가 나왔고 검토과정에서 의견은 많았으나 정리가 되지 않았다. 수정과 보완해야 할 사항을 정리하여 사업회에 넘겼지만 보완 작업은 쉽게 진행되지 않았다. 큰 진전이 없는 가운데 자의반 타의반 평전 원고를 세 번 읽었다.

작년 8월이 이정미 열사의 9주기였다. 지지부진하던 평전 작업을 10주기 전에는 반드시 마무리해야한다는 경각심이 생겼다. 작년 모란공원 추모식에서 김형숙 동지를 비롯한 여러 분들이 자원하여 수정작업에 참여하기로 하였고, 울산에 내려가 활동 중인 희정작가는 현장경험을 반영하여 완성도 높은 원고를 보내 주었다.

이처럼 평전 원고와 자료를 통해 이정미 열사를 깊이 있게 알게 되었다. 이정미 열사의 중소영세병원 노동자 조직화와 투쟁은 참으로 외롭고 힘든 여정을 묵묵히 혼자 감내하며 만들어 낸 성과였다. 대형병원 중심의 의료산업 노동운동에서 자신의 사업장인 청구성심병원노조뿐 아니라 중소병원 노동자들의 등불이 되어 함께 한 열사이기에 지금 시기 더욱 기억되는 것이리라.

80년 광주항쟁 시민군 대변인이었던 윤상원 열사는 도청에서의 마지막 결전을 앞두고 중고생과 여대생을 모아 이렇게 이야기 하였다.

"너희는 이제 집으로 돌아가 너희가 본 것을 기록하고 알려라. 오늘 여기 있는 사람들은 모두 패배할 것이다. 그러나 역사는 우리를 승리자로 기록할 것이다."

나는 이 말을 믿는다.

이정미 열사는 10년 전 이미 갔지만, 우리가 기록하고 그 정신을 잊지 않으며 실천한다면 이정미 열사는 역사의 승리자로 중소병원 노동자의 등불로 다시 환생할 것이다. 깊이 알수록 이정미는 열사 보다는 동지로 친근하게 다가온다.

2016. 3월 이정미 열사 평전을 준비하며....

이정미 열사 7주기에 조합원들이 남긴 말들 :

    내가 아이 엄마가 되어 보니, 이정미 선생님이 두 아들을 시댁에 맡기고 집회 참가하고 위원장 일하던 것이 생각나 마음이 아프네요. 얼마나 아이들 보고 싶었을까.
    투병할 때 손 떼게 하고 시골 보냈으면 아마도 오래오래 얼굴 볼 수 있었을 텐데…… 하는 뒤늦은 후회를 해봅니다. 바보같이.
    -이선우-

    높고 커다란 한 그루의 나무 같았던 이정미 선생님이 생각납니다. 우러러봐야만 보였던 분이 실상 우리의 가장 가까운 동반자였음을 새삼 느껴봅니다. 곁에 없지만 우리들 마음속에 영원히 함께 하리라 믿으며, 그곳에선 늘 미소 짓고 계시리라 믿습니다. 고맙습니다^^*
    -조현수-

이정미 선생님을 떠올리면 항상 자신보다 다른 사람을 챙기고 사소한 부분까지 다 신경써주셨던 것이 생각합니다. 너무 감사하여 잊지 못 하겠습니다. 병마와 싸우시면서 너무 힘드셨을 텐데… 그래도 우리 마음속에 항상 함께 해요^^ 고생 많이 하셨습니다. 그리고 감사합니다.
-김태복-

우리 집에 꽃병이 있다. 그 꽃병에 신랑 신부인 나와 남편 캐리커처가 그려져 있다. 결혼 선물로 이정미 선생님께 받은 것이다. 이정미 선생님은 결혼하는 간부들에게 모두 꽃병을 선물했다. 그 꽃병을 버릴 수도 지저분하게 둘 수도 없다. 꽃병을 볼 때마다 이정미 선생님 얼굴을 보게 된다. 그 꽃병이 나에게는 이정미 선생님이다. 보는 사람을 기쁘게 하는 꽃. 나는 그 꽃병에 조화를 담아 둔다. 언제나 그 자리에 두고 싶어서이다.
-강혜경-

이정미 선생님의 진실과 강인함에 제가 버틸 수 있는 힘이 생겼습니다. 항상 고맙고 많이 생각납니다.
-신은희-

이렇게 비 오는 날에는 누군가를 그리워하기에 딱 좋은 날입니다. 병원을 떠나올 때는 두 번 다시 그쪽으로 고개도 돌리지 않으려 했어요. 그런데 떠나고 보니 청구에 많은 추억이 있더라고요. 어쩌다 그 앞을 지날 때면 옛날 함께했던 기억들에 입가에 살며시 미소가 번지지요.

차분하게 또박또박 신참인 저를 가르쳐 주시던 모습이 생생해요. 그때는 굉장히 커 보였어요. 하지만 아파서 병원침대에 누워 계실 때는 왜 그리도 연약하구 작아 보이시던지요. '쌤' 이라고 부를래요. 항상 맘속에 가슴 저리게 남아있는 사람이에요, 쌤은요. 보고 싶어요.
-최정란-

세월이 유수라더니 벌써 7년이 흘렀네요. 언제 어디서나 당당하고 자신감이 넘치던 이정미 위원장의 모습이 아련히 떠오르네요.
-박인선-

이정미 선생님은 병원에서도 집에서도 낮에도 밤에도 조합원들을 위해서 사셨어요. 미안해요. 지켜드리지 못 해서.
-임광자-

자신의 삶뿐 아니라, 타인의 삶까지도 소중히 여기시고 지키시려 애쓰신 이정미 선생님. 감사합니다. 그리고 사랑합니다.
-신동진-

이정미 선생님 모습 아직도 선연해요. 카리스마 넘치는 모습도 항상 멋지셨지만 엄마 미소를 담고 계셔서 얼마나 푸근하고 든든했는지 몰라요. 좀 더 오랫동안 선생님을 뵐 수 있었으면 얼마나 좋았을까요. 선생님과 함께 할 수 있는 시간이 더 주어졌다면 제가 조금 더 나은 사람이 될 수도 있었을 거란 안타까움이 드네요^^ 몇

진 인생의 멘토가 되어주셨을 것 같아요. 항상 이정미 선생님은 저희들 마음속에 그대로 이세요.

  -최미용-

수줍고 떨리는 목소리. 첫 만남을 기억합니다. 그런 당신이 우리에게 힘과 용기를 주셨습니다. 당신의 헌신적인 사랑 감사드리고, 영원히 기억하겠습니다. -김지호-

머리를 하나로 질끈 동여 맨 이정미 지부장을 본 우리 남편이 "여전사 같아" 하더군요. 저는 "아니야, 진짜 여자야" 그랬지요. "카레를 만들 때는 물보다 우유를 넣어야 걸쭉하고 영양에도 좋아요." "설날 시댁에 가져가려고 어제는 밤새 만두 만드느라 한숨도 못 잤어요." "나도 구두 굽 가리는 긴 바지가 좋아요."

앉을 힘도 없어서 눈 뜰 힘도 없어서 누워서 기어들어가는 목소리로 힘겹게, "이 세상에서 우리 남편이 젤 멋있어요" 하던 말. 이 말들이 지금도 귓가에 맴돕니다. 투사로 태어난 게 아니라 청구성심병원에 와서 투사가 된 거죠.

잘 자란 동현, 동민. 머리가 하얗게 센 남편 분. 죄송하고 고맙습니다. 이정미 선생님은 가셨는데 우리는 덕분에 8월 19일이면 만나고 인사를 합니다. 그렇게 살아내고 있습니다. 아프지 말고 평안하세요.

  -김명희-

이정미…이름만 들어도…떠올림만으로도 마음 한켠이 아릿해오는 느낌… 마음에서 울려 퍼지는 양심에 한 점 부끄럼 없이 살았던 사람… 말과 행동이 일치했던 사람… 그래서 더욱 더 마음에 묵직한 돌덩이를 느끼게 해주는 그분 이정미.

  -김미연-

이정미의 꿈, 그리고 현재:

청구성심병원 노동조합, 현재

현재, 청구성심병원 노동조합은 전국공공운수노조 의료연대본부 서울지부 청구성심병원 분회로 조합원 수 열 명이 되지 않는다.

그럼에도 불구하고 노동조합 활동은 여전하다. 매년 병원과 교섭을 하고, 비조합원들에게 노동조합에 대해 알리고, 소식지를 나눠주고 대자보도 붙인다. 직원들 대다수는 우호적이고 잘됐으면 좋겠다. '파이팅!'을 외치는 사람도 있지만 가입을 하진 않는다. 청구성심병원 분회장을 맡고 있는 권기한은 말한다.

"하지만 자기가 정말 필요하게 되면 가입을 할 거라 생각합니다. 그러니 있을 때 지켜야 하는 거잖아요. 그래서 노동조합 깃발을 세우고 기다리고 있습니다. 사람들이 그래요. 어찌되었건 노동조합이 있으니 병원이 함부로 하지 못하는 것 같다고, 이제는 병원도 암묵적으로 노동조합을 인정하는 거 아니냐고."

현재, 청구성심병원은 노동조합이 존재하는 유일한 중소 종합병원이다.

이토록 힘겨운 싸움, 이런 중소병원노동조합의 투쟁은 어떤 의미인가? 다시 권기한에게 물었다.

"실제 중소병원은 의료시장에서 설 자리가 없습니다. 그럼에도 노동조합이 있는 병원은 그나마 남아 있어요. 노동조합이 없는 병원은 이사장이 자기 마음대로 병원을 세웠다 없앴다 합니다. 그러니 병원 노동자 개인의 생존을 위해서도 중소병원에서 노동조합의 존재가 중요하지요. 노동조합이 없는 중소병원은 개인의원과 임금 차이가 많지 않습니다. 일하는 것도 최소인원이거나 휴일근무나 야간수당 등을 제대로 주지 않고요. 청구성심병원도 마찬가지고요. 다만 차이가 있다면 청구성심병원은 노동조합이 있어 매년 단체협약을 체결하기에 근로기준법에 상향하는 노동조건을 갖출 수밖에 없다는 점이죠.

또 이정미 열사가 그런 이야기를 많이 하셨어요. 중소병원 노동조합이 지키고 서 있어야 대병원 노동조합도 제자리를 유지할 수 있다. 중소병원 노동운동이 몰락해 더는 저항할 수 없는 상태가 되면, 자본의 다음 공격대상이 누구겠어요? 대병원, 중소병원 가리지 않고 노동조합이 한 덩어리가 되어 싸울 수밖에 없는 이유죠.

노동조합이 민주적인 운영과 연대로 강력한 힘을 발휘하고, 지역 사회와 연대하여 병원자본을 견제하고 바로 세우는 견인차 역할을 했으면 좋겠습니다. 중소병원 노동조합이 꼭 살아남아 투쟁하는 노동조합의 씨앗이 되었으면 합니다."

| **의료연대와 이정미의 뜻**

– 전국공공운수노조 의료연대 서울지역본부 현정희 지부장에게 묻다.

1. 흔히들 의료연대가 이정미 열사의 뜻을 이어받았다고 한다. 무슨 의미인가?

열사께서 병노협 시절을 함께 했고, 장례도 병노협장으로 치렀다. 그러니 병노협에서 의료연대로 전환할 때 이정미열사의 정신이 반영이 됐다고 본다. 특히 병노협장으로 장례식을 치르면서 '고인의 뜻을 잘 받아 의료연대 사업을 잘해야 되겠다.' 그런 마음들이 모여 의료연대가 주요 전략조직사업을 중소병의원 조직사업, 간병인 조직사업 등으로 잡는데 영향을 미쳤다고 생각한다.

2. 의료연대는 보건의료노동조합에서 탈퇴해 나온 조직들로 구성되어 있다. 탈퇴라는 과정을 거쳐 새로운 조직을 건설했을 때는 기존 산별노조에 대한 평가로부터 새로운 방향을 잡는데 깊은 고민이 있었을 것 같다. 의료연대는 어떤 목표와 지향을 갖고 활동하고 있는가?

어떤 형태의 산별을 만들어야 하는가. 1년 가까이 논의한 끝에 나온 결론은 '중소영세 비정규직 노동자들을 조직하는 거다!' '지금이라도 우리가 보건의료노조 만들 때 약속했던 결의를 실천하자!' 는 거였다.

98년도 보건의료노조 만들 때도 '산별노조라는 것은 기업의 벽을 허무는 거다' 이렇게 배웠고, 2-3년 내로 기업의 벽을 허물기로 대의원대회에서 결의도 했었다. 그런데 대의원대회 결의 사항이 지켜지지 않는 거다.

그래서 의료연대는 기업의 벽을 허무는 1차 사업으로 '전임자와 재정을 통합' 한다는 목표를 잡고 지역지부들을 건설해 나갔다. 제주지부가 제일 먼저 만들어졌고. 서울, 대구, 충북, 이렇게 만들면서 우리 병원 노조, 우리 병원 전임자, 우리 병원 조합비가 아니라 우리 지역에서 중소병의원 노동자들을 같이 조직하는데 인적 물적 자원을 쓸 수 있도록 전임자와 조합비를 통합했다. 그 과정에서 '희망터'라는 비정규직 센터를 우리 재정으로 만들었다.

초기에 의료연대는 조합원 수가 6,500명 밖에 안 됐고, 지역지부 4개를 건설하는 데도 굉장히 힘들었다. 20년 가까이 기업별 노조 활동에 익숙해져 있었던 현장 간부와 조합원들이기 때문에 '우리만 한다고 되겠냐?' '왜 우리 조합비를 우리를 위해 쓰지 않고 중소병의원 노동자들한테 쓰냐?' 하는 문제제기도 있었다.

하지만 우리 노동운동에서 중소영세 비정규직 운동을 외면하고는 희망이 없다. 그렇게 설득해가면서 지역지부들이 건설되고, 그 과정에서 대구 동산병원 식당노동자 투쟁, 경북대병원 간병인 투쟁, 청소노동자 노조 조직 등이 잇달았다.

현재, 서울대병원만 해도 지부 안에 11개의 분회가 있다. 조합원이 1,500명인 분회도 있고 4명인 분회도 있다. 엄청 힘들다. 그 11개 지부에서 벌어지는 일들은 다 비슷비슷하다. 교섭, 투쟁, 파업 이런 활동들. 조직이 작다고 해서 역할들이 작아지는 것도 아니다. 그럼에도 불구하고 지부에서 '너무 힘드니까 포기하자' 이런 얘기 하는 사람은 없다. '힘들지만, 우리가 한 선택은 운동에서 꼭 필요한 일이었고, 앞으로도 계속 그렇게 가야 될 거 같다' 조합원들이 이렇게 말해준다.

3. 의료연대라는 또 하나의 산별조직이 보건의료운동 전반에 어떤 역할을 하고 있다고 보는가?

건강한 의미의 복수노조 역할을 하고 있는 거 같다. 노조라는 게 안에서 건강할 수도, 밖에서 건강한 긴장 관계를 형성할 수도 있다.

보건의료 분야는 법과 제도 영향을 직접적으로 받는 분야인데, 의료연대는 다양한 활동을 통해 법적 제도화 논의 틀에 들어갈 여지들이 많은 단위다. 의료연대라는 노조 조직이 아니더라도 희망터, 요양보호사협회, 간병무료소개소연합 등. 조직이 노동조합의 틀만 가지고 되는 것이 아니다 라는 판단이 있어왔다.

간병인 제도화 때도 의료연대는 '비급여가 되어서는 안 된다' '파견이 아니라 직접고용으로 해야 한다.' '정부가 생색만 내고자 만드는 제도를 그때그때 막아 세우고 바로잡는 역할을 노동조합이 해야 한다.' 주장해왔다. 그래서 요양보호사 급여화의 큰 물줄기를 돌려놨다고 말한다.

최근 몇 년 사이에 요양법이 정말 잘못 만들어진 제도라는 문제의식에서 여성단체연합, 여성민우회, 지구행동네트워크, 민주노총 등과 함께 요양법 개정안을 발의하고 있다.

  노동조합이 정부의 제도나 의료민영화 정책, 이런 것에 당연히 영향을 미치고 대정부 개혁 투쟁을 해야 한다고 생각한다. 의료연대가 조합원 수도 많지 않고 사회적 영향력도 크진 않지만 중요한 고비마다 산별협약 정신에 근거한 건강한 문제제기를 해 왔고, 실제 정책에 반영하는 작업들을 꾸준히 해 왔다. 이것들이 크고 작은 성과들을 내고 있기도 하다.

| 이정미의 꿈을 품은 '병원노동자희망터' 그리고 현재

"중소병원노동자들은 어디 가서 하소연 할 데도 없어요. 많은 것 바라지 않아요. 어려운 일 있을 때 마음 편히 상담할 수 있고 힘이 되어줄 곳. 그런 곳이 있으면 좋겠어요."

중소영세사업장 미조직노동자를 위한 센터의 필요성을 온몸으로 느낀 이정미의 작은 소망이었다. 의료연대 부설 미조직조직화센터인 '병원노동자희망터'의 출발점이다.

"이정미 열사의 이 말이 내내 나침판과 같았어요. 지금도 어려울 때, 혼돈스러울 때마다 꺼내보는 거울과도 같지요." 설립 과정부터 병원노동자희망터를 이끌었던 최경숙 보건복지자원연구원 이사의 고백이다.

1. 서울대병원 노조 대의원대회부터 '병원노동자희망터' 설립까지

2005년 9월, 이정미는 서울대병원노동조합 대의원대회에 참가하여 중소병원 노동자들의 최소한의 권리보호와 이를 위한 연대를 호소했다. 중소병원 노동자들이 얼마나 어려운 노동조건과 비인격적인 대우를 받으며 일하고 있는지 당시 노조지부장이나 전임자들은 어느 정도 알고 있었지만, 대의원들은 잘 모르고 있었다. 그날 이정미의 발언은 대의원들이 눈물을 흘린 만큼 호소력 있었다. 이를 계기로 서울대병원 노조 대의원대회에서는 '중소영세 비정규노동자를 위한 미조직센터 건

립'을 결의하고 규약에 명기했다. 미조직 비정규노동자와 함께하는 노동자연대의 새로운 출발점이었다.

이러한 문제의식은 울산대병원, 충북대병원, 경북대병원 등의 병노협 산하 노동조합으로 확산되고, 병노협에서 조직적으로, 미조직 조직화센터 설립을 결의하기에 이른다. 마침내 2005년 10월 미조직조직화센터가 준비모임을 구성되었고, 2006년 4월에 병원노동자희망터가 만들어졌다. 이화동에 사무실을 두고 최경숙 소장, 유행선, 박주영 이렇게 3명의 활동가가 상근을 시작했다.

2. 병원노동자희망터 활동과 발전적 해소

2006년 희망터는 설립 직후 서울대병원의 간접고용 노동자인 성원개발 시설노동자들의 상담과 조직화사업을 맡아서 했다. 3개월 동안 상담과 학습모임을 진행한 결과, 이 노동자들은 노동조합 민주집행부를 세우고, 의료연대에 가입하여 파업투쟁 등 노동조건 개선투쟁을 해나갔다. 이를 시작으로 의료연대는 거의 대부분 사업장 내 간접고용 비정규노동자 조직화를 꾀하였다.

● 중소병의원 노동자 조직화

은평구 중소병의원 지역조직화를 목표로 실태조사, 상담, 지역소모임, 강연 등 다양한 활동을 전개했다. 의료연대 서울지부와 함께 은평구의 240여 개 의원에서 아침선전전을 3년 이상 진행했다. 특히 서울대병원 간부 대의원들이 함께 조를 짜서 아침 일찍 의원을 방문하여 중소의원 노동자를 만나 실태조사를 하고 홍보물을 나눠주는 것은 그 자체로 노동자 연대의 실천이었다. 정규직노조가 기금으로만 후원하는 것이 아니라 몸과 마음을 같이 실천하는 사례로 소개되기도 했다.

그러나 대부분 5인 미만 사업장으로 근로기준법도 제대로 적용하기 어려운 의원급 노동자를 지역으로 조직하는 게 짧은 시간에 가능한 것은 아니었다. 그래서 공공노조 전략조직화사업으로 이를 추진하게 되었고, 전략조직화사업이 끝난 이후에는 의료연대 서울지역지부가 주관하여 이 사업을 이어갔다.

● 간병요양노동자 조직화

간병노동은 비공식노동으로 근로기준법 등 어떠한 노동자 법적 권리도 보장받지 못하고 대부분 유료소개소의 중간착취와 인권탄압에 놓여 있었다. 이에 2008년에 비영리 사단법인 보건복지자원연구원을 설립하여 법인 부설기관으로 간병무료소개소인 '희망간병' 과 요양보호사교육원를 만들어 간병요양노동자를 조직하고자 했다.

이미 2003년 9월 갑자기 병원에서 쫓겨나게 된 서울대병원 간병노동자들이 8개월간의 치열한 투쟁 끝에 병원에 복귀하였던 사례, 2007년에는 경북대병원 간병노동자들이 간병사무실 폐쇄 및 식대지급 중단 등 병원 탄압에 맞서 2개월간 투쟁한 역사가 있었다. 의료연대와 희망터는 2009년 충북대병원, 2010년 강원대병원에 희망간병 무료소개소를 설치하고 소속 간병사들을 노조 간병분회로 조직하는 성과를 낳기도 했다.

특히 노인장기요양보험제도 도입과정에서 간병노동자들이 공식노동의 노인요양제도로 진입할 수 있도록 노동실태조사와 개선방안에 대한 국회토론회 등을 개최하는 한편, 요양보호사교육원을 설립하여 요양보호사 양성과 요양보호사 당사자 활동을 적극 지원했다. 그 결과 2008년 7월 5일, 전국에서 유일하게 현장 요양보호사들이 주축이 된 전국요양보호사협회가 설립되었고, 2011년도에는 공공노조 전략조직화사업으로 간병요양노동자 따끈따끈 캠페인을 같이 수행했다. 이러한 활동이 바탕이 되어 2012년 10월 20일 공공운수노조 의료연대본부 돌봄 지부가 창립되었다.

이에 의료연대는 병원노동자희망터의 발전적 해소를 결정했다. 1년간의 인수인계 기간을 거쳐서 2013년 1월 중소병의원 지역조직화 사례발표, 2013년 4월 돌봄노동자 지역조직화 활동사례 토론회를 마지막으로 병원노동자희망터 활동이 마무리되었다.

3. 보건복지자원 연구원에서 돌봄종사자 지원센터까지

보건복지자원연구원은 보건복지분야의 비정규미조직 노동자들을 위한 정책개발, 사업수행을 위해 2008년에 설립되었고, 병원노동자희망터 해소 이후 독자적인 연구단체로서 역할을 재정립해 나가고 있다. 현장 노동자 교육, 상담, 지원을 지속하면서 일하는 사람의 관점에서 간호인력연구, 노인돌봄에서의 지자체 역할, 좋은 돌봄 모델연구 등을 진행하고 있다.

 2012년부터 은평구 돌봄여성노동자 건강지원사업 등을 통해 돌봄노동자 지원사업 모델을 만들어 왔고, 이 모델은 이후 서울시 사업으로 계승 발전되었다. 2013년 9월에 국내 최초로 서울시 어르신돌봄종사자 종합지원센터가 설립되어 대다수 비정규 미조직노동자인 돌봄노동자들을 상담, 교육하고 지원하는 역할을 하고 있다. 현재 서울시 어르신돌봄종사자 종합지원센터와 같은 '장기요양요원 지원센터'를 지자체가 설치할 수 있는 법안이 국회에 상정되어 있다. 법안이 통과되면 돌봄종사자지원센터가 전국적으로 확산될 토대가 마련될 것으로 기대하고 있다.

 "돌봄노동자 지원사업, 비정규노동자 지원사업이 단순한 외연적인 확장이나 조직화라는 단어로서가 아니라 이정미 열사가 하고자 했던 노동자연대정신이 살아서 이어지는 활동이기를 간절히 희망합니다." 최경숙 이사의 다짐이다.

부록

이정미열사정신계승사업회
청구성심병원노동조합 및 이정미 열사 연혁

이정미열사정신계승사업회

이정미 열사는 이 땅의 여성·중소영세·미조직·연대의 삶을 몸으로 실천한 노동자이다. 식칼테러, 똥물투척, 왕따 등 자본의 악랄한 탄압으로 심지어 신체와 정신 질환으로 이어져도 타협하지 않고 지켜낸 노동조합이 자주적이고 주체적인 노동자 삶으로 이어지고, 사업장 울타리를 넘어서 지역사회 연대투쟁으로 승화되어 노동운동이 우리사회 전체의 과제로 대두되게 했다.

'이정미열사정신계승사업회'(이하 사업회)는 이러한 이정미 동지의 삶과 투쟁을 이어 받아, 노동운동의 전망과 방향을 찾기 위해 만들어졌다. 이정미 열사의 미조직노동자 조직사업에 대한 염원과 여성, 중소영세 노동자로서의 삶, 자본의 탄압 앞에 타협하지 않고 노동자들의 연대투쟁을 몸소 실천한 정신을 기억하고 실천하여, 이것이 노동운동의 유산으로 이어지도록 하는 것을 목적으로 한다.

하여, 사업회는 목적을 달성하기 위하여 다음과 같은 사업을 한다.

1. 추모제, 유고집 및 청구투쟁 백서 발간 등 각종 추모사업
2. 여성, 중소영세 장기투쟁 사업장, 미조직 지원 사업
3. 회원 상호 간의 연대를 위한 조직사업
4. 기타 사업회의 목적 달성을 위한 사업
5. 유가족 지원 사업

2007년 사업회는 이정미 열사 1주기 추모제에서 결성총회를 갖고 이정미 열사가 생전 염원한 사업을 펼치기로 했다. 50여 명이 이정미열사정신계승사업회에 참여, 2006년부터 매달 십시일반 회비를 모아 매년 추모행사와 더불어 이정미 노동자상과 중소영세 여성비정규 투쟁사업장을 지원했다. 이정미열사정신계승사업회는 중소영세 여성비정규 투쟁사업을 지원, 9년간 14곳 투쟁사업장에

1,150만 원의 투쟁 후원금을 전달했다. 또한 이정미 열사의 유가족 지원사업으로 이정미 열사 아들의 고교입학과 대학입학 장학금을 지원하고 있다.

■ 이정미노동자상

이정미 열사가 생전 가슴에 새기며 앞으로 해야 할 미조직노동자 조직화 사업과 노동운동 전망에 대한 고민들을 사업회가 이어받아 열악한 상황에 놓인 여성, 중소영세 노동자들의 투쟁에서 자본의 탄압에도 굴복하지 않고 노동자들의 연대투쟁을 실천하고 있는 투쟁사업장 1곳을 선정하여 상패와 투쟁지원금(100만 원)을 지원하는 사업을 하고 있다.

	이정미노동자상 (상패와 지원금)	중소영세 여성비정규 투쟁사업장 (투쟁지원금 전달)
2008년-2주기	기륭전자분회(금속노조)	이랜드 뉴코아 노동조합
2009년-3주기	재능교육지부(학습지노조)	없음
2010년-4주기	국민체육진흥공단비정규지부(공공노조)	동희오토비정규지회(금속노조), 동산병원영양실분회(공공노조 의료연대 대구지부)
2011년-5주기	없음	현대자동차하청여성비정규직 성희롱피해자
2012년-6주기	영남대의료원지부(보건의료노조)	시그네틱스분회(금속노조 안산지부)
2013년-7주기	한국음주문화연구센터분회 (공공운수노조 의료연대본부 서울지부)	칠곡경북대병원분회(공공운수노조 의료연대 대구지부)
2014년-8주기	희망연대노조 케이블노조 (C&M지부, 텔레웍스지부, 콜센터지회)	청주노인전문병원분회(공공운수노조 의료연대 충북지부)
2015년-9주기	KNL물류지부 (공공운수노조 공항항만운송본부)	없음

청구성심병원노동조합 연혁

일시	내 용
1988.05.08	노동조합 결성 총회(34명, 초대위원장 조휘자)
06.09	제1차 단체교섭
06.16	조합원 3명 부당 해고
07.01.	조합원 부당 로테이션
08.15	파업 돌입
08.27	88년 단체협약 체결(임금인상, 해고자복직, 부당인사 철회, 결혼 후 퇴사 조건 없앰, 생리수당, 연월차 휴가 제도, 출산휴가 60일 유급화, 병역필 1년 경력 인정, 직종별 호봉제)
1989. 08.02	89년 단체교섭 시작
10.07	교섭 지연으로 파업 돌입
10.11	직권중재로 파업 해산
10.12	노조 간부 및 조합원 8명 부당 해고
10.30	직권중재안(기본급 13.8%)
1990.1.21	노조 간부, 조합원 8명 부당 해고 복직 판결(서울지방노동위원회)
6.30	노조 간부, 조합원 8명 부당 해고 복직 판결(중앙노동위원회)
9.20	90년 임금 및 단체협약 타결 : 해고자 원직 복직, 미지급 임금 지급
1991.5.15	3주년 창립(2대 위원장 배수연)
7.26	소모임 시작(볼링반)
9.12	임금인상 타결(기본급 4만 원, 장기근속수당 신설, 주44시간 적용, 식목일·현충일 휴무)
1992.5.15	3대 집행부 출범(위원장: 부안리, 부위원장: 박연주, 지미경)
1993.5.7	창립 5주년 (기념 볼링대회)
10.14	임금교섭 타결(5차, 기본급 5만 원, 장기근속수당 인상)
1994	노조사무실 이전(7층)

일시	내용
4.26~27	중소병원노조 공동철야농성
6.15~16	의료개혁과 병노련 94 임단투 승리를 위한 서울지부 중소병원 철야결의대회
7.25	1994년 교섭 타결(6차)
9.29	4대 집행부 이취임식(위원장: 마진)
1995.4.7	3차 공동교섭, 조출 홍보, 부원장 항의 방문
4.13~14	교섭불참규탄 및 교섭참가촉구 전조합원 결의대회, 중소병원 교섭단 철야농성(1층 로비)
8.8	95년 교섭 타결(8차)
1996.1.26	노사협의회
4.16	소모임(기타반)
4.25	탁아소 설치를 위한 어머니 모임
9.4	96년 임단협 타결
10.18	5대 집행부(위원장: 이정미, 사무장: 박인선)
12.6~	노동법개악반대투쟁
12.26	신한국당 국회 노동법 개악 날치기 통과 투쟁
1997.1.3	중소병원 어깨띠 두르기(퇴진! 김영삼, 해체!신한국당), 사복 입기
~매일	노동법 개정투쟁 매일 참여
3.7	박인선 사무장 전임
9월	97년 임단협 타결(3차)
1997년 12/22	12월 임금 체불(97년 말부터 99년 9월까지 조합원 1인당 500여만 원 체불 상태)
12/29	노동조합 측 노사협의회 요청 병원 연속 거부
1998년1/26	임금 체불에 대해 노동사무소 중재로 노사합의안 작성
2/4	병원 측 노사합의안 파기
2월	보건의료노조 산별전환

일시	내 용
3/26~	간호부 조합원 탈퇴 공작 시작
4/1	조합원 부부, 자매 직원에게 해고 예고 통보함
4/3	노조 측 임금체불 노조탄압 해고 규탄집회 및 병원 내 순회 진행, 매일노동뉴스 오재헌 기자 폭행 당함(전치 8주)
4/6	민주노총 부당노동행위 1위 사업장 선정됨
4/7~	병원 측 조합원 탈퇴 공작으로 조합원탈퇴서 대거 발송됨
4/21	민주노총차원 청구성심병원장 포함 8개 악덕기업주 노동부에 집단고발장 접수함
5/28	일방적으로 노동조합 반전임 해지 통보함
5/30	병원 행사에서 노조 간부 집단폭행 당함(전치 4주)
6/11	98년 노사 단체교섭 시작
6/16	지방노동위원회로부터 병원의 불법부당노동행위 판결 받음
6/23	전조합원 결의 대회 진행함
7/6	노동조합 총회 개최
8/6	노동조합 임시총회 전야제에 병원 측 구사대 동원되어 폭력 사태 발생함
8/7	일주일간 병원 위장 폐업
8/7	조합원들 출근 투쟁 시작
8/14	노사합의서 작성함 (14개 조항) 조합원 업무 복귀함 3일 후 합의서 약속 파기 통보함
8/19	서울지하철노조 차량지부 지축정비지회와 자매결연 맺음
9/9	98년 노사협상 일괄 타결
10/8	불법 근로자대표 선출
12/24	전현직 노조원 10명 즉시 해고 통보 해고자 복직 투쟁위원회 조직
12/26~	해고자 복직투쟁위원회 활동 전개
1999년 2/5	해고자 원직 복직 투쟁 집회함

일시	내 용
2/26	병원 측 사주로 선출된 근로자대표직무정지 가처분신청 노동조합 승소 판결 받음
3/3	병원 측 해고자들에게 병원출입금지 가처분신청 및 손해배상 청구함
4/1	병원 임의로 해고자 전원 복직 명령함
4/11	지방노동위원회로부터 조합원 부당해고 및 부당노동행위 판결
2000년 10월	간호감독이 임우숙 조합원(수간호사)에게 노조 탈퇴 강요함
12/28	임우숙 조합원(수간호사)에게 권고사직 강요 및 감금 사건 발생함
2001년 1월	병원 측 임우숙 조합원 대기발령 통보함
2/5	부당해고 및 부당노동행위 판결 : 임우숙 수간호사 7병동으로 복직함
4월	이선우 3대 지부장
2001년-2003년	지속적으로 조합원 차별 정책 시행함. 조합원부서 인원 미충원, 조합원 승진 배제, 부서 이동 남발, 부서 내 왕따 행위가 장기간 자행됨
2001년 6월~	권기한 조직부장에게 집중적으로 탄압 자행(폭언, 폭행, 일방적 부서 이동, 경고장, 시말서 요구, 징계위원회 회부)
9월~	권기한 부장 심한 스트레스와 불면증으로 정신과 진료시작
2003년 6월	이선우 4대 지부장, 지부장 직무대행 최윤경
7/7	장기간 노조탄압으로 조합원 절반 정신질환 집단 발병 기자회견 및 집단산재 신청함
7/22-25	노동부 특별근로감독 실시함
8/2	근로복지공단으로부터 "노조탄압에 의한 정신질환" 산재인정 최초로 받음
10월	청구성심병원에 대한 노동부 특별근로감독 실시
2004년 1월	산업안전법 등 관련법 위반으로 병원 측 벌금형
4/14	산재 조합원 6명 업무 복귀함
12월	2004년 임단협 타결
2005년 10월	최윤경 5대 지부장 수간호사와 간호사 조합 대거 가입
2006년 1월	보건의료노조 탈퇴 및 공공운수연맹 가입

일시	내 용
9/1	의료연대 노조 출범
10월	2006년 임단협 타결
11/30	공공노조 출범
2007년 3월	공공노조 의료연대 서울지부 청구성심병원 초대 분회장(임우숙) 병원 측 임단협 해태
2007년 12월	이선우 전지부장 폭행당함
2008년 1월	분회장 보궐(권기한) 이선우 전지부장 산재 재발 재승인
3월	수간호사 조합원 부당배치전환 투쟁
4월	신규조합원 부당 해고 투쟁
6월	조합원 3명 부당 인사 건 정신우울증 산재 투쟁
7월	연장, 휴일 근무 등 각종 수당 서부지방법원 승소
10월	조합원 정신우울증 패소 업무 복귀
11월	2007년~2008년 임단협 타결
12월	2대 분회장(권기한)
2009년 9월	2009년 임단협 타결
2010년 12월	2010년 임단협 타결, 3대 분회장(권기한)
2011년 12월	2011년 임협 타결
2012년 12월	2012년 임단협 타결, 4대 분회장(권기한)
2014년 1월	2013년 임협 타결
2014년 12월	2014년 임단협 타결, 5대 분회장(권기한)
2016년 2월	2015년 임협 단체교섭 투쟁 중. 현재 조합원 4명